本书受到以下项目资助：

（1）国家社科基金重大项目"中国社会质量基础数据库建设"（16ZDA079）；
（2）中国社会科学院登峰计划重点学科发展社会学建设；
（3）中国社会科学院社会发展指标综合集成实验室；
（4）中国科学院、中国社会科学院－上海研究院"2017年中国社会状况综合调查及全国社会质量状况研究"。

当代中国社会质量报告

邹宇春 崔岩 任莉颖 李炜 等著

THE REPORT OF CONTEMPORARY SOCIAL QUALITY IN CHINA

中国社会科学出版社

图书在版编目（CIP）数据

当代中国社会质量报告 / 邹宇春等著 . —北京：中国社会科学出版社，2018.12

ISBN 978-7-5203-3725-0

Ⅰ.①当… Ⅱ.①邹… Ⅲ.①社会发展—研究报告—中国—现代 Ⅳ.①D668

中国版本图书馆 CIP 数据核字（2018）第 288467 号

出 版 人	赵剑英
责任编辑	喻　苗　李凯凯
责任校对	李　莉
责任印制	王　超
出　　版	中国社会科学出版社
社　　址	北京鼓楼西大街甲 158 号
邮　　编	100720
网　　址	http://www.csspw.cn
发 行 部	010-84083685
门 市 部	010-84029450
经　　销	新华书店及其他书店
印　　刷	北京明恒达印务有限公司
装　　订	廊坊市广阳区广增装订厂
版　　次	2018 年 12 月第 1 版
印　　次	2018 年 12 月第 1 次印刷
开　　本	710×1000　1/16
印　　张	20.25
字　　数	314 千字
定　　价	85.00 元

凡购买中国社会科学出版社图书，如有质量问题请与本社营销中心联系调换
电话：010-84083683
版权所有　侵权必究

前　言

一　社会质量理念的缘起

启蒙运动以来，欧洲一直是人类社会进步理念的发祥地。平等、自由、公民权利、社会契约、社会福利……这些产生于欧洲的社会进步理念，已成为全球共识。产生于20世纪90年代后期的"社会质量理论"（Social Quality Theory）便是近20年来新的一项愿景。

1997年6月10日，在荷兰阿姆斯特丹举行的欧洲会议上，由1000名欧洲科学家签署并发布了《欧洲社会质量阿姆斯特丹宣言》[①]（以下简称《宣言》）。这份不足千字的宣言表达了欧盟成员国的"欧洲梦"：

> 我们希望欧洲社会是一个经济上获得成功的社会，同时也是一个为其所有公民提升社会公正和社会参与水平的社会。这将使欧洲成为社会质量至上的社会。欧洲公民可以且被要求参与他们社区的社会和经济生活，并以此来提升他们的福祉、个人的潜能以及社区福利水平。为了能够参与，公民需要达到一个可接受的经济保障以及社会包容水平，生活在一个富有凝聚力的社区，并有权充分地发展自己的潜能。换言之，社会质量取决于全体欧洲公民享有其社区的经济、社会、政治公民权的程度。在全球化的经济中，竞争应当与社会凝聚力的提升和每个欧洲公民全部潜能的实现齐头并进。

社会质量理念的产生，有着数十年来欧洲一体化进程的历史背景。第二次世界大战使得欧洲诸国山河破碎，百废待兴。战后不久，时任英

[①] https://www.ucc.ie/archive/hdsp/Amsterdam_Declaration_on_Social_Quality.htm.

国首相温斯顿·丘吉尔倡议建立"欧洲合众国",促发了欧洲统一化思潮。1949年西欧、北欧10国成立的"欧洲委员会"实质性地启动了欧洲一体化进程。20世纪50年代至60年代,"欧洲煤钢共同体""欧洲经济共同体""欧洲原子能共同体"等西欧诸国的跨国合作机制相继问世,至1965年《布鲁塞尔条约》签署,欧洲共同体(European Communities)正式宣告成立。在冷战时期,欧共体和美苏两国一起构成了"第一世界"的三大力量,在世界政治格局上举足轻重。1991年12月《马斯特里赫特条约》为欧共体成员国通过,并于1993年11月1日正式生效,标志着欧盟正式诞生,于此,欧洲一体化进程达到了顶峰:从经济合作转向经济政治的全方位实体化结盟。

欧盟——一体化的欧洲——将要表现一个什么样的欧洲社会?欧盟成员国的政要和学者们达成的共识是:一个社会质量至上的"欧洲社会模式"(ESM)。在这一发展模式中,社会质量被界定为"人们在提升他们的福祉和个人潜能的条件下,能够参与社区的社会与经济生活的程度",具体而言,包括社会经济保障、社会包容、社会凝聚和自治或赋权水平。从中我们可以看出,社会质量理念是欧洲社会模式的价值核心。

社会质量理念的提出,体现了欧盟成员对欧洲一体化进程中发展模式的多层次反思。其一,社会质量理念是对20世纪80年代撒切尔主义推行的新自由政策,以私有化、减税、放松管制、鼓励竞争、削弱工会等为具体举措,带动的欧洲社会的"右倾化"的对抗。社会质量理论以"可持续的福利社会"作为发展前景。其二,社会质量理念是对一个不同于美国模式的欧洲社会模式的倡导。"二战"以来,美国的发展模式过于强调经济增长,强调市场至上,而欧洲的传统价值理念,更侧重社会公正、社会包容和社会团结。欧洲特色的发展道路,应该以公民权利和社会公正理念为基本导向,应该与美国以自由主义为宗旨的发展模式相区别。其三,社会质量理念是对欧洲一体化进程中多元化的制度和文化相互融合的结果。从欧共体到欧盟,加入一体化进程的成员国逐步增多。前苏联的解体、东欧前社会主义国家的转型,也使得欧盟不断向东扩容;欧元的发行和成员国间边界的开放增强了欧盟区内的人员和族群的流动。经济、政治、文化的融合,要求一体化的欧洲享有共同的价值认同和一致的社会政策。

由上可见，社会质量理念的提出，本身就不是囿于纯学术的范畴，而是有着非常明确的社会政策应用取向。其关键的功用，是"既要致力于成为公民评估国家和欧洲政策有效性的标准，也要成为制定政策的科学依据"。有鉴于此，欧盟委员会的专家学者将《宣言》中的社会质量的12项条件，逐步开发构造为4个维度、18个领域、49个子领域、91项指标的"欧洲社会质量指标体系"①。

二　中国引介社会质量理论的时代背景

虽然早在20世纪80年代末期，国内学者就使用"社会质量"这一概念开展学术研究，但所涉内容与欧盟倡导的"社会质量理论"并无关联。大概是2007年前后，来自欧洲的社会质量理论、指标体系和研究范式，被引介入中国学术界。其详细过程可参见本书第一章第五节的叙述，在此笔者不再做赘言。屈指算来不过12年的光景，社会质量在国内的研究进展迅速，已从学术译介阶段、理论研讨阶段，进入到社会政策的议题设置阶段；从研究范围来看，也从分散的、局部地区的经验研究，扩展到全国范围的大规模学术调查。一个来自异域的理论体系，能如此快地为国内学界所吸纳，并开辟出从理论到经验研究到社会政策应用的领域，纵观近年来社会科学研究领域，实不多见。若尝试探究其缘由，可能以"他山之石，可以攻玉"的古训来解读更为贴切。

其一，中国的改革开放目标中包含的共同富裕发展理念和社会质量理论中抑制市场至上的取向相符合。以市场机制促动经济增长，不可避免地会出现收入分配格局上的极化。对此，中国的政府一直在倡导先富带动后富最终达到共同富裕的发展理念。早在1978年12月13日中共中央工作会议闭幕式上，邓小平同志在著名的题为《解放思想，实事求是，团结一致向前看》的讲话中就指出："在经济政策上，我认为要允许一部分地区、一部分企业、一部分工人农民，由于辛勤努力成绩大而收入先多一些，生活先好起来。一部分人生活先好起来，就必然产生极大的示范力量，影响左邻右舍，带动其他地区、其他单位的人们向他们学习。

---

① 参见林卡《社会质量：理论方法与国际比较》第二章，人民出版社2016年版，第14—26页。在欧洲学者后续的研究中，指标体系又扩展到95个指标。

这样，就会使整个国民经济不断地波浪式地向前发展，使全国各族人民都能比较快地富裕起来。"① 1984 年《中共中央关于经济体制改革的决定》首次以党中央文件的形式正式提出："只有允许和鼓励一部分地区、一部分企业和一部分人依靠勤奋劳动先富起来，才能对大多数人产生强烈的吸引和鼓舞作用，并带动越来越多的人一浪接一浪地走向富裕。"② 由此可见，在改革开放初期，共同富裕就成为执政党在社会公平方向上的终极目标之一。在此之后，历次党的全国代表大会和历届政府，都把共同富裕作为核心的执政理念。在党的十九大报告中，习近平总书记再一次指出，我们党坚持以人民为中心的发展思想，不断促进人的全面发展、全体人民共同富裕。锲而不舍地谋求全体人民的共同富裕，实现社会公平正义，这一思想和欧洲的社会质量理论和政策中，以广泛的经济社会保障，发展社会保护，促动社会公正的倡导是高度契合的。

其二，中国的改革开放由经济增长进入到了成果分享阶段，公平正义的社会价值理念成为公众的核心需求。中国的 GDP 总量在 2008 年和 2012 年分别超越德国和日本，成为世界第二大经济体，2018 年 GDP 总量超过 90 万亿元人民币，合 13.6 万亿美元，已接近同期美国经济总量的 2/3。国民财富的增长，有效地拉动了社会消费，最终消费支出对国内生产总值增长的贡献率由 1978 年的 38.3% 提升至 2017 年的 58.8%，40 年间提升了 20.5 个百分点；同期的城乡居民恩格尔系数分别比 1978 年下降 28.9 和 36.5 个百分点；长期以来难以提振的消费内需，在互联网经济下得到释放性满足，2014—2107 年间，实物商品网上零售额 54806 亿元，年均增速约为 30%③。大众消费时代的公众不仅满足于日常用品和服务的享有，也必然对就业、教育、医疗、社保等领域的公共服务和社会福利的普遍分配提出要求，与之相应的社会公正理念也就越发得到重视。我们开展的"2013 年中国社会状况综合调查"（CSS2013）数据显示，公众

---

① 中共中央文献编辑委员会：《邓小平文选》第 2 卷，人民出版社 1994 年，第 102 页。
② 中共中央文献研究室：《十二大以来重要文献选编》（中），人民出版社 1988 年，第 64 页。
③ 参见国家统计局《国内市场繁荣活跃 消费结构转型升级——改革开放 40 年经济社会发展成就系列报告之七》，http：//www.stats.gov.cn/ztjc/ztfx/ggkf40n/201809/t20180905_1621054.html。

认为一个好社会应该具有的价值标准中,平等、民主、公正等理念被排在前端;CSS2017的调查中,近3/4的公众认为"社会保障是政府的责任,不应由普通百姓负担",说明福利权利观已经形成,成为公众的"刚需",是政府应对民众履行的核心义务。在这样一个时代背景下,欧洲的"社会质量理念"中对社会公正、社会福利的倡导,就格外得到中国学界的青睐。

其三,改革开放以来的中国处于社会群体利益不断分化过程中,需要社会凝聚与社会包容的价值以促动社会群体关系的再造。改革开放之初,中国的社会阶层结构常被称为"两大阶级一大阶层"(即工人阶级、农民阶级和知识分子阶层)。经过40年的工业化、市场化、城镇化的驱动,职业地位不断分化,新的社会阶层形态也较之计划体制时代更为繁复。20年前陆学艺先生主持的"中国当代社会阶层研究"课题,就提出了改革开放之后20年社会已分化为十大阶层[①]。21世纪的第二个十年以来,中国又呈现了新的发展阶段性特征。一是以2011年城镇化率突破50%为标志的城乡二元格局式微,二是2015年中国进入工业化后期阶段(还有学者称中国已进入后工业时代)带来的产业升级,三是互联网经济勃发导致的新型造富,四是移动互联通讯技术造就的社会交往便捷化,这一系列快速变迁对中国的社会阶层分化有着不可忽视的影响。以白领为代表的中间阶层、以进城务工人员为主体的中等收入群体日益壮大,"新社会群体"开始浮现,"蚁族"、"蜂族"、小镇青年等青年世代的亚文化群体登台,40年来社会财富的积累也在代际传承上体现了出来,阶层固化现象也使得"X二代"成为社会高度关注的话题。与此同时,社会群体利益关系更为错综复杂,社会价值取向也更加多元,社会核心价值理念的拥趸者也呈现出代际之间、城乡之间、精英与草根之间的分野。纵观共和国的70年,从未有如当今社会的多样群体、多元利益、多维价值、多种声音。一个多元社会的整合,必须要依靠广大社会成员共同接受并遵循的互尊、互信、互助、兼容的社会价值原则和社会行为规则。由此而言,欧洲社会质量理论坚守的集体优先的伦理,强调的社会凝聚和社会包容理念恰恰是当今中国社会发展中亟需借鉴的。

[①] 陆学艺等:《当代中国社会阶层研究报告》,社会科学文献出版社,2002年。

综上所述，中国学界认为，社会质量的理论虽然来自欧洲，但和我国现阶段社会发展的诸多重大议题相关联，和全面建成小康社会所强调的"富强民主文明和谐"的价值取向高度契合，这一理论也是社会发展理论的新范式。

三　社会质量研究的中国化

对欧洲社会质量理论的吸纳，并不表示以社会质量的理论和指标体系来衡量中国的社会发展状况的必然可行。域外之橘，落土于中国，在学术层面还要开展大量的本土化转换的研究。大概自2010年以来，国内学者林卡、张海东、韩克庆、王星等，对如何把西方社会质量理论和我国社会转型、建设和谐社会相结合进行了广泛而深入的讨论，包括了重新进行理论定向、政策对位、指标厘定的不同层面（参见本书第一章第五节）。其中林卡教授在《社会质量理论的原型及其对亚洲社会的适用性》一文中提出了如何将欧洲语境下的社会质量理论抽离背景，使之成为跨社会、跨文化的普适政策分析工具的步骤[①]，对社会质量研究的本土化极具指导意义。

与此同时，国内研究者也发起了一系列以社会质量为主题的社会调查。第一种是以单一城市为对象的探索性调查。如2009年浙江大学林卡教授带领的社会质量调查团队进行的针对企业员工的调查和2011年在杭州进行的居民调查；2010—2013年上海大学张海东等学者的社会质量团队展开的两次"上海社会质量调查"，并出版了《上海社会质量研究2010—2013》，这是针对单一城市开展社会质量调查的一项较为系统的研究成果；此后中国社会科学院社会学研究所与上海大学开展了"2016年上海社会质量调查"；其余还有2011年厦门大学徐延辉等人在深圳、厦门展开的调查；2012年许芸等也在南京市鼓楼区进行了类似调查。第二种类型属于区域性调查。如上海大学团队于2012年8月至2013年5月间在上海、广东、吉林、河南、甘肃以及云南六省市实施的大型问卷调查，总计收集了5745个有效样本资料。基于这一调查撰写的《2013年中国六

[①] 参见林卡《社会质量理论的原型及其对亚洲社会的适用性》，载于《社会质量研究：理论、方法与经验》，社会科学文献出版社2011年版，第140—155页。

城市社会质量的调查报告》发表于《社会蓝皮书：2014年中国社会形势分析与预测》；同时，提交的相关研究报告获得上海、郑州、长春、广州等主要领导批示。

全国范围的社会质量调查始于2013年。中国社会科学院社会学研究所主持的"2013年中国社会状况综合调查"（CSS2013）即以"社会质量与中国梦"为主题；"2015年中国社会状况综合调查"（CSS2015）以"中国社会质量状况"为总体研究主题。这两次调查都在全国31个省市自治区开展居民入户调查，各获得逾万份问卷。基于CSS2015的数据，社会学所课题组撰写了《当前中国社会质量状况调查》载于《社会蓝皮书：2016年中国社会形势分析与预测》。自此以后，作为纵贯研究持续开展的"中国社会状况综合调查"将社会质量设定为固定模块，全国层面的社会质量衡量和评估有了持续的数据资源。

就中国社会科学院社会学研究所团队而言，对社会质量理论和指标体系进行的本土化研究工作包括了以下几个内容。首先，开展了社会质量主题的质性研究。2015年2月—3月，课题组在北京开展了三场焦点组座谈会，有24位参会者出席。焦点组座谈就社会质量的每一个维度中的具体内容，向参会者了解他们的认知理解、知识范围和具体表述内容，以考察社会质量概念化、操作化中的本土化程度。其次，进行了社会质量指标体系的调整。经济与社会保障的模块中，细化了居民家庭收支的测量内容，增加了公众对当前社会保障享有的满意度、对（非农）就业状况的满意度，以及公众对地方政府在社会保障、就业、义务教育等方面的绩效评价。去除了欧洲社会质量指标体系中与我国实情不符或难以获得数据资料的指标，如"对政治稳定性、武装冲突和恐怖袭击的主观感知""雇主在终止劳动合同前通知雇员的时间长度"等。社会凝聚模块中，增加了优先性选择、规范性取向、社会融入度的社会价值测量，以及公众对当前社会的道德、守法、信仰状况的评价内容。去除了欧洲社会质量指标中有关为改善贫困者和老年人境遇而纳税的意愿的题目。社会包容模块中，结合我国实际，将婚前同居者、同性恋、乞讨者、刑满释放者、有不同宗教信仰者和艾滋病患者确定为边缘群体，以考察公众对其接纳程度；增加了社会公平感的测量内容。删去了原指标体系中女性参与政府/社会组织/企业高层管理的内容，以及社会照料的相关题目。

社会赋权模块中，细化了政治和公共参与的内容（选举、政治讨论、反映社会问题、集体行动），增加了政治效能感的测量。原指标体系中西欧国家普遍采用的"工作—家庭生活协调政策"的有关指标被剔除。最后，通过了指标和问卷题目的受访者认知测试。2015年4月下旬，课题组设计出问卷初稿，并在北京市居民中开展了认知测试，共完成65份调查问卷。参与调查的45名社会工作硕士提交了认知测试报告，为问卷设计提供了可贵的参考。

通过上述的质性和量化研究，由中国社会科学院社会学研究所设计的"中国社会质量指标体系"得以成型，主要涉及4个基本维度和15项二级指标、80余项三级指标（详见本书第二章第一节）。当然，社会质量指标体系的中国化还处于尝试阶段，还有极大的完善空间。国内学者已经指出，社会质量指标体系较为适用于我国的城镇地区，特别是大中型城市，对于农村这个广大的区域，其适用性还比较欠缺。社会质量指标架构本身也有待完备，比如我们的研究发现，社会凝聚与社会包容两个模块存在着一定的负向相关，这就为指标的综合合成提出了新的挑战。

本书的调查数据主要来自中国社会科学院社会学研究所开展的"2017年中国社会状况综合调查"（CSS2017），也是中国社会质量状况的第三期调查。同时书中也部分地引入了前两期调查的数据资料，以便能够进行社会质量状况的纵向对比。本书的撰稿由社会学所研究团队的4位研究人员和9位博士、硕士研究生完成。其中各章的撰稿人为：

第一章：社会质量理论研究综述。撰稿人：崔岩、何玲龙

第二章：社会质量调查与数据。撰稿人：任莉颖、贾聪、张宾

第三章：家庭收入与消费。撰稿人：任莉颖、张财兴

第四章：居住和社会保障状况。撰稿人：李炜、李琪

第五章：就业与教育状况。撰稿人：崔岩、石楠

第六章：社会凝聚报告。撰稿人：邹宇春、刘畅

第七章：社会包容报告。撰稿人：崔岩、黄永亮

第八章：社会赋权报告。撰稿人：邹宇春、陈艺华

第九章：社会质量的综合评估。撰稿人：崔岩、贾聪。

其中崔岩副研究员为全书提供了写作大纲，任莉颖副研究员为本书

的写作提供了统一的数据版本，邹宇春副研究员、崔岩副研究员负责了全书的通校。另外，社会学所开展的历次社会质量调查数据也发布在"中国社会质量基础数据库平台"（https：//cssdata.zkey.cc）、"中国社会状况综合调查"网站（https：//css.cssn.cn）、微信公众号"社科院CSS大调查"等平台，面向公众开放。

最后，特别向为中国社会质量研究提供支持的国家社会科学基金、中国社会科学院登峰计划、中国社会科学院社会发展指标综合集成实验室、中国社会科学院—上海研究院等机构和研究计划资助方表示衷心的感谢。

李炜

2019年3月

目　　录

第一章　社会质量理论研究综述 ……………………………………（1）
　　第一节　社会质量概念的起源和基本界定 ……………………（1）
　　第二节　社会质量的理论体系 …………………………………（6）
　　第三节　社会质量指标体系 ……………………………………（8）
　　第四节　社会质量指标体系之间的关系讨论 ………………（12）
　　第五节　社会质量国际比较与本土化研究 …………………（19）
　　第六节　小结 …………………………………………………（28）

第二章　社会质量调查与数据 ……………………………………（32）
　　第一节　社会质量调查指标测量 ……………………………（32）
　　第二节　社会质量调查数据采集 ……………………………（38）
　　第三节　社会质量调查数据概述 ……………………………（47）

第三章　家庭收入与消费 …………………………………………（54）
　　第一节　家庭收入 ……………………………………………（55）
　　第二节　家庭消费 ……………………………………………（67）
　　第三节　家庭经济状况 ………………………………………（76）
　　第四节　小结 …………………………………………………（87）

第四章　居住和社会保障状况 ……………………………………（90）
　　第一节　城乡居民房屋状况 …………………………………（91）
　　第二节　城乡居民购房意愿 …………………………………（103）
　　第三节　城乡社会保障状况 …………………………………（107）

第四节　小结 ·· (121)

第五章　就业与教育状况 ·· (125)
　　第一节　当前中国的就业保障水平 ······························ (125)
　　第二节　当前中国的教育保障 ·································· (141)
　　第三节　小结 ·· (144)

第六章　社会凝聚报告 ·· (145)
　　第一节　社会凝聚概念与测量 ·································· (145)
　　第二节　当前中国的社会信任水平 ······························ (148)
　　第三节　当前中国的社会规范与价值观状况 ······················ (163)
　　第四节　当前中国公众的国家认同水平 ·························· (177)
　　第五节　小结 ·· (178)

第七章　社会包容报告 ·· (183)
　　第一节　社会包容概念与测量 ·································· (183)
　　第二节　当前中国的社会宽容水平 ······························ (186)
　　第三节　当前中国的社会歧视状况 ······························ (193)
　　第四节　当前中国公众的社会公平感 ···························· (203)
　　第五节　小结 ·· (213)

第八章　社会赋权报告 ·· (216)
　　第一节　社会赋权概念与测量 ·································· (216)
　　第二节　当前中国的社会参与水平 ······························ (220)
　　第三节　当前中国的政治参与 ·································· (243)
　　第四节　当前中国公众的政治效能感 ···························· (252)
　　第五节　小结 ·· (273)

第九章　社会质量的综合评估 ······································ (276)
　　第一节　我国社会经济保障水平评估 ···························· (276)
　　第二节　我国社会凝聚状况评估 ································ (283)

第三节　我国社会包容性发展水平评估 …………………（286）
第四节　我国社会赋权状况评估 ……………………………（288）

参考文献 …………………………………………………………（292）

第一章

社会质量理论研究综述

第一节 社会质量概念的起源和基本界定

随着当前我国社会发展进入新时期,社会建设水平和社会发展水平逐渐成为决策者和学者的关注重点。然而,不同于经济发展可以通过 GDP 等指标进行简单测量,社会发展难以如此,如何界定、如何测量社会发展质量成为当前学者研究的重点之一。以往的一些指标,例如社会进步指标(ISP)和人类发展指标(HDI),虽然在一定程度体现了社会进步的一些层面,但是,却没能有效地把"社会发展"和"经济发展"进行区分。

社会质量这一概念的提出,其理论核心的基础是社会结构下个体的能动性空间。换言之,社会质量理论充分体现了社会学意义中"社会"的内涵,完整表现了"社会"作为"公共领域"与"国家""市场"的不同边界。社会质量理论中的公共领域,作为由社会人组成的集合,与政府之间不是简单的管理与被管理的关系。相反,社会质量理论中的"社会",是在国家权力保障和制约下,以公民自治为原则,公民合意为其合法性基础,以集体行动和公众舆论为形式来平衡国家权力,促进国家与社会的理性沟通。因而,在倡导建立现代社会治理模式下,社会质量理论中的公共领域(结构)与个体(能动)互动是社会建设所植根的深层社会基础,为社会发展的测量提供了基础。因此,通过对社会质量理论进行深入研究,并结合本土条件进行重新建构,可以有力地提供衡量社会发展水平的框架和指标。

一 欧洲"社会质量"的提出和理论发展

作为对社会发展的评价标准,"社会质量"在欧洲国家的影响力远远大于我国,其理论分析架构和测量指标体系也对我国学界有着广泛的影响。我国当前对"社会质量"的讨论,主要源于欧洲的社会质量研究。1997年,欧洲学者在阿姆斯特丹欧盟会议上,提出了"社会质量"(social quality)这一概念,并通过《欧洲社会质量阿姆斯特丹宣言》。《宣言》指出:"我们希望欧洲是一个经济上获得成功的社会,同时也希望通过提升社会公正和社会参与,使欧洲成为具有较高社会质量的社会。"(*Amsterdam Declaration on Social Quality of European.* Amsterdam,1997)正如《宣言》指出的,社会质量作为全新的社会发展理念,其根本动机是:"考虑到所有市民的基本尊严,我们声明:我们不想在欧洲城市目睹日益增长的乞讨者、流浪汉,我们也不希望面对数量巨大的失业群体、日益增长的贫困人群,以及只能获得有限医疗服务和社会服务的人群。这些以及其他指标都表明欧洲社会为所有市民提供社会质量不足。"

就社会质量研究的机构来说,1997年6月欧盟成立了"欧洲社会质量基金会"(EFSQ)以推动社会质量的研究。1997年,欧洲社会质量基金会出版了社会质量研究的第一本著作《欧洲社会质量》(Beck et al.,1997a),对社会质量的理论、研究领域、政策取向等进行了探索。并且,自1999年起出版《欧洲社会质量期刊》(The European Journal of Social Quality),发表了一系列有关社会质量的学术论文。欧洲社会质量基金会在2001年形成了"社会质量"四个条件性因素,即社会经济保障、社会凝聚、社会包容和社会赋权,并出版了社会质量研究的第二本著作《社会质量:欧洲的视角》(Beck et al.,2001),着重阐述了社会质量的概念、理论和政策相关的问题。2001—2005年,欧洲社会质量基金会将研究的重心转移到社会质量指标体系上,形成了由95个指标构成的完整的指标体系并进行经验研究。2006年以后,欧洲社会质量基金会则致力于在亚洲和国际社会上拓展社会质量研究和以此为核心的政策取向的推广(张海东、石海波、毕婧千,2012)。

2006年后社会质量研究逐渐在亚洲受到重视。2006—2011年,日本、泰国、中国、韩国相继召开了社会质量会议,并成立了亚洲社会质量研究联合会（ACSQ）。亚洲社会质量研究包括两方面主要内容：一是研讨欧洲社会质量指标在亚洲社会的适用性，通过改造形成亚洲社会质量标准问卷（SQSQ），并将其运用于亚洲社会研究；二是从社会质量理论出发探讨亚洲国家和地区的实际问题。

与此同时，社会质量理论在欧洲的研究继续得到深化，EFSQ 与荷兰国际社会科学研究所（International Institute of Social Studies）合作，研究人类安全以及可持续发展等问题，提出发展绿色经济的主张，创立了《国际社会质量期刊》取代原有的《欧洲社会质量期刊》。经过此阶段，社会质量理论逐步从欧洲转向亚洲及全球视野。2011 年后，社会质量理论更具全球视野，关注的议题聚焦于全面可持续发展、城市可持续发展和社会复杂性的变化等方面。其后 EFSQ 更名为国际社会质量协会（IASQ），并出版了第三本专著《社会质量：从理论到指标》，将理论应用于最紧张的政策挑战，包括可持续发展、英国脱欧的社会影响、欧盟的未来、全球视野下的反贫困战略、发展的不平等问题等（徐延辉、龚紫钰，2018）。

如有学者指出的，欧洲学者提出社会质量有其特殊的历史背景（黄新锋，2013；赵怀娟，2011；张海东、石海波、毕婧千，2012）。首先，20 世纪 90 年代，新自由主义的地位在欧洲有所上升，其经济政策和社会政策间的不均衡关系日益强化。新自由主义理念将社会政策置于从属于经济政策的地位。"在欧洲语境下，社会政策通常被民族国家以及地区和地方当局等同于社会管理，通过收入转移以维持社会经济保障，最初是雇员的社会经济保障，后来扩大到全体公民的社会经济保障。"在这种经济价值观主导下，"经济系统中运行的问题被方便地定义为'社会问题'并被化为'外在性'问题"（沃克、张海东，2010）。而社会质量的提出是对社会发展滞后于经济发展现象的纠正，是对单纯追求经济增长的发展，忽视社会整体福祉增长的批评。社会质量这一概念的提出，正是为了批判以"私有化"为导向的改革措施，倡导选择"可持续的福利社会"的改革思路。其次，1992 年签署的《马斯特里赫特条约》表明，随着欧洲一体化进程加快，欧共体的成员国迫切需要在设立社会标准方面做出努力，以关注民众的社会福利、社会参与等。正是在这种背景下，提高社会质量这一理念逐渐成为人们的共识，其所代表的是欧洲社会福利政策改革的范式转变，其核心是摒弃以市场为导向的发展目标，重新强调"社会"取向，注重社会发展的整体品质，为构建"社会欧洲"提供了理论基础（黄新锋，2013）。

综上所述，就社会质量这一概念的产生而言，正如黄新锋在对艾伦·沃克的理论评述中所谈到的，"社会质量理论形成的推动力可以概括为本体论的、方法论的、社会学的和政治/伦理的四个方面……推动社会质量诞生的一个强大的动力在于，我们已经意识到'社会'从社会科学中的消失……首先，社会质量的提出正是对个体在社会中的主体地位重申；其次，社会质量作为一种概念工具，是为了建立一套宽泛的、具有整体性的框架来解释正在进行的全球性的大规模转型，以弥补现存框架的不足；再次，社会质量是为了改变'经济政策'和'社会政策'之间功能失调的不均衡关系；最后，社会质量是为了改变社会性和社会政策遭到新自由主义的排斥以及欧洲的最贫困者和最弱势者受到威胁的局面……因此可见，社会质量在某种程度上是一个纯粹的欧洲概念，它形成于欧洲社会的语境当中"（黄新锋，2013：48）。

二 社会质量概念的界定和指标体系的建立

社会质量理论通过对经济和社会指标的测量，以个体在社会中的各个方面的保障水平、融入程度、发展机遇和能动能力等方面为视角，对整体的社会发展水平进行衡量，从而考量社会发展的质量（Beck et al., 1997b）。就 Beck 等学者的定义而言，社会质量被界定为"个体在参与社会、经济生活中基于来自社会社区等各种限定性条件下为提高个体生活和潜能所具有的能动空间"（Beck et al, 1997b, Beck et al., 2001）。从 Beck 等学者的定义可以看出，社会质量概念的提出具有很强的政策导向，这一理论也对欧洲社会政策的制定产生了一定的影响力。1992 年，欧盟委员会考虑到欧洲各国之间具有较强的异质性，希望通过制定一些政策从而减少成员国之间的差异。1997 年，欧盟委员会指出，不能仅仅依靠经济促进政策来解决各国出现的问题，以经济政策为中心不能解决欧盟的结构性问题，只有重新审视社会政策，才能更有效地保证欧盟各国的政治、经济、社会稳定（Flynn, 1997）。同时，随着欧盟国家的整合，各种社会问题层出不穷，学界和政策制定者逐渐认识到，在新自由主义思潮主导下的经济优先的理念已经不再能适应经济社会发展，社会发展与经济发展同步，而不应当是一味强调经济发展的优先地位（Fairweather et al.，2001）。正如 Beck 等所述（Beck et al.，1997b，p.3），社会质量理论就是力图建立重新平衡社会政策与经济政策的理论基础。在这一背景下，欧盟发布了《欧洲社会质量阿姆斯特丹宣言》，《宣言》指出，欧盟各国必须要致力于提高各国的就业水平，减少贫困，提升公众所能享有的医疗和社会资源。在宣言这一指导下，提升社会质量成为了欧盟政策制定的重中之重。同时，宣言中明确指出了社会质量的四个指标性构成方面，即社会保障、社会凝聚、社会包容、社会赋权。

近年来，随着经济的迅速发展，我国的经济社会结构出现了较为显著的变化，总体而言，我国的社会结构出现了迅速阶层化的倾向，社会利益分配格局同时受到市场和非市场等因素的影响。在这一背景下，很多学者开始对中国的社会发展从以前单一对经济增长速度的研究，转变为对社会发展质量的研究，对"社会质量"这一概念的内涵，如何测量社会质量，以及如何提高社会发展质量等方面进行了深入的讨论和分析（张海东、石海波、毕婧千，2012）。社会质量问题的提出，标志着社会发展的研究在我国进入了一个全新的阶段：从理论层面而言，社会质量问题的提出意味着学者们开始关注社会发展过程中的深层次问题；从经验层面而言，发展社会学的研究模式也从对单一的经济社会增长的量的经验性总结提升到对社会作为有机体，在增长过程中的质的变化的讨论，从而揭开了发展社会学研究崭新的一页。

综上所述，社会质量概念的提出，其重要理论贡献之一就是提供如何全面衡量现代社会发展的路径。自从库兹涅茨 1934 年发明 GDP 理论以来，GDP 便成为衡量社会进步的重要测量标准，但是由于其不能反映非经济性活动，GDP 指标本身不能全面衡量社会发展水平状况。之后，诺贝尔经济学奖获得者阿玛蒂亚·森提出了人类发展指数（HDI），并被联合国采纳作为国际比较的一个指标。但是，这一指标仍相对简单，不足以覆盖社会发展的一些重要方面。鉴于这一理论和实践上的空白，20 世纪 90 年代后期欧盟学者提出了社会质量理论，众多欧洲国家按照社会质量指标体系衡量各自国家的社会质量，并据此对有关社会政策进行调整。目前，这一理论范式已受到全球许多国家和地区的高度重视与逐步采纳。

社会质量从社会保障、社会凝聚、社会包容、社会赋权几个方面对社会发展水平进行测量，以下将进行详细阐述。

第二节 社会质量的理论体系

一 社会质量理论对个体社会属性的重视

如前所述，社会质量的产生和社会政策的制定和评估有着密不可分的联系，因此，社会质量的理论体系的构建全面涵盖了经济社会发展中"个体与社会"之间产生交集的各个重要领域，正如Phillips所述（Phillips，2000），社会质量理论体系力图全面、系统地通过理论建构，切实反映社会—个体互动的质量和水平。不同于传统的社会发展指标，比如生活质量（quality of life）、人类发展指标（Human Development Index），社会质量更为注重体现个体与社会的互动过程。换言之，社会质量理论体系始终突出个体的社会属性的发展空间，重点体现了个体的社会性层面的意义。因此，社会属性这一问题充分在社会质量理论体系中的各个方面得以凸显。其中，"社会身份"，作为社会属性的操作变量，在社会质量理论中成为了重要的维度之一。与个体身份相对应，社会质量研究更为重视个体的国家、社区、社团身份，以及这些身份在个人实现和个体发展中的作用。具体而言，个体在社会发展中，作为经济个体，能否得到基本社会经济保障；作为社会个体，能否与社会实现有机凝聚；作为团体个体，能否得到社会接纳包容；作为政治个体，能否有效参与社会政治活动，都成为社会质量体系研究的核心。

同时，在社会质量理论中，"social quality"经常与"wellbeing"作为同义语（Ward & Meyer，2009）。如Ward等指出，就定义来说，"wellbeing"并不能被简单地理解为狭义的个体的身体上的健康，个体的"wellbeing"与较高的社会质量应当是同义词，都是指的在社区、社会的促进下，个体的生活的幸福感和意义感。

二 社会质量理论中的建构性因素和规范性因素

进一步讲，社会质量理论基于个体与社会这一组概念的关系，首先可以从建构性因素（constitutional factor）来讨论，也就是从个体与社会这一组关系的构成本质来理解。换言之，个体与社会之间关系的内在构成因素可以从四个方面讨论：（1）个体（人类）安全，即社会是否能够给个体安全保障；（2）社会认知，即个体如何认识作为一个整体的社会，而同时，社会又如何塑造个体的认知；（3）社会反应，即个体的各种社会属性会引发何种来自社会结构的反映，其可能是正反馈，即予以赞许、肯定，也可能是负反馈，即给予排斥、否定；（4）个体（人类）能力，即社会赋予个体何种能力，以及个体有何种能力改变社会结构。

同时，社会质量理论讨论个体与社会这一组关系的内涵是为了实现社会发展所追求的规范性因素（normative factor），也就是社会发展所应当实现的价值理念，分别为：（1）社会正义（平等），（2）团结，（3）平等价值观和（4）人的尊严。而建构性因素所对应和体现的就应当是规范性因素。首先，个体安全对应的是社会正义：不论在何种社会形态，高质量的社会中，任何个体都应当享有同等水平的基本安全保障，不能因为等级、种族、阶层、性别、出身等有所不同。因此，普惠性的个体安全对应的社会价值观（即规范性因素）应当是社会正义（平等）。其次，社会认知所对应的价值观是社会团结：作为有内在凝聚力的社会，其必然是在社会成员中具有普遍性的共识，具有相一致或者近似的价值观。因此，高质量的社会中，社会成员的一致性认知所追求的规范性因素是社会团结。社会反应意指个体的某种社会属性是否会引发社会结构产生相应的反馈，而在一个高质量的社会，社会结构和社会成员应当具有一定的宽容度，而具有某些社会属性的群体不应当引发社会过多的负反馈，其所追求的规范性因素是社会普遍的平等价值观。最后，就个体来说，个体对结构能力的体现是个体在多大程度上可以对结构进行改善，也就是个体的自由度。这在规范性因素的体现就是人的尊严。一个高质量的社会不应当是压抑个体的社会，社会结构应当是具有一定可塑性的。只有这样，个体在社会中才能有更多的改造与发展空间，成为社会的主动塑造者，而不是社会中被动的顺从者。上述规范性因素分别与社会质量理论的建构性因素一一对应，从内在价值理念的层面提出了高质量社会所应当具有的内在特征（见表1—1）。

表1—1　　　　　社会质量理论建构性因素和规范性因素

建构性因素		规范性因素
个体（人类）安全 Individual Security	→	社会正义（平等）Social Justice
社会认知 Social Recognition	→	团结 Solidarity
社会反应 Social Responsiveness	→	平等价值观 Equal Value
个体（人类）能力 Individual Capacity	→	人的尊严 Human Dignity

第三节　社会质量指标体系

一　社会质量指标体系组成部分

社会质量这一概念不仅仅是一个理论体系，作为评价社会发展质量的标准，社会质量还具有一整套指标体系来对经济社会发展中的各个方面进行评价。社会质量指标已经在诸多研究中用来对欧盟国家的社会发展状况进行评价，例如，2001年的《欧盟社会状况报告》（*The Social Situation of the European Union*, 2001）就全面使用了社会质量的诸多指标对14个欧盟成员国的社会发展水平进行了全面的描述和报告（Maesen et al., 2005a）。

换言之，仅仅有建构性因素和规范性因素，还不能形成指标体系。只有对建构性因素和规范性因素进一步进行操作化，使其成为可以具体测量的指标，才能形成指标体系，成为对社会发展水平评价有实际意义的测量体系。因此，社会质量理论提出了条件性因素（conditional factor），即社会经济保障、社会凝聚、社会包容、社会赋权。

社会经济保障在社会质量指标体系中对应的规范性因素是社会正义（平等），其所包含的建构性因素是个体安全。如Maesen等人（Maesen et al., 2005b）指出，高质量的社会应当为公民提供生活的安全的最基本保障，也是社会正义的指向。社会经济保障指标正是测量这一维度的指标，公民在社会中，应当通过其已有的社会关系，取得物质以及非物质的资源，而社会福利的提供，能够在最低限度内为公民提供抵御贫困、失业、疾病或者其他物质上的贫困状态。在具体指标的选择上，现有的社会质量体系选取了财政资源、住房与环境、健康医疗、工作教育为主要指标。

社会凝聚指标更多关注于，在社会中，个体是以有机融和的方式融入社会，还是社会中的个体均以"原子化"的形态存在。因此，社会凝聚在规范性因素层面对应的价值观是指以团结为基础的群体身份认同，其核心是社会是否存在基于共识的价值和规范基础上的有机的个体—社会关系的本质。在建构性因素中，社会凝聚对应的是社会认知，也就是考量在公众认知层面，社会关系在何种程度上能保有整体性和维系基本价值规范。因此，在社会凝聚指标的选择上，其指向的是基于社会关系形成的共同身份、价值和规范，以及如何通过社会网络的形成，促进社会团结和社会整合，从而在最大限度上促进公民从个体化的存在形式转换为社会化的社会人身份（Beck et al., 1997b）。正如有学者指出的，为了减少社会分化、对少数民族的排斥、公共服务的不均等享有，必须提升社会整合（social integration）力度，促进社会凝聚，因此，在指标选择上，社会凝聚选择的指标主要为：社会信任、社会整合规范和价值观、社会网络和身份认同（Berman & Phillips, 2004）。

社会包容指标希望反映出社会平等价值观这一规范性因素，其意指在社会结构的支持下，社会上存在的对特定社会标签的群体的整体性排斥可以被降低或者消除，个体不会因为特定的社会属性与身份受到歧视性的待遇。从另一层面来说，社会包容对应的建构性指标是社会反应，也可以理解为社会反馈，即社会整体对个体的特定社会身份属性的反馈，因此，在指标选择上，公民权利、劳动力市场进入、公共和私人服务的可选择性、社会网络等成为了测量社会包容的主要指标。

社会赋权的价值指向是人的尊严，换言之，在社会中，个体应当有能力在社会生活、经济生活的参与中最大限度的发挥个体的能力和潜能。对这方面的考量主要集中在社会网络和社会机构在多大程度上给个体以自由度和空间，这一指向直接对应了建构性因素中个体能力这一方面。同时，Menachem 和 Yitzhak（Menachem & Yitzhak, 2008）提出，社会赋权有着主动赋权和被动赋权双重内涵。首先，主动赋权意指个人通过个体自身的能动性，主动自我赋权，从而实现在个体—社会的互动中提高个体的掌控力，最大限度地实现个体的尊严；而被动赋权则指社会是否能够通过制度设计、规则设定，对个体的能动空间予以提升。在指标设定上，社会赋权主要选择知识能动、劳动力市场赋权、社会机构的开放性、社会网络的支持、公共领域开放、个体社会关系构建等层次（Hermann，2005）。

综上所述，社会经济保障、社会凝聚、社会包容、社会赋权，也就成为了社会质量的四个构成维度。正如 Phillips（2000）所述，社会质量的四个维度突出了个体与社会这一组概念的关系，分别为：个体能够从社会取得哪些资源；社会建构了哪些规范、价值体系、关系等，这些建构又如何影响了个体的属性；以群体身份为标签形成的社会群体具有哪些接纳/排斥的属性，又进而如何影响个体身份的归属和个体的社会资源的可取得性；社会如何给予个体能动的边界，个体又有何种权能对社会建构予以改造。因此，社会质量理论体系基本上就是围绕着个体与社会关系来进行建构的。

对于社会质量指标体系的研究上，我国学者着重突出社会公平与社会公正。张海东、丛玉飞（2011）认为从本体论基础来说，社会质量思想本质上是一种以人为核心的发展观。四个条件性因素中，社会经济保障领域，社会质量强调普惠共享，这是社会公正的基本前提；社会凝聚领域，社会质量突出了团结共存，这是社会公正的内在诉求；社会包容领域，社会质量倡导平等融合，表达了社会公正的现实关怀；社会赋权领域，社会质量强调增能赋权，这是社会公正根本的价值取向。社会质量的视角中，社会公正的实现是以制度世界的保障为基础的，最终体现在人们在生活世界中实现个人的发展与集体认同的统一。崔岩、黄永亮（2018）认为，在社会质量指标中，社会经济保障的指标设计突出的是对个体安全和保障的关注；社会凝聚指标设计突出的是社会价值观整合对社会团结的意义；社会包容的指标设计突出的是对群体间融合、减少社会矛盾与冲突的关注；社会赋权的指标设计突出的是社会成员参与社会治理和国家治理能动性。

二　社会质量指标次级体系

具体来说，社会质量的条件性因素实际上也就可以理解为其作为指标体系的操作层面，通过对社会经济保障、社会凝聚、社会包容、社会赋权四个维度的评估，可以对社会质量的高低进行评价性研究。对每个维度，现有的西方社会质量研究提出了分项指标（二级指标），合计共95

个指标，其具体结构包括以下内容。

（一）社会经济保障因素

测量指标包括金融资源、住房与环境、健康与照顾、就业和教育五个方面。金融资源领域包括收入充足性和收入保障两个子领域共3个指标，住房与环境领域包括住房保障、住房条件、环境条件三个子领域共6个指标，健康与照顾领域包括健康供给保障、健康服务和照顾服务三个子领域共5个指标，就业领域包括就业保障和工作环境两个子领域共7个指标，教育领域包括教育保障和教育质量两个子领域共3个指标。

（二）社会凝聚因素

测量指标包括信任、整合的规范与价值观、社会网络、认同四个方面。信任领域包括一般信任和特殊信任两个子领域4个指标，整合的规范与价值观领域包括利他主义、宽容、社会契约三个子领域共9个指标，社会网络领域包括网络一个子领域共3个指标，认同领域包括国家的认同、区域/社区/地方认同、人际关系认同三个子领域4个指标。

（三）社会包容因素

测量指标包括公民权、劳动力市场、服务和社会网络四个方面。其中公民权领域包括宪法/政治权利、社会权利、公民权利、经济政治的网络四个子领域8个指标，劳动力市场领域包括获得有偿就业一个子领域2个指标，服务领域包括健康服务、住房、教育、社会照顾、金融服务、交通、公民/文化服务七个子领域12个指标，社会网络领域包括邻里参与、友谊、家庭生活三个子领域5个指标。

（四）社会赋权因素

测量指标包括知识基础、劳动力市场、制度的开放性和支持性、公共空间、人际关系五个方面。其中知识基础领域包括知识应用、信息的可获得性、信息的方便性三个子领域6个指标，劳动力市场领域包括雇佣合同控制、工作流动前景、工作和家庭生活的协调三个子领域共7个指标，制度的开放性和支持性领域包括政策系统的开放性和支持性、经济系统的开放性和组织的开放性三个子领域共3个指标，公共空间领域包括对集体行动的支持和文化丰富性两个子领域共5个指标，人际关系领域包括支持个人生理的和社会自立的服务、个人服务的支持、社会互动的支持三个子领域共3个指标。

第四节　社会质量指标体系之间的关系讨论

从上述讨论可以看出，社会质量理论体系中的各个指标不是相互分立的，其相互之间是有着内在的有机联系的。其中，若干指标在现有西方研究中都已经有较为深入的研究，以下就对西方学者对社会经济保障、社会信任、社会支持、社会身份认同、社会/政治参与等概念的讨论进行梳理。

一　社会经济保障以及与其他指标之间的联系

在现有的社会理论和政策讨论中，国家和政府为其公民提供社会经济保障是理所当然的，然而，随着新自由主义的兴起，也有一些不同的声音提出，福利社会这一概念随着后工业化的发展应当成为过时的概念。在现有社会质量理论中，作为对要求废弃福利社会的声音，有学者指出，作为社会整体，为其公民提供基本生活条件的保证，是一个社会应当实现的最基本的体现（Fairweather et al.，2001）。

然而，有部分研究社会质量理论的学者指出，社会经济保障的提供者可以不仅仅限定为国家/政府。例如，Van Ginneken（1999：51）提出，社会福利既可以是由国家、政府提供的，也可以是通过其他形式的集体协议形式来提供，这既可以包括市民团体、社会组织，抑或是市场经济组织。然而，Beck等学者提出了一些不同意见，其指出（1997b：286），对社会经济保障的定义应当是由社会宏观结构提供的对公民的最基本生活条件的保障。

二　社会凝聚以及与其他指标之间的联系

首先，就什么是社会凝聚，有学者从概念到测量进行了讨论。例如Berger-Schmitt（2002）在研究中指出，自20世纪90年代，西方国家的研究机构和政府部门逐渐开始意识到社会凝聚在维护社会稳定发展中的重要性，并提出了一系列的研究报告和政策建议（European Commission，2000）。对于什么是社会凝聚，有学者指出，社会凝聚是一个社会能否有效的在社会组成部分之间,例如个体、群体、社会组织、区域等,建立紧密的社会联系(McCracken,1998)。还有一些研究机构将社会凝聚定义为:在社会中通过建立共享的价值体系、共担的社会挑战、共筑的机会平等,从而在全体公民中实现的相互信任、希望和互惠的社会过程。对于社会凝聚概念的内涵,尽管学者们的视角有所不同,但是在一些核心要素上,还是达成了一致(Jenson,1998;O'Connor,1998;Woolley,1998):社会关系的强弱、社会网络和社会组织、社会身份认同、社会价值观认同、社会信任、机会平等性、社会差异、社会分歧和社会排斥等。当然,也有学者将上述各维度归纳为两个方面:社会资本和社会排斥。例如,Dahrendorf 等认为社会凝聚就是最大限度地防止社会排斥的发生(Dahrendorf et al.,1995),还有其他学者提出社会凝聚的基础是社会资本(McCracken,1998;Maxwell,1996)。在 Berger-Schmitt(2002)的研究中,社会凝聚被界定为:(1)最大限度减少社会不平等待遇,提高机会均等性,减少社会差异,防止社会排斥;(2)全面提高个体的社会资本,增强社会关系的纽带,提高社会互动质量。作者进一步指出,减少社会不平等待遇,就要减少区域差异,消除种族、性别、年龄、社会地位等产生的歧视性待遇,消除社会排斥;提高个体社会资本,就要增加个体社会纽带的广度和质量,提高社会信任,改善社会机构的效率、信用、可靠性等。作者还提出,社会凝聚在一定程度可以影响到经济发展、社会进步水平、教育发展、犯罪率等多个方面。同时,作者还从测量角度阐述了社会凝聚指标所应当包含的二级指标,并对部分西方国家的社会凝聚水平进行了比较性研究。

Fairweather 等学者(Fairweather et al.,2001)指出,在以往的研究中,社会凝聚这一概念经常与社会整合(social integration)相等同,然而,这种理解是有偏差的,社会凝聚应当参考 Landecker(1951)的定义。Landecker 认为,社会凝聚应当包含以下几个方面:(1)文化领域,即社会内部是否存在有差异性的文化不同选择;(2)规范领域,即个体与社会之间是否存在共识性的标准和价值;(3)沟通领域,即个体之间、群体之间是否存在一定的机制来保障社会、群体的凝聚力;(4)功能领域,即社会各个部分之间是否能形成相互依存的有机关系,从而维系社会整体的运行。

其次，在社会凝聚中，社会信任是其中的重要指标之一。有学者指出，社会信任在社会质量理论中占据着至关重要的地位，信任应当与公平正义等同样成为社会质量理论的规范性因素之一（Ward and Meyer,2009），如 Ward 等人所述，社会信任问题在社会学和政治学中都受到了广泛的关注，诸多研究都表明，社会信任与个体的"wellbeing"和整体社会发展水平有着密不可分的关系。只有当社会信任达到一定水平时，个体的社会属性才能完整，社会价值才能得以实现，社会发展才能更加平稳，社会进步才能具有持续性和稳定性。然而，也有大量研究表明，随着西方文明的进步，以及现代社会的发展和市场经济的扩张，人际信任（个体的一般信任）和对组织机构的信任（机构信任）都在逐渐降低的过程中（Davies, 1999; Welsh and Pringle, 2001）。同时，社会信任的降低也带来了各种社会问题。因此，Ward 等人认为，不论是社会赋权，还是社会凝聚与社会包容，其内在的正反馈能得以实现的动因都是因为社会信任的存在。如果个体没有较高的社会信任水平，则不可能参与到社会/政治活动中，社会赋权无从谈起；而较低的社会信任水平必然导致社会凝聚的降低和社会包容度的收敛。同时，在一个缺乏社会信任的环境中，各种社会福利政策会因为部分群体对权利的滥用，引发福利政策的转向，从而降低社会福利政策的覆盖面（Ward & Meyer, 2009）。

综上所述，Fairweather 等学者提出（2001：18），社会凝聚的存在与否有赖于特定个体、群体之间的沟通机制是否存在，这些机制包含共同规范体系（common norms），从而使得个体能自愿的遵从社会正式的和非正式的规则；社会信任体系（trust），从而保证合作性的社会行为的可持续性。

三 社会包容以及与其他指标之间的联系

社会包容（social inclusion）这一概念在现有研究中还没有形成一个特别明确的学理界定。在一些研究中，研究者多以社会排斥（social exclusion）作为研究视角（Berman & Phillips, 2000）。

就"social exclusion"的定义来说，Trbanc（1996）指出，社会排斥应当被界定为将特定个体或者群体排斥出社会其他成员普遍享有的机会、福利和权利的情景及过程。同时，社会排斥研究应当立足于研究个体与社会之间的紧张关系，以及个体是因为何种机制被排斥出各种不同的社会空间。因此，在很多的欧盟研究中，社会排斥研究与社会体系的分割化、公民权利的剥夺、社会权利的缺位紧密相连（Berghman，1995）。同时，社会排斥的结果是个体不能享有社会普遍的生活标准，缺乏对提供社会福利的系统和机构的影响力，从而导致社会资源、社会福利、社会机会、社会权利的极大的差异化分配格局。

就现有研究现状来看，社会排斥研究主要集中在个体与社会之间的关系问题，例如不充分的社会参与，缺乏社会整合机制等（Room，1997）。Silver（1995）指出，社会排斥在很大程度上会影响社会共同价值观的形成，导致社会原子化，影响社会整合。并提出，源于后现代思潮的社会包容概念，重点强调的公民权利的平等最重要的是实现对多元社会的尊重认可，对不同群体的包容，和对有社会污点群体的保护。Saraceno（1997）提出，较高的社会排斥会引发个体脱离现有的社会秩序，从而影响社会的稳定发展。Abrahamson（1997）提出，社会包容必须要考虑到少数民族是如何被从中产阶级社会中排斥出来的动态过程。除了学术研究，社会排斥问题还在政策层面受到了西方国家政策制定者的关注。1992年，欧盟委员会（the European Commission）发布了欧盟关于消除社会排斥的年度报告（Room，1995）。1995年，欧盟委员会又发布了欧盟社会排斥报告（Duffy，1995）。1996年，欧盟委员会举办了特别会议，就公共福利政策和社会排斥进行了专题讨论，并就如何更加有效地提高社会包容水平，提高公共服务的覆盖性进行了专题讨论（Beck，van der Maesen and Walker，1997b）。

但是，社会包容和社会质量的其他条件性因素有所不同。社会经济保障、社会凝聚、社会赋权在很大程度上与社会的宏观结构和政策制定有关，而社会包容则更多的源于社区、群体、个体等微观因素，而不仅仅是机构、组织等宏观因素（Berman & Phillips，2000：338）。换言之，社会包容不能从社会权利的层面来理解，而是应当从社会身份认同和社会参与的层面来讨论（Berman & Phillips，2000：343），同时，还可以建立群体身份认知、共同兴趣、归属感、语言、组织参与、文化活动、休闲、社会交往等指标体系予以测量。

四 社会赋权以及与其他指标之间的联系

在社会质量理论研究者看来，社会赋权（empowerment）与社会服从（subordination）是一对相对应的概念。这组概念映射的社会层次主要是社会的微观层次，其实质是作为公民的个体是否被赋予了实现他们自身全部潜能的社会条件。例如，Beck 等人（1997a）就指出，社会赋权应当被界定为社会为个体提供的为实现个体能动性，从而自主性参与日常生活的条件性因素。

从概念的构成来看，社会赋权可以从以下几个方面来讨论。首先，社会赋权的目的是提升个体的能动能力和与群体的交互能力，从而使个体能更好地掌控自己的生活空间、工作环境、生活质量。其次，社会赋权不是一个静态的概念，而强调的是一个过程，体现的是个体与社区组织的互动。最后，社会赋权强调的是一个结果，其指向是个体和群体实现社会群体性参与的结果（Erben et al., 1999）。

Somerville（1998）从权力依存关系的层面对社会赋权概念进行了分类，也就是，社会赋权的资源性因素是来源于社会有权者还是源于社会无权者。如果社会赋权是来源于社会有权者（即通过政策制定、政策干预等形式），这种社会赋权只能被称为自上而下的赋权，而如果社会赋权是来源于社会无权者，这种社会赋权就可以被称为自下而上的赋权。Somerville 认为，这两种赋权过程是完全不同的，对权力的高度依赖关系只会减弱社会赋权的水平。

Fairweather 等学者（2001）对社会赋权的概念进行了界定，首先，社会赋权的研究单位是个体、社会组织、社区。而赋权研究的动态关系是赋权者和被赋权者之间的张力关系，这就把研究重点放在了赋权的过程是自上而下的政策干预、还是自下而上的社会行动的过程差异。其次，社会赋权维度则包含社会权利的赋予、政治权利的赋予、心理权利的赋予。在这个过程中，个体不仅仅可以被理解为赋权的对象，还可以被理解为赋权的来源。也就是说，在自下而上的社会赋权过程中，个体而非社会系统，才是真正社会赋权的来源。

就社会赋权在社会质量理论中的位置，Herrmann（2006）认为，在社会质量理论体系中，就条件性因素来说，最核心的应当是社会赋权，因为其反映了社会发展所追求的最重要的价值，就是个体的尊严，同时，从建构性因素来说，个体—社会关系中，社会发展的最终体现就是提升个体的能力。Herrmann 提出，谈到社会性活跃的个体，其意指在个体独立的前提下，提升有活力的个体之间具有相互依存性，同时提升有个体建构的社会与社会个体之间的依存性。因此，社会赋权的内在含义是，社会个体所具有的能动性以及由社会关系的提升而实现的个体能力的提升。因此，不论是社会经济保障，还是社会凝聚与社会包容，其最终指向都是提升社会的赋权水平。而赋权水平的体现，则是个体是否能通过有效的社会参与、政治参与，能动地改造社会结构，实现个体对结构的有效建构。换言之，一定水平的社会经济保障是个体社会参与、政治参与的前提；较高程度的社会凝聚是有能动能力的个体之间相互依存、形成互动的基础；同时，只有当社会包容水平较高、社会群体之间具有一定的开放性，个体才能有效利用各种资源，实现个体的社会再造的能动能力。因此，就互构关系来说，社会经济保障、社会凝聚、社会包容是因，其结果指向的是社会赋权。

五 社会质量构成的问题

当然，对现有的社会质量理论框架，也有不少学者提出了一定的置疑。例如，Fairweather 等学者指出（2001），虽然现有的社会质量理论旨在讨论其构成的四个方面的不同内在结构和动因，从而全景式地展示出社会质量概念的建构性因素，但是现有理论并没有更多地讨论各个因素是如何影响社会质量，其内在机制是什么，以及如何从各个因素最终整合性的讨论社会质量水平等核心问题。同时，当讨论到每个建构性因素，其测量指标和整体社会质量测量的关系又是如何的，也没有得到充分的讨论。因此，现在大多数基于社会质量理论的研究基本上都是遵循着这样一个假设：社会质量的建构性因素和社会质量呈现出完全的正相关关系，每个构成因素各自作用于社会质量的整体，而子系统之间的关联关系却没有必要讨论。在这种假设基础上，测量社会质量就出现了一个根本性问题：如果各个构成因素之间具有相互作用关系，那么在没有厘清这种相互关系之前，就没有办法讨论每个构成因素对社会质量的"净作用"，而这样，也就不能通过对子系统进行整合，综合性地讨论社会质量的概念，而只能简单地以一对一的形式单纯讨论各个子系统对社会质量的作用。这显然是不符合通过构建社会质量子系统来测量社会质量水平这一最初理论架构原意的。

同时，现有的社会质量讨论还有一个内在的假设，也就是各个子系统对整体社会质量的权重是无差异的。也就是说，每个子系统对整体社会质量测量的贡献是一样的。但是，这一隐含的假设显然是没有经过实证的。我们完全可以有理由认为，在不同发展阶段的社会，其发展水平决定了不同子系统对整体社会质量的作用权重是不同的。例如，在经济发展水平较为落后的发展中国家，社会经济保障的提升可能会更快地提高社会质量水平，也就是具有较高的边际效应；而随着经济的不断发展，其边际效应逐渐递减，相应的权重也会逐渐降低。同时，具有不同文化背景的社会，各个子系统对整体社会质量的贡献水平也是不同的。例如，在一个强调多元化的社会，社会凝聚对整体社会质量的贡献可能就与一个强调文化统一性的社会有所不同，其相应的权重也就有可能有所差异。对这些基础性问题，现有的社会质量理论都没有能够给出较好的解释。

其实，上述问题都指向了一个方法论的问题，也就是在测量社会质量时，是否应当仅仅把社会质量作为其构成各个子系统的"潜变量"来测量。换言之，在讨论社会质量时，如果社会质量概念本身是不可观测的，那么，只有通过其可观测、可测量的子系统来整合测量社会质量。如果是这样，对子系统之间的关系问题的讨论，则似乎就不是一个首要问题了。然而，如果从一个因果关系的路径来讨论社会质量，则在方法上就有了不同的模式。假如社会经济保障、社会赋权、社会包容、社会赋权是因，社会质量是果，而因和果都是在方法上具有可测量的属性的，那么就可以更加完整、系统地讨论各个建构性因素之间的关系以及各个因素对社会质量的作用效应。当然，这种研究路径的问题是，如果社会质量的指标不是通过其子系统构成的，那么又应当如何测量社会质量，其作为因变量的测量指标又是什么？这些问题显然不能从现有的社会质量研究中得到答案。

第五节 社会质量国际比较与本土化研究

一 社会质量国际比较研究

现有的关于社会质量的国际比较主要还是基于欧盟成员国之间。近年来，随着其他国家，尤其是发展中国家学者对社会质量理论的关注，越来越多的学者开始对社会质量理论是否可以进行更为广泛的国际比较的可行性进行了讨论。例如，韩国学者 Jaeyeol Yee 和 Dukjin Chang（Yee & Chang, 2009）通过实证分析，对欧亚国家的社会质量进行了全面比较，并指出，以 GDP 为指标的经济发展不能全面反映社会发展的水平，"软发展"在衡量发展水平中应当得到更多的权重。需要注意的是，现有的社会质量理论体系中，其指标的具体设定还有比较具有西方国家的色彩的，使得一些指标是否能够在其他地区和国家应用受到了一定的置疑。具有明显西方社会特征的指标如果用来描述、评价其他地区和国家，则可能在国际比较和政策建议中产生偏差。同时，其他地区和国家的特征没有能够在现有的社会质量指标体系中得以体现，如果进行国际比较，则需要对现有的指标体系进行修正。因此，Jaeyeol Yee 和 Dukjin Chang 的研究对社会质量指标体系进行了比较大的调整（Yee & Chang, 2009）。

Walker（2009）在文中指出，欧洲和东亚国家在历史、文化、社会经济发展中有着诸多差异，建立的社会理论模型也应当有所不同。简单地进行东西方社会发展的比较必然会陷入误区，得出谬误的结论。徐延辉（2018）对此进行进一步的阐述，指出亚洲和欧洲在社会福利制度及社会文化上存在重要差别，东亚社会的福利模式主要以高福利分层、高家庭福利责任、低社会保障开支、高个人福利支出和低养老金覆盖率为特征，与西方社会的福利制度分类框架自由主义体制、保守主义体制和社会民主体制存在较大差异。因此，研究亚洲国家的社会发展问题应该与欧洲福利制度区别开来。但是，社会质量理论并没有像其他社会理论一样受到西方价值观的限定，其更多地是通过建立统一分析框架，为国际比较提供一个跨国研究的起点。因此，社会理论研究给各国的研究者提供了较为广泛的空间，可以更好地适应不同国家和地区的具体情况，在统一的理论分析框架下建立不同的指标体系，以更好地反映区域的差异化特制。在此基础上的比较才能更具有科学性和实践政策的指导意义。

二 社会质量理论的本土化研究

在以往的社会发展研究中，学者们通常更多地讨论社会发展过程中的规律性，然而，对于如何衡量社会发展的程度和状态，却一直没有形成具有体系性的理论架构和分析框架。传统发展社会学的核心是对不同的社会发展模式以及社会发展过程出现的各种社会问题的研究。值得注意的是，大多数学者主要还是停留在对各个国家不同的社会经济发展模式的讨论上，而对于发展的质量，却鲜有论述。

近年来，随着国内学界对"社会质量"研究的深入，学界在社会发展研究领域也对发展质量问题越来越关注，对发展的界定也从单一经济增长向社会全面发展转变。对"社会质量"的研究也从概念与内涵层面的研究进一步深入到实际的应用层面。

（一）我国早期对社会质量的研究

尽管"社会质量"通常被认为是西方舶来的概念，在我国理论界，早在20世纪八九十年代，就有学者对"社会质量"进行了讨论。例如，王沪宁在1989年发表的《中国：社会质量与新政治秩序》一文中，就对"社会质量"这一概念进行了阐述。在文中，作者指出，"所谓社会质量，指的是社会非政治有序化程度。非政治有序化程度指的是社会各个环节、各种运动和各种因素自我组织的程度，即在没有政治控制和协调下它们的自组织达到何种程度。我们可以把现代社会分为两大类：一类为政治的有序化社会，一类为非政治的有序化社会。在这两大类中，各有高低之分，结果我们得到两大类、四大基本类型：（一）政治的有序化低的社会；（二）政治的有序化高的社会；（三）非政治的有序化低的社会；（四）非政治的有序化高的社会"（王沪宁，1989）。作者认为，中国社会历来是第二种类型，由于经济和商品经济的不发达，中国社会的有序化从来没有也不能超越政治的运作。

作者进一步论述，"一个社会能否实现政治秩序的再组合，关键在于其社会质量是否发生变化。非政治有序化低的社会难以建成适应于非政治有序化高的社会的政治秩序。中国的变化究竟是从前述第二种类型过渡到了第三种类型或是第四种类型目前尚难下定论，但种种迹象告诉人们，走向第三种类型并非没有可能性，走向第四种却并非必然。能否走到第四种类型，基本条件是社会的有序化能否达到较高的程度。社会如何能达成高度的有序化，要看社会的各种体制、机制、程序和规范能否有效运行"。（王沪宁，1989）

同时，作者还对社会质量指标的测量进行了探讨，把社会质量指标分为两大类，一类是物质性的指标，主要有历史发展的道路、经济发展的水平、人口、沟通、教育、文化；另一类是价值性指标，包括整合、自主、自律、稳定、适应、开放（王沪宁，1989）。

由此可见，从作者角度而言，社会质量这一概念与社会秩序之间存在着一定的对应关系；一个高质量的社会应当具有特定的机制和规范，从而可以有效地维护社会高度有序化的状态。

吴忠民在《论社会质量》（1990）一文中，也对社会质量进行了全面的论述："所谓社会质量，是指社会机体在运转、发展过程中满足其自身特定的内在规定要求和需求的一切特性的总和。"作者进一步分析了社会质量的三个特征："第一，它所反映的是同一时代的条件下，社会机体的实际状况同自身内在的最佳规定要求及最适合需要之间的吻合程度；第二，社会质量虽不直接反映'时代'状况，但毫无疑问，它是附着于'时代'内容的；第三，它所反映的是一种社会整体性的品格。"（吴忠民，1990）就研究内容而言，他指出，"社会质量这一课题所包括的内容极为丰富，大致上可以分为两类内容的研究。一类是有关社会质量的理论研究，主要是侧重这样一些内容的研究：社会质量的基本特性、基本品质问题；社会质量的分类问题；影响社会质量的各种因素、变量等。另一类是有关社会质量问题的应用研究，这主要是指：关于社会质量的测量方法及指标体系（包含客观指标体系和主观指标体系）；对于社会质量理想模型的设计及其具体的技术性方法；对于社会质量进行国别性的研究；优化社会质量的具体措施等等"（吴忠民，1990）。其后，吴忠民在《中国社会发展论》（1995：195-208）一书中，提出将社会质量作为衡量社会完善与否的重要尺度。

杨晓莉在《社会质量：社会进步的评价尺度》（1999）一文中，从社会进步评价尺度的角度，论述了对本土化社会质量理论的构想。在文中，作者强调，发展不直接等同于进步；具体而言，作者阐述道："如果我们把人类生活在某一时期的主要目标或某一时期某一个方面的目标作为整个社会生活的目标，例如片面地以生产力的发展作为目标，进而作为评价社会进步的尺度，显然是缺乏普遍合理性的。"（杨晓莉，1999：47）而对于什么尺度是具有普遍合理性的，作者提出，"对于这个尺度，应该是一种历史尺度和道德尺度，生产力尺度和人的价值尺度的辩证统一，我们认为是社会质量。"（杨晓莉，1999：49）对于"社会质量"，作者的界定为："社会质量是指社会机体在运转、发展过程中满足其自身特定的内在要求的一切特征和总和……社会质量……主要是指国家意义上的社会机体的质量，它包括生产力发展水平及这种发展对人的合目的性状况。"（杨晓莉，1999：49）而社会质量之所以能够对社会进步进行衡量，是因为社会质量具有具体性、整体性、可操作性等特征。对于上述这三个特征，作者论述道："社会质量的具体性和整体性特征表明从理论理性上看可以作为社会进步的评价尺度，因为社会质量作为评价社会进步的尺度，既不是纯主体的尺度，也不是纯客体的尺度，它是主体与客体的辩证统一……从实践理性看来，社会质量尺度意味着对自然资源的内涵式利用，对人类社会内部的公正、合理诉求的满足，它着眼解决人类生存和发展的两个基本的问题：人与自然的关系问题；人与人的关系问题。"（杨晓莉，1999：50）由此可见，在作者看来，社会质量这一概念意在强调维持人类社会生存和发展中，生产力发展和人的价值、生产力发展和自然的价值之间的平衡关系。

（二）近年来我国学者"社会质量"的研究

1. 基于欧洲社会质量理论的中国社会质量理论发展

近年来，我国学界对社会质量理论的讨论基本上是沿着欧洲社会质量理论架构展开的。学者们对如何把西方社会质量理论和我国社会转型、建设和谐社会相结合进行了广泛而深入的讨论，也产生了大量的学术研究成果（张海东，2010a、2010b、2011a、2011b、2011c、2011d；林卡，2010a、2010b、2011a、2011b、2011c）。

林卡在《为中国社会质量把脉》（2010b）一文中提出，社会质量这一理论在我国和谐社会建设的实践中具有积极的指导意义。具体而言，首先，源自欧洲的社会质量理论设立了"可持续性的福利社会"理念作为实现"社会欧洲"这一模式的价值目标,要求增进社会体系的融合,提升社会团结和社会包容的程度,其所蕴含的社会正义、社会平等、社会团结等价值导向与建设和谐社会所倡导的价值和规范因素高度一致。其次,社会质量理论有助于把握中国社会目前面临的各种焦点问题,纠正长期存在的重视经济发展、忽视社会发展的问题,把更多的注意力放到民生问题上,重新审视社会公正、社会团结、社会平等和人的尊严在社会发展中的重要性。再次,社会质量理论倡导建立"社会"与"市场"之间的平衡,从社会政策角度强调政府的社会责任,反对把"社会"置于"市场"的从属地位,反对社会政策屈从于经济政策。换言之,社会质量理论提出,重新界定了政府部门在提高社会福祉、增加社会福利方面的职能。最后,林卡在该文中还提出,社会质量的研究要考察公民对于社会政治、经济生活的积极参与程度,公民组织在增进社会团结、社会包容和社会赋权方面所起到的作用,以及家庭、社区和市民组织之间的相互联系。其所倡导的公民社会能够为改善社会生活环境发挥积极作用,把政府通过自上而下的社会政策制定的努力与自下而上的社会建设的努力结合起来,使人们通过参与社会生活来实现他们的价值、愿望和发展潜能。

在《社会质量理论与和谐社会建设》(林卡、高红,2010)一文中,林卡、高红还提出,不能把社会政策的制定和运行放在经济政策的附属地位,因为社会发展的状况归根到底要取决于人的发展状况和社会体系的改进。同时,尽管社会质量理论是一个从西方引进的理论,但它揭示了与和谐社会相关的各个概念之间的内在联系,为和谐社会一些相关问题的研究提供了基本的思路。

韩克庆在《社会质量理论:一个研究综述》(2010)一文中对欧洲社会质量理论的历史渊源和发展进行了介绍,并进一步指出,社会质量理论提供了一个社会科学研究的新视角,使理论界重新检视人类社会发展的未来图景,并且,社会质量理论既对中国的福利改革提供了更多的选择和参照,也为进行国别和地区间比较研究提供了新的理论支撑与分析工具。作者还提出,"对于中国正在进行的福利改革来说,社会质量理论及其倡导的社会发展模式,提供了福利世界的另一个普世价值,使我们可以高屋建瓴地思考中国社会福利体制与社会发展的目标走向"(韩克庆，2010）。同时，作者也提出了作为本土化社会质量理论中存在的不足之处。例如，社会质量中的"社会"是否包含了整体社会系统中的经济、政治、市民社会、甚至文化子系统？社会质量标准及其指标体系的操作性程度仍然有待提高等。

张海东等（张海东、石海波、毕婧千，2012）针对我国社会质量研究的现状指出，"当前社会质量研究还处于起步阶段，研究的整体水平还不够高。而且从现有研究成果来看，大部分研究成果的主题聚焦在对欧洲社会质量的概念、理论、方法和指标等的翻译介绍；从研究的内容上看，突出体现在对社会质量的四个条件性因素的依赖上，还没有完全从欧洲社会质量框架中跳出来"。作者还指出，基于我国本土化的社会质量理论研究还没有取得实质性的进展，能真正结合我国社会的特质出发解读社会质量理论的研究尚不多见。同时，对欧洲社会质量指标的适用性问题也没有进行充分的研究。基于欧洲特质的社会质量指标体系在很多方面不适合我国的实际国情。如何将中国社会特质体现在社会质量的指标体系中应当是国内社会质量研究的重点。

王星（2015）指出国家与社会互动关系是欧洲社会质量建设的原动力。在西方国家，规定国家与社会互动原则的基本制度框架已经成熟。但是在社会质量建设的行动过程中，依然内嵌着国家与社会之间的矛盾：一是社会质量增强与国家能力削弱之间的矛盾；二是欧洲社会与主权国家之间的内在张力。这种矛盾对于反思欧洲社会质量理论本土化具有重要价值。社会质量理论本土化的要义或许不在于通过指标体系的调整对中国或区域的社会质量状态进行评测，而在于其对"社会性"的追求给予中国社会建设所刻画的指引，这才是欧洲社会质量理论给予我们最大的启示。

2. 学者对当前我国社会质量问题的认识

张海东在《中国社会质量研究的反思与研究进路》（2016）中指出，社会质量研究所要解决的核心问题是衡量社会进步的评价尺度问题。社会质量研究包含了理论研究、实证研究和政策研究多个层面，但归根结底，理论研究和实证研究的价值最终要体现在形成可转化的社会政策上。因为社会质量理论取向的初衷是通过有效的社会政策全面提高社会质量，这是社会质量研究的落脚点所在。

张海东（2014）提出，中国社会质量问题核心是社会安全，因此中国社会建设的取向应包括：在理念上，要确立社会安全是一种福祉的理念；在政策取向上，要实现从关注经济政策到关注社会政策的转变；在治理上，要实现从管理到治理的转变；在价值取向上，要实现从关注民生到关注公平正义的转变。而贯穿上述四个层面的核心是强化制度的基础性规范作用，重建制度权威。

张海东（2016）在《社会质量衡量社会发展程度》一文中指出，社会质量衡量的是包含共享发展的社会的进步程度，同时也是一种以人为核心的社会发展观。社会质量理论的内在架构将社会公正作为其核心诉求，在社会经济保障领域，社会质量强调普惠共享，高质量的社会要为全体成员生存与发展提供制度保障，这是社会公正的首要前提。而其他三个条件性因素，都具体表达了社会质量理论以公平正义为核心的价值追求。在社会凝聚领域，社会质量强调团结共存，高质量的社会要有共享的价值观和全体社会成员认同的维系团结的纽带，避免陷入分裂和动荡；在社会包容领域，社会质量倡导平等融合，社会成员不因某些方面的群体性特征而受到系统性社会排斥，全体社会成员具有平等的权利；在社会赋权领域，社会质量强调增能赋权，聚焦人全面参与社会生活和人的全面发展。一个社会在这些方面的现实表现就是一个社会质量高低的判定依据。社会质量高低归根结底取决于社会制度何种程度上体现了公平正义，所以，制度实践是提高社会质量的关键所在。

林卡（2013，2015）从"生活质量—社会质量"的视角来分析政策实施效果及社会发展水平。生活质量理论和社会质量理论具有不同的意识形态导向、社会发展理念和分析工具的使用意图。前者支持现代化的理念并促使人们去追求高水平的生活，后者则支持社会和谐的意识形态，倡导增进社会体系的包容性和社会和谐，以改善所有社会群体的总体福祉状况。倡导社会质量理论对于我们提升社会和谐程度、建设"和谐社会"、增进人们福祉，具有积极意义。基于"生活质量—社会质量"的视野，社会政策新的发展导向应当包括：强调以人为本的价值，摒弃各种"物化"标准，克服"异化"现象；充分肯定人们主观幸福感的需要；包容生活方式和观念的多元化；形成一定的社会开放空间，使人们能够具有进行社会参与的机会。

3. 我国学者对社会质量的经验研究

尽管社会质量理论在我国的发展还处于初级阶段，学界还没有对社会质量的理论架构和具体研究操作达成一致意见，但是在经验研究方面，很多学者已经做出了有益的探索。例如，2009年林卡主持了浙江省的社会质量问卷调查（林卡、柳晓青、茅慧，2010）。2010年张海东主持了上海社会质量研究，基于上海数据开展对社会质量的实证研究（张海东，2011b）。杨建华（2011）、深圳社会科学院课题组（2011）分别基于浙江和深圳的经验开展社会质量研究。徐延辉（2013，2014a，2014b）主持了国家社会科学基金重点项目"社会质量视角下的社会建设研究"，在厦门市和深圳市组织大规模社会质量问卷调查。

4. 我国学者对社会质量研究应用的发展

社会质量研究的落脚点是社会建设与社会进步，对于政策的制定起到引导作用。姚云云（2013）从社会质量的价值导向上对社会政策制定提出建议，社会质量理论以倡导社会和谐和社会建设为其基本的价值导向，而这一导向正是我国在推进和谐社会这一目标建设中所需要的。社会质量理论为我们提供了一个社会科学研究的新视角，重新检视我国社会发展的目标走向和社会政策价值导向。基于此，应该把发展的核心问题聚焦于我国社会发展的质量和民生建设上，在实践中通过各种社会政策手段增进社会团结、维护社会融合，建立以社会经济保障、社会包容、社会赋权、社会凝聚诸维度为核心价值的可持续的福利社会。

夏延芳（2014）基于社会质量理论视角对我国社会政策建设提出建议，我国的社会政策建设必须以提升社会质量为出发点，为建设可持续型福利社会这一目标服务。要实现这一目标，必须重构经济政策与社会政策关系，坚持社会公正的社会政策设计理念，构建包容性社会政策体系和社会政策过程中的公众参与机制，从而推动经济增长和社会进步协调发展。

尽管如此，张海东（2016）指出在政策研究方面，国内社会质量研究的一个重要特点是关注点较多地停留在理念层面，缺乏可操作性的政策设计。究其原因大致受这样几个方面因素的制约：一是社会质量涉及的领域如此广泛，对一般研究者而言，很难通晓涉及社会质量各个具体领域的社会政策，而这方面的社会政策专家却凤毛麟角；二是我国正处于总体性改革的过程当中，原来碎片化的各项政策正在进行调整，改革的总体思路有了，但很多具体政策正陆续出台，这对社会质量研究者而言既是机遇更是挑战。解决问题的思路在于要把社会质量研究具体化到相应的社会领域，并分门别类地开展相应领域的社会政策研究。

（三）社会理论研究综述小结

综上所述，社会质量理论发展的渊源大抵有两条脉络。其一是我国学界基于如何建立和维护经济改革背景下的社会新秩序而开展的社会质量理论的讨论，其重点在于，如何使我国社会从自上而下的高度的政治规范化社会转型为自下而上的高度的自治型社会；换言之，我国本土产生的社会质量理论更多的关注社会发展过程中出现的"国家"和"社会"之间的紧张关系。

社会质量理论发展的另一渊源是西方国家，主要是欧洲国家对社会质量问题的讨论。欧洲学者们对社会质量理论的分析主要是如何防止过渡私有化，如何加强社会福祉和社会福利，解决"市场"和"社会"之间存在的矛盾。面对新自由主义在西方国家的盛行，"市场"在政策制定过程中占据了主导地位，而"社会"则成为了"市场"的补充和从属。基于这一问题，西方学者的社会质量理论的出发点在于"社会"，提倡需要通过一种新的办法，建立经济增长和社会发展之间的平衡关系，从而重树"市场"和"社会"在社会发展中的地位，并对社会是否随着经济的增长而更加文明和开放，人们能否随着经济的增长而更加自主和幸福的问题进行讨论（赵怀娟，2011）。

就这两个不同的理论发展脉络而言，其两者实际上是有共通之处的，并且都可以对我国当前的社会质量理论有所裨益。我国当前正处经济体制改革的瓶颈期和社会结构转型的波动期。从经济发展角度，我国的经济发展模式转型困难重重，难以在短期内取得突破。同时，社会建设与经济发展的不协调导致各类社会矛盾凸显。在这一背景下，其中包括如何寻找社会治理的突破口、转变政府职能、完善管理制度，如何整合社会管理资源、扶持社会组织、促进公众参与，如何加强社会民生工作、强化政府和非政府组织的社会服务功能，从而有效化解社会矛盾、降低社会风险、保障社会稳定，都是需要从理论上进行深入探讨的问题。而这些问题，既涉及"国家"和"社会"之间的关系，又涉及"市场"和

"社会"之间的不协调发展,因此,我国的社会质量研究应当致力于探索符合中国国情的理论方向,在总结现实中的社会建设和社会管理经验基础上,在力求学术创新的同时,完善既有理论价值,又有政策意义的社会质量理论。然而,正如有些学者指出的,我国学者对于社会质量的研究还处于起步阶段,研究的整体水平还不够高;与此同时,社会质量的理论研究尚未充分结合我国的实际国情,在研究上尚待取得实质性的进展(张海东、石海波、毕婧千,2012)。社会质量研究成果能在多大程度上为政策制定和政策实施服务,则是一个困扰研究者的大问题。

"中国社会状况综合调查"(Chinese Social Survey,简称CSS)是中国社会科学院社会学研究所于2005年发起的一项全国范围内的大型连续性抽样调查项目,目的是通过对全国公众的劳动就业、家庭及社会生活、社会态度等方面的长期纵贯调查,来获取转型时期中国社会变迁的数据资料,从而为社会科学研究和政府决策提供翔实而科学的基础信息。从2015年第五次"中国社会状况综合调查"起以"社会质量"为研究主题,从社会质量的四个方面全面了解当前我国社会质量现状和发展水平,对我国社会质量的研究有重要的推动作用。

第六节 小结

如前所述,在欧洲语境下的社会质量主要是指人们能够在多大程度上参与其共同体的社会与经济生活,并且这种生活能够提升其福利和潜能(Beck et al., 1997a: 6-7)。换言之,社会质量主要的内涵是以社会关系为核心的社会互动和个体发展,这其中既包括宏观与微观的互动,也包括结构与个体之间的限制、构建关系;也正是通过对社会关系的质量的测量,才能够反映出社会成员在社会发展中的融合、参与程度,以及通过某种社会关系所得到的个人的福祉。

具体而言,从欧洲学者的角度看来,社会本身存在着两组紧张关系的互动。这两种紧张关系是:正式的系统世界和由家庭、群体和社区构成的非正式的生活世界两者之间的水平方向的紧张关系,以及社会发展和个人发展两者之间纵向的紧张关系(沃克、张海东,2010)。正是这两组紧张关系反映了结构与社会成员个体之间的限制与构建关系,从而体现出一个社会是否具有开放性、包容性等特质。一个"高质量"的社会，应当有充分的空间容许社会成员能够在自我实现的同时实现集体认同的形成。换言之，"高质量"社会中，自我实现和集体认同的关系应当是相互依赖，而非相互排斥的。一方面，集体认同促进而非限制自我实现；另一方面，社会成员自我实现的过程又进一步构建了集体认同。正如张海东（2010b）所言：（社会质量的）出发点是消解社会发展与个体发展的矛盾，解决组织世界（亦即体系和制度世界）与生活世界（即共同体、群体和家庭）的冲突，从而改善社会状况，继而提升个人的福利和潜力。

进一步讲，社会质量包含了三组因素：建构性因素（亦称制度性因素）、条件性因素、规范性因素（表1—2）。首先，建构性因素重点强调高质量社会所应当具备的制度架构。正如沃克指出的："（建构性因素）是在横跨两种重要紧张关系中，自我实现过程与各种集体认同的形成过程互动的结果。由此带来合格的社会行动者的构成：个人（人的）安全，关乎法律规则的制度化；社会认可，关乎社区成员个人之间的尊重；社会响应，关乎群体、社区和系统的开放性；个人（人的）能力，关乎个人的生理和精神方面的能力。"（沃克，张海东，2010）

表1—2　　　　　　　　　社会质量的理论结构

建构性因素	条件性因素	规范性因素
个人（人类）安全	社会经济保障	社会正义（平等）
社会认知	社会凝聚	团结
社会反应	社会包容	平等价值观
个人（人类）能力	社会赋权	人的尊严

对于条件性因素，其所强调的是社会质量赖以形成的外部条件，如沃克所言，首先，在正式的系统世界和社会的互动中，其核心就是"为了……免于贫困和其他形式的物质剥夺，人们必须获得社会经济安全。在欧洲语境下，社会经济安全要求社会保护支持下的高质量的有偿就业，以此来保护人们的生活水准和获得各种资源，包括收入、教育、医疗保健、社会服务、环境、公共健康以及个人安全等"（沃克、张海东，2010）。因此，条件性因素首先强调的是社会经济保障的重要作用。

其次，对于社会发展和非正式世界的互动中，如何通过非正式世界层面的聚合机制，有效地将非正式世界和社会聚合在一起，对社会发展和非正式世界的维护都是至关重要的。这就对社会质量的界定提供了社会凝聚这一维度。

最后，条件性因素的一个重要维度是社会包容。在社会多元化背景下，高质量的社会应当具备充分的社会包容，从而在通过系统世界的制度性因素对个体的多元发展的作用中，保障个体发展不受来自系统世界可能存在的群体性排斥机制的影响，即实现社会包容，这也就成为了条件性因素的重要组成。高质量社会应当有效提供社会成员在社会和经济领域中的融入机制，避免社会成员受到社会排斥。因此，社会包容的指向是为社会成员提供充分、完整的融入机制，反对社会歧视和社会排斥的存在。正如沃克之言（沃克、张海东，2010），"人们必须在重要的社会和经济制度中（如劳动力市场）经历社会融合，或者免于最低限度的社会排斥。社会融合应当指向公民权。但是，在现实中可能是一个宽泛的和无所不包的国家的或者欧洲的公民权，或者'排除'了大量无家可归者和准公民（通过某种歧视完全或者部分否定公民权），这样的社会融合不可能取得更大进展"。

在条件性因素中，连接非正式世界和个体发展的重要纽带是社会赋权。在社会发展中，社会成员只有通过社会参与，才有可能得到生活和发展所需要的机会与资源，因此，参与本身具有重要的维系"社会关系"的内涵。

规范性因素从社会价值角度对建构性因素和条件性因素所蕴含的内在理念性因素进行分析，从而评估社会质量的适当性和必要性程度。具体而言，规范性因素包括：首先，条件性因素中的社会经济保障着重强调社会成员取得资源的可能性，只有得到充分的社会经济保障，社会成员才具备社会互动的物质能力，因此，社会经济保障对应的规范性因素是社会正义；其次，条件性因素中的社会凝聚强调的是基于社会共同价值和规范体系而产生的社会关系特质，从而分析社会秩序的维护机制和社会价值规范体系的整体性的构建机制，因此，社会凝聚反映的是社会团结和整合问题；再次，条件性因素中的社会包容指向的是多元化世界存在的可能性和社会发展对多元化世界的兼容性，因此，社会包容对应的规范性因素是平等的权利和价值，和对社会排斥的否定；最后，条件性因素中的社会赋权关注社会对公民行动能力的保障与支持，其所蕴含的是社会对个体行动能力的尊重和行动机会的平等给付，因此，社会赋权的指向是人的尊严（沃克、张海东，2010，张海东，2011c）。

整体而言，欧洲社会质量的理论架构的核心是对正式的系统世界/社会和非正式的生活世界/社会成员之间的关系进行"理想型"的描述与研究（见图1—1）。只有在系统世界/社会对生活世界/社会成员的发展起到正向的促进作用时，生活世界/社会成员才能进而对系统世界/社会进行积极的构建，从而促进社会质量的提高，保障社会自发的有序发展。

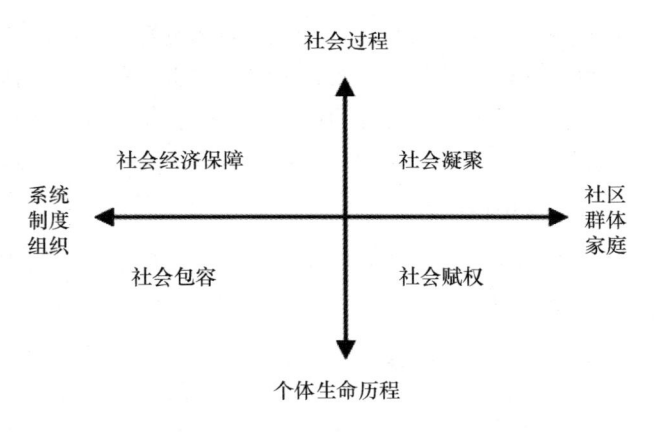

图1—1 欧洲社会质量的理论架构

第二章

社会质量调查与数据

本报告所使用的数据来源于中国社会科学院社会学研究所于2005年发起的一项全国范围内的大型连续性抽样调查项目"中国社会状况综合调查"（Chinese Social Survey，简称CSS）。该调查在2015年和2017年开展了以"当代中国社会质量"为主题的调研，问卷设计上借鉴欧洲和亚洲社会质量指标体系，同时为保证研究的连续性，对多年来调查中已有的相关指标进行整合，开发了目前国内最为全面、系统的对社会质量进行本土化测量的调查指标体系。

CSS采用概率抽样的入户访问方式，调查区域覆盖了全国31个省/自治区/直辖市，包括了151个区市县，604个村/居委会。2017年度调查共获取10091个有效样本，是目前唯——个具有全国代表性的研究社会质量的大型调查。

第一节 社会质量调查指标测量

社会质量指标体系的建构需要重点关注指标的综合性、可操作性、可比性和指导性。在各个子系统指标设计的过程中，应当对指标的核心内涵进行准确把握，确保所设计的指标能够切实反映所要测量的维度。根据社会质量理论，社会质量的指标体系设计主要由社会经济保障、社会凝聚、社会包容和社会赋权四个维度构成，其测量也围绕这四个维度进行，主要涉及15项二级指标和80余项三级指标。社会质量指标体系的具体结构见表2—1。

表 2—1　　　　　　　　　社会质量指标体系

一级指标	二级指标
社会保障	收入情况
	消费情况
	住房情况
	社会保障水平
	就业质量
	教育质量
社会凝聚	社会信任
	社会规范与价值观
	社会认同
社会包容	社会宽容
	社会歧视
	社会公平感
社会赋权	社会参与
	政治参与
	公众参与效能感

（最左侧合并列：社会质量）

2017年"中国社会状况综合调查"除了了解抽样受访者的基本人口学信息外，还依据社会质量理论的四个维度指标，设计相应的主客观问题对当前我国社会质量现状进行相应的测量，通过实证数据对当前中国的社会发展水平进行评价。具体的测量情况如下。

一　社会保障指标的测量

社会保障关注的是社会能否为其社会成员提供基本生存的物质需求和心理上的安全感，它是人们在社会中生存和发展的必要基础，也是社会和谐稳定发展的前提条件。就社会保障的测量来说，主要包括居民收入情况、消费情况、住房情况、社会保障水平、就业质量以及教育质量六个方面。

（一）收入消费情况的测量

为了测量家庭收入消费情况，我们询问了受访者2016年家庭收入的总额和分项金额、家庭生活消费支出的总额和分项金额等客观指标。其中，家庭收入询问了 11 项内容，家庭生活消费支出询问了 14 项支出情况（具体的收入、支出内容见第四章）。按照问卷的各项内容，逐项询问受访者有没有这项收入或支出，并详细记录受访者拥有项目的具体金额。同时，为了更好地了解我国家庭整体的经济状况，我们又向受访者测量了 3 类主观指标，包括：其主观认为的家庭总体收支情况、过去 12 个月受访者自认为家庭遇到的经济困难类型，以及受访者对其家庭经济状况的主观满意度评分。

（二）住房与社会保障水平的测量

住房情况的测量主要有 9 个方面：自有住房的套数、自有住房的建筑面积（或宅基地面积）、自有住房的产权所有者、自有住房的性质、购买（或自建）房屋时的价格、自有住房的现值和目前居住房屋的性质 7 项客观指标，及受访者未来购房的意愿以及打算购买住房的最主要原因 2 项主观内容。

社会保障水平的测量主要有以下四个方面：一是询问受访者是否参加了各类社会保障，包括养老保险或退休金、医疗保险或公费医疗、失业保险、工伤保险、生育保险和城乡最低生活保障；二是分养老、医疗询问受访者拥有的社会保障类型；三是测量受访者对现在的社会保障状况的满意度，分 6 项内容，请受访者对各项内容进行评价，测量采用 10 分制，1 分为非常不满意，10 分为非常满意；四是测量公众对社会保障的态度，共列举 3 类问题，测量采用非常不同意、不太同意、比较同意、非常同意四级，请受访者进行选择。

（三）就业与教育质量的测量

关于就业质量，本研究主要从 10 个方面来测量：目前是否有工作、工作的性质、工作的时长、劳动的收入、非农工作劳动合同的签订情况和过去 12 个月是否参加过技能培训 6 项客观指标。同时，我们又询问了受访者未来 6 个月失业的可能性、非农就业的公平感、非农工作满意度及对地方政府就业工作的评价 4 项主观指标。其中，非农就业的公平感主要询问雇用员工、解雇员工、工作岗位的分配、工作量分配、工资分配以及员工的升职与降职等项目。非农工作的满意度主要询问工作的安全性、收入及福利待遇、与领导的关系、与同事的关系、晋升机会和个人能力的发挥等项目。教育质量则主要从受访者的受教育程度、教育的支出和受访者对当地政府教育工作的评价 3 个方面进行测量。

二 社会凝聚指标的测量

在社会凝聚具体的指标设计中，我们重点考虑了社会认知方面的问题，其中包含了社会信任、社会规范与价值观和社会认同等指标。通过对当前公众的社会信任状况、社会规范意识和社会价值观等指标进行测量，希望能够客观、真实地反映出当前我国社会的内在凝聚水平。

（一）社会信任的测量

社会信任的测量主要有一般信任、制度代表信任和机构信任。首先，一般信任的测量，主要通过询问受访者对亲人、朋友、邻居和陌生人 4 个不同对象的信任程度，测量分为完全不信任、不太信任、比较信任和非常信任四级。其次，制度代表信任程度的测量，主要通过询问受访者对警察、法官、党政干部、公司企业老板、网店店主、教师和医生 7 个不同对象的信任情况，同样，测量分为完全不信任、不太信任、比较信任和非常信任四级。最后，机构信任的测量，主要通过询问受访者对中央政府、区县政府、乡镇政府、工青妇等群团组织、工作单位/组织/公司、慈善机构、新闻媒体、互联网、银行、保险公司、医院和法院 12 个不同机构的看法。

（二）社会规范与价值观的测量

社会规范的测量主要有法律遵守评价和道德遵从评价。首先，在问卷中测量了受访者对当前社会是否能普遍遵守道德的评价，测量采用了 10 分制评价，1 分为非常不好，10 分为非常好。其次，在问卷中，又测量了受访对象对当前社会是否能普遍遵守法律的评价，这里，测量也同样采用了 10 分制评价。

社会价值观的测量主要有优先性选择、规范性取向、社会融入度和社会公众信仰水平。首先，我们测量了个体的优先性选择，在测量中，我们通过设定政府拆迁的情境，来了解受访者面对拆迁，是应当更多考虑个人的利益还是社会整体的利益。其次，我们测量了公众的规范性取向，在测量中，我们通过设定申请营业执照经营企业的情景，来了解受访者是更倾向于通过法律法规的正式途径来达到个体的目标，还是更倾向于个人的非正式的社会关系来实现个体的诉求。再次，社会融入度的测量主要通过受访者在设定的情境中做出选择后，询问其认为自己的想法与多数人的想法相一致的比例。最后，我们通过询问受访者是否同意"现在大多数人都没有什么信仰"的说法来评估社会公众信仰水平。

（三）社会认同的测量

社会认同的测量主要有三项内容：国家认同、居住社区认同和社会认同。首先，在国家认同的测量中，我们询问了受访者是否同意"我经常为国家取得的成就而感到自豪"的说法，测量采用很同意、比较同意、不太同意和很不同意四级评价。其次，在居住社区认同的测量中，我们询问受访者"就目前的生活状态来说，您认为自己是本地人，还是外地人"，请受访者做出选择。最后，在社会认同的测量中，我们请受访者对目前社会的总体情况进行评价，评价采用10分制，1分表示非常不好，10分表示非常好。

三 社会包容指标的测量

社会包容是社会制度体系对具有不同社会特征的社会成员及其所表现出的各种社会行为不加排斥的宽容对待状态。因此，在设计社会包容指标中，我们重点从个体对其他群体的宽容状况、个体遭受社会歧视经历、个体对社会整体歧视状况评价、个体对群体间冲突评价等方面展开具体的指标设计。采用的核心指标包括：社会宽容、社会歧视和社会公平感等。

（一）社会宽容的测量

社会宽容指标的测量包括公众对不同群体的接纳程度和公众对社会宽容现状的评价。就公众对不同群体的接纳程度指标的测量，我们询问了受访者分别对婚前同居者、同性恋、乞讨要饭者、刑满释放者、有不同宗教信仰者和艾滋病患者的接纳程度，测量分为非常不能接纳、不太能接纳、比较能接纳和非常能接纳四个程度。关于公众对社会宽容现状的评价，我们请受访者对现在社会的宽容水平进行评价，测量采用了10分制评价，1分为非常不宽容，10分为非常宽容。

（二）社会歧视的测量

具体来看，社会歧视的次级指标包括年龄歧视、性别歧视、教育歧视、种族/民族歧视、户籍歧视和家庭背景歧视等。我们的测量也围绕这几个方面展开，逐项询问受访者最近两年来，是否遭受过年龄、性别、种族/民族、相貌身体、户口、宗教、教育程度、政治观点、职业和家庭背景及社会关系等歧视。

（三）社会公平感的测量

社会公平感的次级指标包括公众对社会各个层面公平状况的认知，我们主要通过测量公众的教育公平评价、政治公平评价、保障公平评价、及分配公平的评价。我们询问了受访者对高考制度、公民实际享有的政治权利、司法与执法、公共医疗、养老等社会保障待遇、工作和就业机会、财富及收入分配及城乡之间的权利、待遇的评价，测量采用4个等级，分别为非常不公平、不太公平、比较公平和非常公平。最后，我们又请受访者对总体上的社会公平状况进行评价，同样，测量采用4个等级，分别为非常不公平、不太公平、比较公平和非常公平。

四 社会赋权指标的测量

社会赋权的核心在于提升个体的社会能动性，拓展个体在社会中的发展空间，实现个体和社会结构的良性互动。在高质量发展的社会中，个体拥有丰富的社会资源和多元社会活动参与渠道，通过参加社会政治生活，介入社会决策过程，来表达个人或集体的诉求和意愿。与此同时，在个体的参与过程中，其效能感的提升有助于形成社会认同。因此，在社会赋权子系统的指标设计体系中，我们主要测量了当前社会公众的社会参与水平、政治参与水平和公众的参与效能感。

（一）社会参与水平的测量

在本研究中，我们通过社会团体的参与情况、志愿服务的参与情况和社会公益活动的参与情况来反映公众的社会参与水平。首先，在社会团体的参与情况的测量中，我们询问了受访者目前参与宗教团体、宗亲会、同乡会、校友会（校友群等）、联谊组织（如文体娱乐团体等）、民间社团、职业团体等社会团体的情况。其次，在志愿服务的参与情况测量中，我们又询问了受访者在最近1年以来的日常社区生活中有过那些助人行为，及参加过的志愿服务活动类型。最后，在社会公益活动参与情况的测量中，我们询问了"受访者最近2年，是否参加过参加政府/单位/学校组织的志愿者活动""是否参加过自发组织的社会公益活动，比如义务献血、义务清理环境，为老年人、残疾人、病人提供义务帮助"两个问题。

（二）政治参与水平的测量

政治参与水平的测量主要包括社区/村委会选举参与率、基层人大代表选举参选率和日常政治参与行为。首先，我们通过询问受访者是否参加过村（居）委会选举，来测量社区/村委会选举参与率。其次，我们通过询问受访者最近 5 年是否参加过区（县）人大代表的选举，来测量基层人大代表的参选率。最后，我们向受访者提问，最近 2 年来是否与他人或网友讨论过政治问题，是否向报刊、电台、网络论坛等媒体反映过社会问题，是否向政府部门反映过意见，以及是否参加过罢工/罢市/罢课/静坐/示威/游行等行动。

（三）公众参与效能感的测量

公众参与效能感的测量主要包括基层自治组织效能感、个体效能感、政治冷漠和政府效能感。首先，在基层自治组织效能感的测量中，我们询问了受访者是否同意"在村（居）委会选举中，选民的投票对最后的选举结果没有影响"和"村（居）委会根本不在乎和我一样的普通村（居）民的想法"的两个说法。其次，在个体效能感的测量中，我们询问了受访者是否同意"我有能力和知识对政治进行评论和参加政治活动"的说法。再次，在政治冷漠的测量中，我们询问了受访者是否同意"我对政治不感兴趣，不愿意花时间和精力在这上面"的说法。最后，在政府效能感的测量中，我们询问了受访者是否同意"参与政治活动没有用处，对政府部门不能产生什么根本的影响"和"我的言论自由会受到来自政府部门的限制"的两个说法。

第二节 社会质量调查数据采集

对于社会质量研究，除了要对社会质量的各个条件性因素进行有效的测量设计，还要保证在调查实施中的访谈质量，减少测量过程中出现的偏差。同时，调查样本的全国代表性也至关重要，这样获取的调查数据分析结果才能有效地推断到全国的情况，从而反映当代中国整体的社会质量。影响样本代表性的因素主要包括覆盖误差、抽样误差和无应答误差。覆盖误差指在建立抽样框时包括了不该包括的对象，或没有包括应该包括在内的对象；抽样误差是指从抽样框中选取调查样本时会因为不同的抽样设计而导致的推论误差；无应答误差则是由于在实地调查过程中会出现部分样本没有参与调查的无应答现象而导致。

本节首先介绍"中国社会状况综合调查（CSS）"2017 年调查（以下简称 CSS2017）的抽样设计，其次介绍如何在调查实施过程中借助先进的技术手段和严密的组织管理有效地降低覆盖误差、测量误差和无应答误差。

一 CSS2017 抽样设计

CSS2017 的调查总体界定为 2017 年 7—12 月间居住在除港澳台之外的、非机构住宅家庭户，以及上述家庭户中拥有中华人民共和国国籍的 18—69 岁居民。在抽样方法上，CSS 采用了分层、两阶段不等概率整群抽样设计、随机抽样等方法，具体情况如下。

1. 六大区代表性抽样框

CSS2017 利用第六次全国人口普查分区县市资料，将全国的区县按照地理—行政区域的分布，即东北、华北、华东、中南、西北、西南六大地理—行政区域，划分为六大区，所辖省、直辖市和自治区如表 2—2 所示。这六大区同时也构成六个子总体，样本既能分别推断不同区域，也能加总推断全国。

表 2—2　　　　　　　　　六大区域划分

区域	省份、直辖市、自治区
东北	辽宁、吉林、黑龙江
华北	北京、天津、河北、山西、内蒙古
华东	上海、江苏、浙江、安徽、福建、江西、山东
中南	河南、湖北、湖南、广东、广西、海南
西南	重庆、四川、贵州、云南、西藏
西北	陕西、甘肃、青海、宁夏、新疆

2. 抽取样本区县

在每个层中，按照经济发展类指标（人均 GDP，非农人口比重，二、三产业产值比重）、人口结构指标 [常住人口数，少儿比（0—14 岁人口），劳动人口比重，60 岁以上人口比例] 和教育水平指标（文盲率，高中以上文化程度比重，平均受教育年），采用隐含分层（implicit stratified）方式综合排序。而后按照 PPS（与单位大小成比例的概率抽样）方式，在每一个分层中，抽取相应数目的区县。在全国（港澳台除外）31 个省级行政单位中共抽取了 151 个样本区县。

3. 抽取样本村（居）委会

在抽中的样本区县内，获得的村（居）委会户数、人数统计名册作为抽样框，以 PPS 的方法在每一个区县内独立抽取 4 个村（居）委会。这样，在全国范围内共抽取了 604 个村（居）委会。

4. 抽取住户地址

住户地址的抽取采用简单随机抽样。为了覆盖更多的外来常住人口，CSS 采用地图地址抽样（address-based sampling），即对所有抽中的村居派出抽样员现场了解行政范围并绘制出社区抽样地图，将村/居委会辖区内的所有建筑物绘制并列举出住户地址，形成地址抽样框数据库。在形成的抽样框数据库的基础上采用随机抽样的方式抽取将要调查的住户地址。在对随机抽取的住户地址确认是否有人居住，在进行排空和地址再确认之后形成最终调查住户清单。

5. 抽取受访对象

最后根据最终调查住户地址清单进行受访对象的抽取，这一阶段的工作由访问员在访问现场进行。访员首先要确认抽中地址上的住户个数，如果超过 1 个，则随机抽选一个作为样本家庭。访员然后要登记样本家庭中的所有人员，在 18—69 岁且具有中华人民共和国国籍的家庭成员中随机抽选一名成员作为受访对象。

二 CSS2017 地图地址抽样

在村委会和居委会中抽取要调查的家庭时，最重要的一点是建立一个尽可能覆盖在调查时点上，身处该村委会或居委会的全体个人的清单（抽样框）。抽样调查中最重要的是要获得抽样框，即包含了所有抽样单元的清单，我们要从这个清单中按一定规则抽取要调查的对象。但是有的时候好的抽样框很难获得，由于我国流动人口众多，人户分离状况严重，无法利用村委会和居委会户籍资料进行抽样；而村委会和居委会的常住人口登记又非常不完备，无法充当抽样框。

通常一个家庭必然居住在一个住宅中，而不管这个住宅是出租房，还是商品房抑或其他来源的住宅，而且住宅容易识别，相对稳定，并且大部分能和家庭一一对应。所以较为可靠的方法是利用村（居）委会中的住宅进行抽样，但是我国尚未建立起完备的门牌地址系统，所以我们深入村（居）委会的实地，用地图法绘制出村委会和居委会的所有建筑物，并进一步列举出建筑物中的所有住宅，以此作为抽样框来抽取家庭。

采用地图法抽样的最终目的是保证每一个抽样单元村（居）委会里的所有家庭都有相同的机会被抽中。涵盖了所有居住在村（居）委会的人，但是不包括住在公共服务机构（如旅馆、养老院、酒店、监狱、学生宿舍）的人。因为每个家庭必然住在某个住宅里，而住宅必然是一个建筑物或隶属于某个建筑物，每个建筑物又一定位于某个村（居）委会。因此，当我们采用地图法抽样，该村（居）委会的所有人都有机会被抽中。考虑到样本的代表性问题，村（居）委会范围内的公司/工厂集体宿舍也需要进入抽样框。

基于地图地址抽样方法，CSS2017 样本框界定为调查期间居住在样本村居的行政辖区内所有可居住建筑物中的家庭户。实地绘图并进行抽样的常规操作如下。

（1）确认调查村/居区域。在这一步需要做的工作包括：填写村（居）委会抽样登记表；获取社区平面图或绘制预备地图；准确界定每一个村（居）委会的行政边界。

（2）绘制调查村/居地图和制作住户清单列表。此时需要做的工作有：按照规则绘制调查村/居的地图，给所有住宅类建筑物编号，列出所有的住宅和住户信息；需要注意的是，如果绘图与列表两项工作是同时进行，绘图员在绘制抽样调查地图的时候，列表员也同时了解每一栋住宅建筑物的具体信息。

（3）抽取备选样本和核查空户。这一步要做的工作是按照随机数表抽样规则，抽取规定的户数，对抽中的户数进行上门核查，排除空户和非民用户，同时补充信息。

作为一项长期纵贯性调查，CSS自2005年起就已经积累了大量的地图抽样经验和资料。自2013年建立样本村居抽样框以来，每个调查年所使用的地图抽样资料都是在前一调查年的基础上进行修改补充，这样既节省了实地的绘图抽样时间也降低了其工作强度。因此，CSS2017地图地址抽样较常规操作略有不同，不同之处主要在于将常规操作的绘制抽样地图转为核查抽样地图，具体操作如下。

（1）前期联系

前期联系的主要工作是利用上一次调查所收集到的村居（村委会或居委会，下同）联系人的联系方式由专门的访问员与各调查村居的负责人（主要是书记或主任）就村居近两年内在行政区划、村居人口、建筑物分布及施工建设等方面进行沟通，从而对村居当前状况和接下来的核图抽样的工作任务量有一个大致的了解以便于合理分配人力和物力资源，同时也保持了与各村居的持续联系，有利于今后实地核图抽样乃至调查工作的进行。

（2）实地核查抽样

实地核查抽样是抽样过程当中最为核心也是工作量最大的环节。在前期联系的基础上由核图员携带相关调查资料（包括前一次调查所得到的村居登记表、调查地图和住户清单列表）亲自前往村居实地根据既有的地图对村居进行走访以明确村居变动的具体位置和变化形式并在既有地图上进行标注，最终完成调查地图的修改工作。在调查地图修改完成之后还需要对原来的住户清单列表进行更新，在更新好的住户清单列表上面才能开始本调查年度的抽样工作。

（3）最终样本确定

在住户清单列表更新之后，就需要根据随机数表进行抽样。抽样使用的随机数表由调查村居的地址数量来确定。另外，还需根据调查村居的实际情况和历年调查经验对每个村居抽取数量不等的户数（分为70户和85户两类，一般来讲城市社区比农村社区入户难度更高，因而需要更多的备选样本）作为调查的备选样本。样本的最终确定是在备选样本的基础上采用随机抽样的方式最终确定的。在实际调查中每个村居会发放25个最终样本，调查员需要在这25个最终样本当中完成17份问卷。

为确保所绘地图的质量，在绘图工作完成后，绘图抽样人员要将地图与实际区域再核对一遍。重点核查地图所标的边界是否准确，尤其要注意绘制的村居地图是否有住宅建筑物的重复或遗漏，绘出的住宅建筑物位置、朝向是否与实际情况完全一致，以及《住户清单列表》的住宅数和村（居）委会提供的户数是否差别太大（10%以上）。

在绘图员完成自查的基础上，绘图抽样督导需对所有村（居）委会绘制完成的抽样调查地图进行审核。同样，绘图员所列举的住户清单列表及抽样清单同样需要自查与提交督导进行审核。

三　CSS2017 调查管理

CSS2017 于 2017 年 6 月中旬正式开始执行，至 2017 年 11 月基本结束。实地访问采用现场小组工作模式。由 1 名执行督导带领 5—7 名访员，在每一 SSU 共同工作 2—7 天，第一时间发现问题并解决问题。实施访问的具体流程如下。

（1）督导员根据该村（居）委会的名单给访问员分配调查样本。

（2）访问员持抽样名单进入被调查户选择被访人。如果选样顺利，则继续进行访问；如果选样失败，则需要终止该地址的访问并做好记录上报给督导审核。之后由后者向值守报告并领取备访户名单进行更换，再度进行入户选样，直至完成访问。

（3）访问员确认被访对象合适的访问时间、进行访问环境控制之后，开始一对一的访问。访问采用念读的方式，即访问员逐题发问并点选答案，被访人逐题回答。被访人不能自填，除个别题目外，也不能看到问卷内容。

（4）访问完成后，访问员在现场确认问卷填答无疑后，向被访人致谢，之后将问卷数据上传。

调查管理是对调查过程和调查人员的规范化过程，完善的管理体系对于调查的高质量执行具有重要的意义。CSS2017 调查管理的特色就是在连接项目组研究人员和访员之间设有多种督导角色，具体包括执行督导、巡视督导、质量督导。

执行督导的主要工作包括执行进度跟进、巡视督导培训安排、执行反馈、样本清单及补充样本发放等。具体地说，执行督导需要根据项目组培训日程合理安排调查值守督导，进行明确分工，各省值守督导负责发放各类系统账户和密码、解答督导反馈的问题；执行督导负责对巡视督导进行培训，培训内容包括 CAPI 全流程、联系结果代码讲解、质控方法介绍等方面；执行督导还负责登记调查执行过程中访员编号、样本编号、社区账号等信息，与巡视督导、现场督导沟通，及时反馈数据有误的样本；另外，由于样本清单及补充样本的发放均有很强的紧迫性且需求量大，执行督导（值守人员）要求全天候在线，随时发放相关文件。

巡视督导职责主要包括参与或协助地方执行机构的访问员培训工作、清点并发放调查资料、陪访、巡查、调查现场答疑等工作。培训内容包括项目讲解、调查问卷讲解、项目实地执行程序、CAPI 访问系统、联系结果代码、访员规范和入户技巧、现场模拟训练、质量核查方法、督导行政管理等。

质量督导负责数据核查、电话核查以及录音核查的组织管理，并通过核查系统及时地将问卷质量问题展示给巡视督导，另外，质控团队定期更新严重问题的样本表，便于巡视督导与现场督导指导访员改正不良的访问习惯，提升访问质量。

CSS 调查过程中努力降低无应答现象，并严格控制样本替换。在调查过程中多会出现抽中样本居住分散、家中无人、被抽中对象因身体原因无法接受访问、被抽中受访者拒绝接受访问或中途拒访等问题，这给访问员的调查工作带来很大困扰，从而调查值守在调查期间也会接到大量需要更换调查样本的申请。对于样本替换的问题，在调查现场和值守方面都有较为完备的应对措施。

在调查现场，如果样本分布较为分散，则需要实地执行督导对访问员的分配做好协调；对于家中无人的情况需要多次分不同时间上门确认并留下预约信告知；面对拒访时则需要尝试更换访问时间、更换不同性别的访问员以及请村/居委会的负责人帮忙带入等尽量说服受访者配合调查。值守同样会对样本替换进行严格的把关，对于被抽中对象因身体原因无法接受访问的情况进行回访确认；拒访要达到三次及以上才可以重新更换样本。这些方法的最终目的在于保证调查样本的代表性。

四　CSS2017 质量控制

CSS2017 在全部调查点均采用了计算机辅助面访模式（Computer-Assisted Personal Interviewing，CAPI）。实际调查是由访员携带预装电子问卷访问系统的平板电脑到实地家户访问，由总部通过多部计算机服务器对样本、访员、数据进行集中化管理。

CSS2017 调查系统具体包括访问管理系统、调查支持系统、质量核查系统和数据提取系统。访问管理系统用户主要是访员，实现了问卷访问、新样本生成、样本调配等功能同时实现联系记录、地址信息、键盘痕迹等并行数据的收集；调查支持系统是样本管理及技术支持系统的统称，用户是督导和技术支持人员，可实现样本发放、样本调配、样本重置、样本作废等样本管理功能；质量核查系统主要分为两个部分：一是核查部分，主要是核查员通过电话核查或者录音核查的方式来对访员的工作进行筛查；二是审核部分，则是审核员对核查员的工作进行审核，纠正核查员工作中的失误或者错误；数据提取系统实现了访问数据的及时提取、整合、转换，每天自动逐个运行数据提取系统中的各子程序，将当天收集到的访问数据及并行数据从生产服务器中提取出来，合并到一个数据文件中，并最终转换成 STATA、SPSS 等格式的数据集。

计算机辅助面访模式相较于传统纸质问卷调查在降低测量误差方面具有诸多优势。访问管理系统的核心模块是问卷调查系统，该系统在将调查问卷电子化过程中，可以通过以下方式有效地控制访谈质量。

（1）设定问题答案的有效代码或合理值域

如某个问题的选项有"1""2""3"三个选项，访员有可能在录入过程中不小心按了"4"，这是系统就会提示录入错误。再如，本次调查中的受访者年龄限定在 18—69 岁，如果访员录入小于 18 或大于 69 岁的数值，系统也会自动提示录入数值不合理。

（2）设定提问路径的合理跳转

在问卷中常会有一些筛选性质的问题，筛选问题的答案会决定下一步该提问哪些问题。如本调查中会首先询问受访者是否有工作，对于有工作的人继续询问有关工作的情况，对于没有工作的人则要问没有工作的原因以及将来的计划等。问卷访问系统可以有效地避免提问途径的错误，同时也可以减轻访员访问的负担。

（3）对逻辑关系进行及时校验

问卷访问系统还可以做到对问卷数据的逻辑关系进行及时校验。如在本调查中先询问了受访者家庭收入的总额，然后再详细询问了各项收入来源的情况。如果在采访过程中出现分项收入大于总收入的情形，系统就会自动提示访员修改。在分项收入回答完毕后，系统还会自动对分项收入汇总，并与总收入进行比较，如果差异不在设定的可允许范围内，则会提示访员进行校验。

（4）为访员提供参考信息

在访问过程中受访者常会对一些用语表示疑问，这时需要访员给出一致的解释。问卷访问系统可以存储问卷设计者提供的标准解释，访员只需按"帮助"键就可调出这些文字。这样可以减少因访员不同解释而造成的测量误差。

（5）为访员提供必要提示

问卷访问系统还可以灵活嵌入给访员的各种提示。如在问卷中房产价值的单位为"万元"，受访者回答为5000元，有的访员会直接录入5000，造成严重的数据错误。本系统会自动将访员录入的数值转换为带单位的描述，如"5000万元"，提示访员确认是否正确。

同时，访问管理系统也有力地支持了对调查数据进行及时的质量核查。CSS的质量核查主要针对访员行为不规范导致的系统误差，具体可以细分为：

①户内抽样错误：即访员在户内抽样部分存在填写或判断错误。

②虚假访问：即访员未真实到访，自己伪造访问数据。

③未使用CAPI：即访员没有使用装载访问管理系统的pad进行访问工作。

④主问卷代访：即访员委托未经培训的其他人员代为完成访问工作。

⑤主问卷代答：即非抽选中的受访者本人完成访问。

⑥访问形式不规范：即访员将pad直接交与受访者，由受访者自主填答的问卷。

⑦臆答：即访员在未询问受访者的情况下，自己填答一些题目或选择选项。

⑧捷径跳转：即访员通过跳转模式故意回避需要长时间作答的题组。

⑨访问时长过短：即访员完成访问的时间少于30分钟。

⑩未（足额）发放礼品/礼金：即访员没有（足额）给完成访问的受

访者发放礼品/礼金。

⑪抽样问卷答案比对失败：即访员在抽样问卷部分选错选项。

⑫主问卷答案对比失败：即访员在主问卷部分选错选项。

⑬提问不完整：例如访员未按照原题提问，或省略某些关键词。

⑭不符合题意：即访员提问方法与原题题意不符。

⑮关键词不准确：即访员未读出题干中的关键词或解释有误。

⑯追问不足：即访员轻易接受受访者不知道或者拒绝回答的答案。

质量核查方式包括数据核查、录音核查和电话核查。数据核查是对每天回传到服务器的问卷数据、并行数据、管理系统信息数据进行统计分析和描述，发现事先设定的标准，对每份问卷进行审核。核查结果实时在后台管理系统展示，现场督导可随时查看并指导访员提高访问质量，质控部督导定期更新重访样本表，提供给现场督导参考。

录音核查是以问卷中重要问题为监控点，设计核查问卷，然后组织核查员对部分问卷监控题目的录音进行核查。录音核查样本的选择的原则是每个访员前三份有录音的样本中，至少核查一份；数据核查有问题样本，全部进行录音核查；每个访员有录音样本随机抽取比例为15%。

电话核查是给受访户打电话的方式进行核查。同样首先选择电话核查的问题及核查点，设计成核查问卷，然后组织核查员拨打电话，直接联系受访者本人。电话核查比例按照样本进行计算，每名访员抽取15%的样本被电话核查覆盖到。

这些措施有效地防止了调查过程中由于访员有意或无意的违规行为而造成的测量误差，使数据质量得到明显提升。

第三节 社会质量调查数据概述

如前所述，CSS的样本是基于全国六大区分层之后进行的多阶段概率抽样，因此每一大区的样本都具有自代表性，也就是说可以从每一大区样本得出的调查结果推论得知该大区的总体情况，同时所有样本也具有全国代表性。因此，本节对于社会质量调查数据的介绍对全国和六大区的情况均予以介绍。

2017年CSS调查获取的样本数量如表2—3所示。由于特殊原因，新疆和上海的调查未能如期展开,因此本次调查数据来自全国146个样本县。按照概率抽样规则,人口规模最大的华东和中南地区样本县数目最多,均为42个样本县。人口规模较小的华北和西南地区分别包括了18个和22个样本县,而东北和西北地区仅有12个和10个样本县。

各大区所包括的村居数目不等,华东和中南地区的数目最多,分别为168和166个,其他各大区的村居数均在100以下,其中以东北和西北地区最少,分别为48和40个村居。全国总计581个村居。

2017年CSS全国的应答样本数为10091人,其中华东和中南地区的样本数超过了一半,同样是东北和西北地区样本数最少,分别为827人和684人。

表2—3　　　　　全国及六大区样本总体分布情况　　　　　（单位:个）

地区	区县数	村居数	应答样本数
华北	18	72	1263
东北	12	48	827
华东	42	168	2896
中南	42	166	2890
西南	22	87	1531
西北	10	40	684
总计	146	581	10091

虽然CSS采用了科学严谨的抽样设计和组织管理,但由于多方面原因,CSS2017调查数据的样本特征在结构上与全国总体出现了一定程度上的差异。如与2016年全国人口抽样年龄结构相比,CSS2017数据44岁及以下人口比例偏低,而45岁及以上各年龄组比例偏高;分性别看,CSS2017的男性人口占被访者的44.7%,要低于2016年人口抽样的50.9%,女性为55.3%,高于2016年人口抽样的49.1%。

产生此类问题的原因一方面是由于我国客观情况所致。当前我国人口处于高流动状态,尽管项目在抽样阶段对地址上的住宅进行了空户的排查,但到实地访问时,仍避免不了空户或家中无人响应的情形存在。而且我国居住格局上出现隔离的趋势,一些高档小区入户难度极大;在一些城市地区,受访者拒绝访问的情形也很严重。另一方面也与执行模式相关。CSS 调查采用团队的方式进入调查现场,在预算的限制下,在一个调查点的访问日程一般不会超过 7 天,在这么短的时间内,年轻人比老年人、男性比女性更有可能不在家中。而人口普查中的家庭人口信息来自于被访家庭中某位成员的代答,因此并不表示其他被调查者在调查时点均在家中。而 CSS 调查获得的是实际在场的个人信息数据,二者之间会存在差距。

因此,CSS2017 根据 2016 年人口抽样数据结果对调查数据进行事后加权,具体是通过计算 2016 年人口抽样数据与 CSS2017 数据中 18—69 岁分年龄段、分性别、分城乡的人口比例得出加权标准。加权后的比照结果如表 2—4 所示。

表 2—4 CSS2017 调查样本基本属性分布

		2016 年全国人口抽样比例	CSS2017 未加权比例	CSS2017 加权比例
城乡	城镇	58.5	54.0	58.5
	乡村	41.5	46.0	41.5
性别	男性	50.9	44.7	50.8
	女性	49.1	55.3	49.2
年龄段	18—19 岁	2.9	2.5	2.9
	20—24 岁	9.3	6.3	9.2
	25—29 岁	12.5	7.1	12.5
	30—34 岁	10.3	7.7	10.2
	35—39 岁	9.5	7.8	9.4
	40—44 岁	11.1	9.5	11.2
	45—49 岁	12.3	12.9	12.3
	50—54 岁	11.5	13.6	11.4
	55—59 岁	7.0	9.1	7.0
	60—64 岁	8.0	12.8	7.9
	65—69 岁	5.7	11.1	5.7

表2—5 至表2—10 报告了 CSS2017 应答样本在城乡、性别、代际、受教育程度以及职业上的分布比例。表格中所有数值都是基于加权运算的结果，因此，此样本在全国和六大区的分布情况可以反映出各目标总体的分布情况。

表2—5　　　　　　　CSS2017 应答样本城乡分布　　　　　（单位：%）

地区	城镇地区	农村地区	非农业户口	农业户口
华北	65.2	34.8	43.0	57.0
东北	60.2	39.8	43.7	56.3
华东	66.7	33.3	34.9	65.1
中南	53.8	46.2	27.6	72.4
西南	46.9	53.1	25.9	74.1
西北	54.1	45.9	27.5	72.5
全国	58.5	41.5	32.6	67.4

注：计算结果为加权百分比。

全国及六大区应答样本的城乡分布情况如表2—5 所示。调查样本中，居住在城镇地区的家庭占到58.5%，居住在农村地区的家庭占到41.5%。六大区中，华北地区城镇家庭占到65.2%，农村家庭占到34.8%；东北地区城镇家庭占到60.2%，农村家庭占到39.8%；华东地区的城镇家庭占到了66.7%，农村家庭所占比重为33.3%；中南地区城镇家庭所占比重为53.8%，农村家庭所占比重为46.2%；西南地区城镇家庭所占比重为46.9%，农村家庭所占比重为53.1%；西北地区城镇家庭所占比重为54.1%，农村家庭所占比重为45.9%。

对调查样本个人的户口情况进行统计，全国非农村户口样本所占比重为32.6%，农业户口样本所占比重为67.4%。在六大区中，华北地区非农户口样本所占比重为43%，农业户口特别所占比重为57%；东北地区农业户口样本占到56.3%，非农户口样本占到43.7%；华东地区非农户口样本所占比重为34.9%，农业户口样本所占比重为65.1%；中南地区非农户口样本所占比重为27.6%，农业户口样本占到了72.4%；西南地区非农户口样本占到了25.9%，农业户口样本占到了74.1%；西北地区非农户口样本所占比重为 27.5%，农业户口样本所占比重为 72.5%。

表 2—6　　　　　CSS2017 应答样本性别分布　　　　　（单位：%）

地区	男	女	男女比值
华北	47.1	52.9	0.89
东北	46.9	53.1	0.88
华东	50.9	49.1	1.04
中南	51.4	48.6	1.06
西南	51.6	48.4	1.07
西北	56.5	43.5	1.30
全国	50.8	49.2	1.03

从性别上看，如表 2—6 所示，全国应答样本中男性占 50.8%，女性占 49.2%，男女比值为 1.03。六大区中，华北和东北地区男性样本少于女性样本，且两个地区男女比值比较接近，分别为 0.89 和 0.88。而西北地区男性样本多于女性样本，男女比值高达 1.30。其他地区的男女比值略高于全国水平。

表 2—7　　　　　CSS2017 应答样本代际分布　　　　　（单位：%）

地区	50 后	60 后	70 后	80 后	90 后
华北	17.1	18.6	20.5	20.9	23.0
东北	21.4	25.4	22.3	19.3	11.6
华东	16.0	22.0	22.1	22.7	17.1
中南	15.2	20.3	20.7	22.2	21.5
西南	16.6	20.1	25.2	18.3	19.7
西北	13.8	19.9	26.8	21.4	18.0
全国	16.2	20.9	22.3	21.4	19.2

注：计算结果为加权百分比。

表 2—7 报告了 CSS2017 应答样本的代际分布。按照出生年代划分，全国样本中有 16.2% 出生于 20 世纪 50 年代，称其为 50 后，由此，60 后所占比例为 20.9%，70 后为 22.3%，80 后为 21.4%，最年轻的 90 后为

19.2%。六大区中值得注意的是东北地区老龄化状况严重，50后占到了21.4%，而90后仅有11.6%。

表 2—8　　　　　CSS2017 应答样本性别代际分布　　　　　（单位：%）

代际	男	女	男女比值
50后	49.8	50.2	0.99
60后	51.4	48.6	1.06
70后	51.0	49.0	1.04
80后	49.8	50.2	0.99
90后	51.7	48.3	1.07
总体	50.8	49.2	1.03

注：计算结果为加权百分比。

进一步分析应答样本的性别和代际联合分布情况，表2—8报告了50后群体中男性占到了49.8%，女性占到了50.2%；60后群体中男性占到了51.4%，女性占到了48.6%；70后群体中男性占到了51%，女性占到了49%；80后群体中男性占到了49.8%，女性占到了50.2%；90后群体中男性占到了51.7%，女性占到了48.3%。男女比值差异不大，90后和60后比值略高，50后和80后比值略低。

表 2—9　　　　CSS2017 应答样本受教育程度分布情况　　　（单位：%）

地区	未上学	小学	初中	高中	大专及以上
华北	4.5	13.9	31.9	19.8	29.8
东北	3.8	19.7	42.1	18.2	16.2
华东	7.8	16.7	32.1	20.7	22.7
中南	5.7	19.6	35.3	21.7	17.8
西南	10.6	30.0	31.4	14.4	13.6
西北	12.3	24.9	30.1	14.5	18.3
全国	7.2	19.9	33.5	19.3	20.0

注：计算结果为加权百分比。

CSS2017 应答样本的受教育程度分布情况如表 2—9 所示。全国样本中未上学的所占比重为 7.2%，小学教育程度占 19.9%，初中教育程度占 33.5%，高中教育程度占 19.3%，大专及以上教育程度占 20%。六大区中，来自西北和西南地区的样本普遍教育程度偏低，来自华北地区的样本教育程度最高，华东地区的样本未上学和大专以上学历的比例都较高，显示出该地区样本受教育程度比较分化。

表 2—10　　　　　　CSS2017 应答样本职业分布情况　　　　　（单位：%）

地区	非农工作	兼农工作	农业工作	没有工作
华北	35.5	8.3	14.2	42.0
东北	30.6	4.9	25.4	39.1
华东	45.8	9.1	13.3	31.8
中南	34.4	9.6	18.3	37.7
西南	29.1	7.8	31.9	31.2
西北	31.2	15.4	23.8	29.6
全国	36.5	9.1	19.3	35.1

注：计算结果为加权百分比。

表 2—10 中报告的结果是关于应答样本的基本职业情况。我们将职业分为仅从事非农工作（非农工作）、既从事非农工作也从事农业生产（兼农工作）、仅从事农业生产（农业工作），和没有工作四大类。全国样本中仅从事非农工作的个人所占比重为 36.5%，从事兼农工作的占 9.1%，仅从事农业生产的占 19.3%，没有工作的占 35.1%。

六大区中，华东地区仅从事非农工作的样本比例最高，为 45.8%，西南地区仅从事农业生产的样本比例最高，为 31.9%，西北地区同时兼任农业和非农工作的样本比例最高，为 15.4%，而华北地区没有工作的样本比例最高，为 42.0%。

本报告是依据这些数据形成的描述性报告，旨在向大众读者说明我国当前社会质量的现状。报告中表达的工具多是二维或三维的图表，表述关联和差异，对于数据的深度开发和利用，还有赖于更多学者的努力。

第 三 章

家庭收入与消费

本章对社会经济保障维度中收入与消费部分的相关指标进行分析。从收入和消费情况可以了解到一个家庭的收入是否充足，生活水平状况，以及抵御家庭经济风险的能力。

改革开放以来，我国家庭经济收入总体明显提高，但也存在着收入分配不均、收入结构不合理的情形。同时消费方面也面临着物价上涨、需求增加，和消费升级的压力。在这种情况下，本章着重探讨以下问题：（1）当前中国家庭的收入和消费水平如何？在地区、城乡，以及收入分布上的不平等程度如何？（2）家庭收入和消费的构成如何？是否也存在不平等的问题？（3）人们生活中遇到哪些经济方面的困难？人们对自己经济状况的主观认知如何？

需要说明的是，通过受访者报告来获取收入或消费信息常常会产生测量上的误差。首先，受访者可能会因为记忆的原因，错报或者漏报收入信息；其次，受访者也可能有意隐瞒过高的收入，虚报信息；再次，调查员进入高档住宅小区进行访问存在较大困难，以及其他原因使得高收入人群在样本中个案较少，代表性差；最后，调查员在记录受访者报告的信息时也可能会出现看错问题单位或录入错误而未被有效清理的情形。而国家统计局公布的收入或消费信息采用记账的方式，这种方式也不可避免地存在其他原因导致的测量误差。另外由于统计口径不同，本章基于调查数据对于收入和消费数据的分析结果与国家统计局公布的结果可能会存在一定的差异。

第一节 家庭收入

问卷中直接询问了受访者2016年家庭收入的总额和分项金额。具体家庭收入来源包括工资收入（含工资、奖金、津贴、节假日福利等）、农业经营收入、经商办厂收入、出售/出租房屋、土地收入、家庭金融投资理财收入（债券、存款、放贷等的利息收入，股票投资收入及股息、红利收入等）、家庭成员退休金、养老保险金、失业保险金、工伤保险金、生育保险金等社保收入，家庭成员医疗费报销收入，政府、工作单位和其他社会机构提供的社会救助收入（如最低生活保障、困难补助、疾病救助、灾害救助、学校奖学金/助学金、贫困学生救助等），政府提供的生产经营补贴、政策扶持收入（如农业补助、税费减免等）、居委会村委会提供的福利收入（如集体生产经营分红、非救助性补贴等），以及其他收入。

一 家庭收入总体情况

（一）家庭收入水平

表3—1中报告了2016年基于受访者报告的家庭总收入情况。2016年全国家庭总收入的均值为74466元，标准误为2472.66元，可以推算出全国家庭总收入均值有95%可能介于69577元至79354元之间。家庭总收入的中位值为48000元，也就是说，全国范围内有一半的家庭户收入在48000元以下。

分为六大区来看，华东地区家庭收入均值最高，高出全国平均水平22601元，华北地区次之，其收入均值为71202元，但华北地区收入分布比较分散，标准误高达8286.22元，在95%的置信区间上没有显著高于全国平均水平；东北地区的总收入均值在六大区中最小，比全国水平低了19917元。

总收入中位值上，华北地区约有一半家庭的收入在48000元以下，与全国水平持平；中位值最高的仍然为华东地区，比全国水平高了12000元；中位值最低的为西南地区，比最高的华东地区要少27990元，仅为32010元。

表 3—1　　　　　各地家庭总收入分布情况　　　　（单位：元，户）

地区	均值	标准误	中位值	户数
华北	71202	8286.22	48000	1243
东北	54549	5958.79	38000	811
华东	97067	5890.59	60000	2838
中南	69611	3225.38	48000	2841
西南	60324	6044.01	32010	1503
西北	58118	6021.61	40000	665
全国	74466	2472.66	48000	9901

表 3—2 展示了我国 2016 年家庭人均收入状况的分析结果。全国的家庭人均收入均值为 23493 元[①]，中位值为 13333 元，意味着全国大约有一半家庭的人均收入在 13333 元以下。分六大区来看，家庭人均收入最高的地区还是华东地区，为 30803 元，高出全国水平 7310 元。且在六大区中，除了华东和华北，其他四大区都要低于全国水平；其中，西北地区家庭人均收入最少，仅为 17938 元，比最高的华东地区少了 12865 元；家庭人均收入的中位值显示，全国大约有一半家庭的人均收入低于 13333 元。六大区中西南地区最低，为 9600 元；华东地区仍然最高，华北次之，与全国水平持平。

表 3—2　　　　　各地家庭人均收入分布情况　　　　（单位：元，户）

地区	均值	标准误	中位值	户数
华北	23646	2822	14400	1243
东北	21650	2609	13333	811
华东	30803	2603	17400	2837
中南	20123	1035	12117	2839
西南	19214	2551	9600	1503
西北	17938	2746	10000	665
全国	23493	1004	13333	9898

---

① 《中国统计年鉴 2017》报告 2016 年人均可支配收入为 23821 元，本报告结果与之十分接近。

由此可以发现，我国家庭收入的地区差异明显，华东地区作为我国经济发展水平最高的区域，民营经济比较发达，经济整体发展水平领先全国其他地区，家庭收入水平也居于全国之首。相比之下，西北和西南地区仍处于落后状态，无论是家庭总收入还是家庭人均收入在六大区中均处于较低水平。东北地区作为我国传统重工业基地，近些年来由于经济活力不足，人口流失严重，致使经济整体逐渐落后，家庭总体收入水平处于谷底，但由于家庭人口规模小，家庭人均收入水平仍在中等水平。

（二）家庭收入结构

表3—3中报告了各类收入来源的占有家户比例及收入均值。全国范围看，工资性收入占主导地位，2016年有74.11%的家户有工资性收入，每户平均有64429元。有农业生产收入的家户占37.52%，每户的平均收入是11256元。经营性收入的均值最高，为83866元，但全国只有7.88%的家户享有这一类的收入。财产性收入或转移性收入比较普遍，覆盖了全国所有家庭，收入均值分别为2320元和5150元。

表3—3 各地家庭总收入构成 （单位：元，%）

地区	工资性收入	农业生产收入	经营性收入	财产性收入	转移性收入	其他收入	总收入
华北均值	62289	10435	66545	4567	7950	23471	71202
家户比例	72.74	32.55	6.83	100.00	100.00	4.74	100.00
东北均值	54485	14065	63977	1308	6493	12103	54549
家户比例	58.42	39.07	4.13	100.00	100.00	4.92	100.00
华东均值	78624	14863	97389	2880	6168	47810	97067
家户比例	78.95	30.57	9.94	100.00	100.00	6.55	100.00
中南均值	60783	9417	82873	1501	3300	26372	69611
家户比例	76.76	39.61	8.34	100.00	100.00	6.18	100.00
西南均值	54145	11022	80695	2196	4449	14544	60324
家户比例	68.05	47.37	6.31	100.00	100.00	5.98	100.00
西北均值	49753	6719	57017	654	3561	9717	58118
家户比例	75.18	44.44	6.63	100.00	100.00	7.83	100.00
全国均值	64429	11256	83866	2320	5150	28701	74466
家户比例	74.11	37.52	7.88	100.00	100.00	6.10	100.00

分六大区来看，东北地区只有58.42%的家户有工资性收入，平均每户54485元。西北地区虽然有75.18%的家户有工资性收入，但工资水平较低，均值仅为49753元。相比之下，华东地区的家户无论是在占有比例还是收入均值上都处于全国最高水平，工资性收入覆盖78.95%的家户，均值为78624元。

农业生产收入方面差距最大的还是西北和华东地区。西北地区有44.44%的家户从事农业生产，但每户平均仅收入6719元；华东地区有30.57%的家户有农业生产收入，每户平均可收入14863元，是西北地区的2倍有余。

经营性收入方面，家户比例最低的是东北地区，仅有4.13%的家户有这类收入，而华东地区有经营性收入的家户接近10%，且平均每户收入近10万元。西北地区虽然有6.63%的家户有经营性收入，但平均每户收入仅为57017元，为六大区最低。

财产性收入和转移性收入方面，华北地区均为最高，分别为4567元和7950元；而家庭总收入最少的西北地区财产性收入只有654元，转移性收入也仅有3561元。此外，中南地区的转移性收入也处于全国较低水平。

由此我们可知，我国家庭各项收入来源中工资性收入占主导地位，覆盖了全国近四分之三的家庭，且家庭平均工资性收入较高。经营性收入的家户覆盖面较低，不足10%，但家庭平均收入高出工资性收入近2万元。分地区来看，华东地区作为经济最发达的地区直接反映到家庭的收入水平上，工资性收入、农业生产收入和经营性收入的均值都处于全国最高水平，这与西北地区形成了鲜明的对比。值得注意的是，华北地区的财产性收入和转移性收入都要显著高于其余地区，这可能与京津地区的超高房价和国企、央企集中有关；东北地区由于拥有广阔的林地和肥沃的耕地，所以其农业生产收入在全国范围内优势比较明显。

二　家庭收入城乡差异

表3—4分城乡描述了2016年全国和各地区家庭总收入的分布情况。城镇地区家庭总收入均值为86934元，华东地区收入最高，是六大区中唯一超过10万元的地区；华北地区次之；东北地区城镇家庭总收入最少，

仅为62789元。西南地区和华北地区的均值标准误最大，均在10000元以上，说明这两个地区的城镇家庭收入最为分散，而标准误比较小的中南地区收入分布相对更加集中。

表3—4　　　　　各地城乡家庭总收入分布情况　　　　　（单位：元）

地区	城镇 均值	城镇 标准误	农村 均值	农村 标准误	城乡 均值比
华北	82713	10118	49820	5155	1.66 *
东北	63789	6772	40696	4391	1.57 *
华东	109483	6906	72196	4631	1.52 *
中南	77542	3748	60380	4095	1.28 *
西南	75486	10304	47056	3455	1.60 *
西北	68112	6762	46542	9288	1.46
全国	86934	3283	56986	2157	1.53 *

注：* 在95%的置信区间上显著。

农村地区家庭总收入均值为56986元，仍然是华东地区收入最高，超过7万元；中南地区次之，为6万元左右，其余四大区均在5万元以下，其中东北地区的农村家庭总收入最少，为40696元，比全国水平低了16290元；由于西南地区的标准误相对其他地区最小，所以西南地区的农村地区家庭总收入分布更为集中。

全国城市家庭总收入均值显著高于农村家庭，前者是后者的1.53倍。各地区中，中南地区城乡差异最小，其比值为1.28；华北地区城乡收入差距最大，比值为1.66；中南和华东地区的城乡差距均小于全国水平；西北地区城乡之间无显著差异。

简而言之，我国部分地区城乡收入差异明显，华东地区城乡家庭总收入水平在各地区中均比较高，且区域内部城乡经济发展也相对较均衡；华北地区城乡发展最为分化，这可能与华北既包括京津发达地区，也包括"环京津贫困带"有某种联系。

表 3—5　　各地城乡家庭人均收入分布情况　　（单位：元）

地区	城镇 均值	城镇 标准误	农村 均值	农村 标准误	城乡均值比
华北	27762	3432	16001	1923	1.73*
东北	26208	2889	14817	1709	1.77*
华东	35026	3282	22345	2230	1.57*
中南	23108	1350	16652	1139	1.39
西南	24995	4149	14155	1495	1.77
西北	23288	4645	11740	2361	1.98
全国	28185	1410	16920	781	1.67*

注：* 在95%的置信区间上显著。

表3—5考虑到家庭人口规模，从家庭人均收入方面来报告城乡差异。2016年全国城镇地区的家庭人均收入为28165元，仅有华东地区高于这一平均水平，为35026元，而其他地区的家庭人均收入在23000元到28000元之间，说明华东地区城镇家庭的人均收入拉高了全国的平均水平。

农村地区的家庭人均收入也出现同样的情况。全国农村地区家庭人均收入均值为16920元，华东地区为22345元，远远高于其他地区的均值。其中，西北地区的收入在六大区中最低，仅为11740元。

家庭人均收入全国的城乡均值比为1.67[①]，并且具有统计显著性。各地区来看，中南地区城乡差异不显著，西南和西北地区由于城镇内部家庭人均收入差异较大，造成城乡之间的差异也不显著。而东北、华北地区的城乡收入差距较大，均值比分别为1.77和1.73。

总的来说，我国城镇家庭人均收入显著高于农村家庭，前者是后者的1.67倍。华东地区城镇和农村的家庭人均收入都远远高于其他地区，并且拉高了全国的平均水平。华东地区城乡发展也相对均衡，某种程度

[①] 《中国统计年鉴2017》报告2016年城镇居民人均可支配收入为33616元，农村居民人均可支配收入为12363元，二者比值为2.72。北京大学发布的《中国民生发展报告2016》中报告2014年城镇人均家庭纯收入为20670元，农村人均家庭纯收入为12445元，二者比值为1.66。本报告的分析结果与北京大学的调查结果比较接近。

上这也是华东发达的民营经济和城乡一体化进程稳步推进的成果。此外，中南地区是城乡差异最小的地区，而东北、华北地区城乡差异较大，西北和西南地区出现城镇或农村内部的收入差异甚至大于城乡间的差异。

表3—6详细展示了城乡家庭在收入结构上的差异。在全国层面，各项收入来源中，城乡差异最大的为财产性收入，其城乡均值比为3.9，说明城镇地区的财产性收入要比农村地区高出近3倍；其次为转移性收入，其城乡比值为2.75，城镇此项收入比农村地区高出了4460元；工资性收入的城乡差异也比较显著，城乡比为1.46。农业生产和经营性收入这两项的城乡差异最小，且不具有统计显著性。

就六大区而言，工资性收入上，西北和华北地区的城乡差异最大，其城乡比值分别为1.67和1.63；中南地区的城乡比值为1.29，在六大区中最低；华东地区的城乡比非常接近全国水平，为1.45；而东北和西南地区没有显著的城乡差异。

财产性收入由于绝对值相对较低，造成六大区在城乡比值上差异最大。六大区中西北和华东地区城乡差异显著，前者的城乡比值为15.77，后者的城乡比值为2.81；其他地区没有发现显著的城乡差异①。

转移性收入除西北地区外，在各地区都出现了显著的城乡差异。其中，华北地区差异最大，城镇家庭的转移性收入是农村家庭的4.08倍，其他地区则处在3倍左右，唯有西北地区的城乡之间没有显著差异。

经营性收入和农业生产收入在各大区都不存在显著的城乡差异。

表3—6　　　　　各地城乡家庭收入构成情况　　　　　（单位：元）

地区		工资性收入	农业生产收入	经营性收入	财产性收入	转移性收入	其他收入
华北	城镇	71777	11155	66127	6644	10806	25261
	乡村	44096	9934	67588	710	2646	20381
	城乡比	1.63*	1.12	0.98	9.36	4.08*	1.24

---

① 西南地区的城乡比虽然高达23.06，但由于样本少，方差较大，95%置信区间上统计不显著。

续表

地区		工资性收入	农业生产收入	经营性收入	财产性收入	转移性收入	其他收入
东北	城镇	61335	13120	64064	1679	9094	9515
	乡村	39161	14395	63754	752	2592	15197
	城乡比	1.57	0.91	1	2.23	3.51*	0.63
华东	城镇	87290	18958	105070	3666	7699	53618
	乡村	60292	12142	82431	1305	3103	28449
	城乡比	1.45*	1.56	1.27	2.81*	2.48*	1.88
中南	城镇	67459	9765	85633	1766	4407	32054
	乡村	52192	9257	78673	1192	2012	20181
	城乡比	1.29*	1.05	1.09	1.48	2.19*	1.59
西南	城镇	63191	12698	103398	4484	6417	14332
	乡村	45306	10310	54573	194	2727	14766
	城乡比	1.39	1.23	1.89	23.06	2.35*	0.97
西北	城镇	60016	8351	67736	1156	4468	14219
	乡村	36022	6021	32069	73	2509	6703
	城乡比	1.67*	1.39	2.11	15.77*	1.78	2.12
全国	城镇	73484	13104	90222	3361	7007	35472
	乡村	50300	10318	72631	861	2547	18598
	城乡比	1.46*	1.27	1.24	3.90*	2.75*	1.91*

注：* 在95%的置信区间上显著。

概言之，全国及各地区在工资性收入及转移性收入上城乡差异较为普遍，城镇地区的家庭明显占有优势；而在农业生产收入和经营性收入上，城乡差异不大。此外，城乡之间财产性收入差异最大，反映出城镇地区家庭在资产及家庭金融投资获利上要明显优于农村地区家庭。

三 家庭收入平等情况

本节选用了两种分组方法来分析收入平等情况：一个是基于家庭收

入分位数将全部家庭分为收入从低到高，且户数相等的五组①，计算每组的收入均值；另一个是基于"劳伦兹曲线"，将家庭收入从低到高排序，将全部家庭分为收入总和相等的五组，计算每组家户数占全部家户数的比例。

表3—7　　　　按收入五等份分组家庭总收入　　　　（单位：元）

地区	低收入组	中低收入组	中等收入组	中高收入组	高收入组	高/低收入组比值
华北	11543	32471	53592	82714	211012	18.3
东北	12472	32500	52645	82245	176179	14.1
华东	11859	32901	52559	84701	223784	18.9
中南	11903	32285	52258	81329	192873	16.2
西南	11343	31703	51935	81356	217549	19.2
西北	11152	32117	50746	81397	220889	19.8
全国	11709	32364	52404	82730	211141	18.0

表3—7中报告了第一种分组方法的全国和各地区的家庭总收入均值。全国范围内低收入户组的平均总收入为11709元，中低收入组为32364元，中等收入组为52404元，中高收入组为82730元。这几组的均值差异在2000—3000元之间，而高收入户的收入均值一跃升至211141元，比邻近的中高收入组高出了12万元多。且最高与最低收入组的家庭总收入比值为18.0，也就是说高收入组的平均收入是低收入组的18倍。

分六大区来看，各组的平均收入地区间差异不大，其中东北地区的低收入组家庭总收入均值略高，而高收入组的均值较低，致使后者与前者的比值为14.1，在各地区中这一比值最低。其次是中南地区，比值为16.2。有些意外的是经济相对落后的西南和西北地区高收入组的均值均高于全国水平，但低收入组的均值都低于全国水平，造成这两个地区高/低收入组比值最高，分别为19.2和19.8，反映出西南和西北地区家庭总收入不平等的情形最为严重。

表3—8是基于家庭人均收入将家户从低到高分为等量的五组。依此

---

① 实际加权运算后，各组户数比较接近，而非完全相等。

分组方法，2016年全国低收入组的家庭人均收入为3445元，中低收入组为8630元，中等收入组为14615元，中高收入组为23654元，高收入户为67224元，中高收入组和高收入组之间仍然有较大的跳跃。最高和最低收入组的比值为19.51①，稍高于家庭总收入的比值。

就六大区而言，在调整了家庭人口规模的情况下，东北地区最高和最低收入组的家庭人均收入比值仍然是最低的，为16.81，而西南和西北地区最高，分别是21.39和21.69。

表3—8　　　　按收入五等份分组家庭人均收入　　　　（单位：元）

地区	低收入组	中低收入组	中等收入组	中高收入组	高收入组	高/低收入组比值
华北	3525	8787	14746	24338	62761	17.80
东北	3598	8635	14767	23761	60484	16.81
华东	3564	8687	14713	23647	71667	20.11
中南	3470	8576	14585	23351	61390	17.69
西南	3315	8632	14355	23446	70926	21.39
西北	3264	8405	14437	23740	70775	21.69
全国	3445	8630	14615	23654	67224	19.51

由以上分析我们可知，无论是家庭总收入还是人均收入，我国都存在了较大的分布差异，六大区中，东北地区收入状况相对平等，而西北和西南地区贫富最为分化。表3—9报告了五组家庭的收入构成情况。先看主导地位的工资性收入。低收入组有工资性收入的家户比例最低，为41.28%；其次是中低收入组，为75.74%；其他三组的家户比例均在80%以上，其中高收入组最高，为87.52%。对于拥有工资性收入的家庭，高收入组的平均工资性收入为145604元，是中高收入组的2.08倍，是中等收入组的3.27倍，是中低收入组的5.35倍，是低收入组的12.85倍。由此，收入越高的组，拥有工资性收入的家户比例越高，而且平均工资性收入金额越高。

---

① 《中国统计年鉴2017》中2016全国居民按收入五等份分组人均可支配收入的各组数据，除高收入组外均高于本调查数据结果，最高和最低收入组的比值为10.71。

农业生产收入方面，收入越高的组，有农业生产收入的家户比例越低，但平均收入越高。高收入组有农业生产收入的家户比例为20.82%，中高收入组的家户比例是25.08%，中等收入和中低收入组的比例分别为33.52%和44.54%，低收入组最高，为62.09%。农业生产的家庭平均收入却在高收入组为最高，为38356元，是低收入组的7.60倍。

拥有经营性收入的家户在各组的比例都比较低，也是出现收入越高的组，有经营性收入的家户比例越高的分布特征。在高收入组，这一比例为17.81%，而在低收入组比例仅为2.55%。并且高收入组的平均家庭经营性收入为149712元，而低收入组仅有9781元，前者是后者的15.31倍。

各收入组所有家庭都拥有财产性收入和转移性收入，但平均家庭收入差异较大。如高收入组的平均家庭财产性收入为10840元，是中高收入组的9.14倍，是中等收入组的24.26倍，是中低收入组的43.86倍，是低收入组的125.91倍。转移性收入在随着收入水平的增加而递增，低收入组平均每个家庭仅有1228元，而高收入组是其9.26倍，为11379元。

表3—9　　　　　按收入五等份分组家庭收入构成　　　　（单位：元，%）

	工资性收入	农业生产收入	经营性收入	财产性收入	转移性收入	其他收入
低收入组均值	11327	5046	9781	86	1228	5777
家户比例	41.28	62.09	2.55	100.00	100.00	10.25
中低收入组均值	27237	8075	23747	247	2826	16326
家户比例	75.74	44.54	4.33	100.00	100.00	5.40
中等收入组均值	44481	10365	37577	447	4726	28005
家户比例	81.21	33.52	6.70	100.00	100.00	5.55
中高收入组均值	70118	13812	57668	1186	6386	37464
家户比例	85.56	25.08	9.29	100.00	100.00	4.60
高收入组均值	145604	38356	149712	10840	11379	93672
家户比例	87.52	20.82	17.81	100.00	100.00	4.66
高/低收入组比值	12.85	7.60	15.31	125.91	9.26	16.22

总的来说，收入水平越高的家庭，其收入结构中的各项收入也就越高，其中财产性收入差异最大，农业生产收入差异最小。同时，收入水平越高，拥有工资性收入和经营性收入的家户比例越高，而拥有农业生产收入的家户比例越少。这有助于从收入构成上来了解贫困的原因。

表3—10　　按家庭总收入和五等份分组家户比例　　（单位：%，户）

地区	最低组	次低组	中间组	次高组	最高组	家庭数
华北	49.78	21.92	16.05	9.31	2.93	1242
东北	45.45	23.08	15.74	10.46	5.27	810
华东	49.10	22.92	15.16	9.12	3.70	2837
中南	47.12	23.65	15.41	9.63	4.20	2840
西南	54.64	21.13	13.00	7.85	3.38	1502
西北	51.73	21.96	15.26	8.59	2.45	664
全国	50.11	22.71	14.74	8.94	3.50	9900

表3—10的分析是基于第二种分组方法，即将家庭总收入从低到高排序，将全部家庭分为收入和相等的五组。也就是说各组家庭的收入总额是相等的，但家庭数不同。如表中所报告，2016年全国家庭总收入处于前3.5%的家庭与处于后50.11%的家庭拥有同样的收入总额。收入不平等的情况在西南和西北地区尤为严重，而在东北地区相对好些。

表3—11　　按家庭人均收入和五等份分组家户比例　　（单位：%，户）

地区	最低组	次低组	中间组	次高组	最高组	家庭数
华北	53.09	22.62	13.13	8.06	3.10	1242
东北	50.23	22.25	13.60	8.74	5.18	810
华东	52.18	22.50	14.41	8.23	2.68	2836
中南	50.94	22.40	14.31	9.25	3.10	2838
西南	56.72	21.19	12.34	7.13	2.63	1502
西北	58.42	22.68	12.58	6.18	0.14	664
全国	53.57	22.23	13.40	8.10	2.69	9897

表3—11是基于家庭人均收入进行分组，反映出全国及各地的不平等情况更为严重。全国范围来看，最低组的家庭户比例占到了53.57%，而最高组仅为2.69%，也就是说全国家庭人均收入处于前2.69%的家庭与处于后53.57%的家庭在家庭人均收入的总和上是相等的，各占全部收入的五分之一。考虑了家庭人口规模后，西北地区最低组的家户比例上升至58.42%，超过了西南地区；而最高组的家户比例仅有0.14%，在六大区中最低。东北地区仍然是六大区中不平等状况最不严重的地区。

简而言之，无论是家庭总收入还是家庭人均收入，我国收入不平等情况比较严重。在各个地区中，东北地区贫富差距最小，而西北西南地区贫富分化最大。

第二节 家庭消费

一 家庭消费支出总体情况

本节所报告的家庭支出是指家庭生活性消费支出，具体包括食品支出（包括外出饮食支出；自产食品估算其价格，并计算在内）、衣着支出（衣服、鞋帽等）、居住支出（缴纳房租、电费、水费、燃气煤炭费、物业费、取暖费等）、家庭设备及用品支出（家用电器、家具、家用车辆等购置支出）、交通通信支出（如固定电话/手机/小灵通的话费、电脑上网费等，上下班等交通费及家用车辆汽油费、保养费、养路费、路桥费等）、医疗保健（如看病、住院、买药等的费用，不扣除报销部分）、文教娱乐支出（如学费、杂费、文具费、课外辅导费、在校住宿费、文化、娱乐、旅游等，但在校的饮食支出计入家庭食品支出），以及其他支出。

（一）家庭消费支出水平

表3—12中报告了2016年全国及六大区家庭总支出和家庭人均支出的分布情况。可见，2016年全国家庭消费支出的均值为58269元，中位值为35150元，均值远远高于中位值，说明整个家庭总支出分布呈右偏态，意味着有少数高支出的家庭将平均支出水平拉升了。

分各地区来看，总支出均值最高的是华东地区，其为69554元，最低的为东北地区，均值为47094元；中位值方面，支出最低的为西南地区，约有一半的家庭在消费方面的年支出低于2900元，而华东地区中位值在六大区中仍然居于首位，为40200元。

2016年全国家庭人均支出均值为17535元[①]，中位值为10200元，仍是较为显著的右偏形态。就六大区而言，均值方面支出最高的仍然是华东地区，为20633元；西北地区由于家庭人口规模较大，降为六大区最低，家庭人均支出均值为13380元；而东北地区家庭人口规模较小，家庭人均支出跃为六大区第三，仅次于华东和华北地区。中位值方面，华北地区超过了华东地区位居首位，为12000元，西北地区仍是最低，为8300元。

表3—12　　　各地家庭的消费支出分布情况　　　（单位：元，户）

地区	总支出 均值	总支出 中位值	人均支出 均值	人均支出 中位值	家庭数
华北	56450	36720	18463	12000	1255
东北	47094	30008	18051	11167	817
华东	69554	40200	20633	11680	2877
中南	56436	36400	15563	9388	2875
西南	51496	29000	16237	8675	1528
西北	48638	31160	13380	8300	680
全国	58269	35150	17535	10200	10032

总之，我国地区间消费支出差异明显，华东地区由于有高水平的经济发展做支撑，所以无论其家庭总支出还是人均支出都领先于其他地区；东北地区的人均支出比较高，而总支出在各地区中最少，这在一定程度上反映出东北经济缺乏活力，家庭人口萎缩的问题。

（二）家庭消费支出结构

本节进一步分析家庭消费支出的构成情况，表3—13报告了2016年我国和六大区家庭在食品、衣着、居住、家庭设备及用品、交通通信、医疗保健、文教娱乐和其他方面的金额支出占总支出金额的比例。

[①]《中国统计年鉴2017》报告2016年人均消费支出为17110.7元，本报告分析结果与之十分接近。

表 3—13　　　　　　　各地家庭消费支出构成情况　　　　　　（单位：%）

地区	食品	衣着	居住	家庭设备及用品	交通通信	医疗保健	文教娱乐	其他
华北	27.6	10.0	9.7	10.4	9.9	14.9	15.0	4.3
东北	27.0	9.2	7.7	13.2	10.5	16.6	15.0	2.2
华东	27.5	9.4	8.4	16.3	9.7	11.8	12.6	6.1
中南	30.0	7.9	9.3	13.4	9.9	13.5	13.2	4.7
西南	27.0	7.3	7.6	17.1	9.7	13.4	12.3	6.5
西北	25.8	9.2	10.1	9.2	9.9	15.8	15.0	7.5
全国	28.0	8.8	8.8	14.3	9.8	13.4	13.3	5.4

食品支出总额占个人消费支出总额的比重，即恩格尔系数，可以反映出一个国家或地区的富裕程度。一般认为，一个国家或地区的人们生活越富裕，其在食品上的消费比例越低，恩格尔系数越小。联合国根据恩格尔系数的大小，对世界各国的生活水平有一个划分标准，即一个国家平均家庭恩格尔系数大于60%为贫穷；50%—60%为温饱；40%—50%为小康；30%—40%属于相对富裕；20%—30%为富足；20%以下为极其富裕。如表所示，2016年全国恩格尔系数为28%，所以按照上述等级划分，我国已达到富足这一等级水平。就六大区而言，中南地区的恩格尔系数最高，为30%，西北地区最低为25.8%，其他四个地区在27%和28%之间。众所周知，西北地区的经济发展和人们生活水平在全国属于落后水平，造成恩格尔系数较低的主要原因可能是这个地区的从事农业生产家庭的比例较高，食品消费上自给自足程度高，虽然调查中提示自产食品估算其价格，并计算在食品支出内，难免受访者报告时没有进行折算，因而并未反映出实际的食品支出。中南地区包括河南、湖北、湖南、广西、广东、海南六省，这些省份的物价在全国都属于较高的水平，这在一定程度上提高了刚性的食品消费支出所占比例。

各项支出中排在第二位的是家庭设备及用品支出，2016年全国平均水平为14.3%。有些惊讶的是在这方面，西南地区跃居首位，比例为17.1%；而同属于经济落后状态的西北地区，在这方面的支出比例仅为9.2%，处于全国最低水平。这可能与西南地区大力推行家电下乡等政策有关。

另外值得关注的是医疗保健支出，这反映出全民的健康状态及疾病负担。表中报告了2016年全国家庭在医疗保健方面的支出占总支出的13.4%，在各项支出中占据第三位。六大区中华东地区在这方面的支出比例最低，为11.8%，其他地区都超过了13%，其中东北地区的比例最高，为16.6%。

文教娱乐的支出几乎与医疗保健支出比例等同，统计数据仅比后者少了0.1个百分点。这方面支出中最重要的组成部分是教育支出，反映出我国家庭的教育负担。六大区的家庭在这方面的消费明显分为两组：一组是华北、东北和西北地区，支出比例均为15%；另一组是华东、中南和西南地区，支出比例在13%左右。显示出我国北部地区的在文教娱乐上的支出比例整体高于南部地区。

我国家庭在衣着、居住和交通通信方面的支出比例比较接近，均低于10%。六大区中，华北地区家庭在衣着方面的支出比例略高于其他地区，西北地区家庭在居住方面的支出比例略高于其他地区，东北地区家庭则是在交通通信方面支出比例最高的。

总之，除去其他未指明的消费项目，我国家庭的各项支出比例从高到低分别为：食品、家庭设备及用品、医疗保健、文教娱乐、交通通信、衣着和居住。这一顺序在六大区有所不同，比如华北、东北和西北地区的家庭在医疗保健和文教娱乐上的平均消费要高于家庭设备及用品购买上的花费；中南地区这三项的支出比例非常接近。

二 家庭消费城乡差异

如表3—14所示，就全国而言，2016年城镇地区家庭平均消费性总支出为65072元，农村地区为48712元，城镇比农村地区高出16360元，比值为1.34，并且具有统计显著性。就六大区而论，华东地区城镇家庭平均消费性总支出最高，为76123元，其次是中南和华北地区，东北地区最低，为51031元。农村家庭的平均消费性总支出上，东北地区最少，为41272元；华东地区最高，为56419元。华北、华东和中南地区的城镇和农村家庭有显著性差异，城乡均值比在1.2和1.4之间，其他地区未发现显著的城乡差异。

表3—14　　　　　各地城乡消费性总支出情况　　　　　（单位：元）

地区	城镇地区 均值	标准误	农村地区 均值	标准误	城乡均值比
华北	62205	4767.79	45729	3466.16	1.36*
东北	51031	4898.30	41272	3067.80	1.24
华东	76123	4893.56	56419	3305.30	1.35*
中南	62230	2917.65	49688	2470.81	1.25*
西南	59629	5381.32	44303	2988.18	1.35
西北	53179	3638.81	43235	4298.09	1.23
全国	65072	2118.44	48712	1362.44	1.34*

注：* 在95%的置信区间上显著。

家庭人均消费支出的城乡差异略有增高。如表3—15所示，全国层面上，城镇地区家庭人均消费均值为20274元，农村地区为13688元，其城乡均值比为1.48①。就六大区而言，华东城镇地区的家庭人均消费支出最高，为23117元；西北农村地区的家庭人均消费支出最低，略高于1万元。西北地区城乡差异最大，城镇家庭的人均消费支出是农村家庭的1.62倍，东北和西南地区则没有发现显著的城乡差异。

表3—15　　　　　各地城乡消费性人均支出情况　　　　　（单位：元）

地区	城镇地区均值	标准误	农村地区均值	标准误	城乡均值比
华北	20869	1704.53	13982	1133.38	1.49*
东北	20320	1927.97	14697	1039.63	1.38
华东	23117	1704.99	15666	976.98	1.48*
中南	17835	965.76	12919	729.54	1.38*
西南	19329	1882.32	13503	1554.29	1.43
西北	16215	1449.39	10007	825.54	1.62*
全国	20274	740.49	13688	468.24	1.48*

注：* 在95%的置信区间上显著。

---

① 《中国统计年鉴2017》报告2016年城镇家庭人均消费支出为29219元，农村家庭人均消费支出为10752元，由此计算城乡均值比为2.7，高于本报告的分析结果。

表3—16考察各地区各项消费支出的城乡差异。如表所示，2016年城镇地区家庭的恩格尔系数为28.3%，农村地区为27.4%，二者相差0.91%，没有统计意义上的显著差异。在医疗保健支出方面，农村地区家庭的支出比例比城镇家庭高出3.58个百分点，在衣着和居住方面的支出上，城镇地区家庭分别高出农村地区家庭1.59%和1.89%。其他方面的支出城乡之间没有显著差异。

分六大区来看，城乡差异不太明显。东北地区在食品支出上城镇地区的家庭比农村地区的家庭高出5.9个百分点，在衣着支出上高出2.8个百分点；西北地区在衣着支出上城镇地区家庭比农村地区家庭高出3.7个百分点；中南地区在居住支出上城镇地区家庭比农村地区家庭高出3.1个百分点。其他方面的支出没有发现统计上显著的城乡差异。

表3—16　　　　　城乡地区家庭的消费支出构成情况　　　　　（单位：%）

地区	城乡	食品	衣着	居住	家庭设备及用品	交通通信	医疗保健	文教娱乐	其他
华北	城镇	27.8	10.1	9.9	10.7	9.4	15.1	15.4	3.7
华北	农村	27.2	9.8	9.2	9.7	11.1	14.3	14.0	5.8
华北	城乡差	0.5	0.3	0.8	1.0	-1.7	0.9	1.4	0.6
东北	城镇	29.1	10.2	8.7	12.9	11.3	13.9	14.4	1.3
东北	农村	23.2	7.4	5.8	13.8	9.1	21.5	16.3	3.8
东北	城乡差	5.9*	2.8*	2.9	-0.8	2.3	-7.6	-1.9	0.3
华东	城镇	27.3	9.8	8.9	16.9	9.7	11.1	12.9	5.0
华东	农村	27.8	8.4	7.1	14.6	9.5	13.5	11.6	9.0
华东	城乡差	-0.4	1.4	1.9	2.3	0.2	-2.4	1.3	0.6
中南	城镇	30.8	8.5	10.5	14.0	9.2	11.5	13.5	4.0
中南	农村	28.9	7.0	7.4	12.5	10.9	16.5	12.7	5.9
中南	城乡差	1.9	1.5	3.1*	1.5	-1.7	-4.9	0.8	0.7
西南	城镇	26.8	7.3	7.9	18.9	9.5	11.1	13.3	6.3
西南	农村	27.2	7.2	7.3	15.0	10.0	16.2	11.1	6.7
西南	城乡差	-0.4	0.2	0.6	3.9	-0.5	-5.2	2.2	0.9

续表

地区	城乡	食品	衣着	居住	家庭设备及用品	交通通信	医疗保健	文教娱乐	其他
西北	城镇	27.5	10.7	10.3	8.7	9.9	15.2	13.5	6.9
	农村	23.4	7.0	9.8	10.0	9.9	16.6	17.3	8.3
	城乡差	4.1	3.7*	0.5	-1.4	0.0	-1.4	-3.7	0.8
全国	城镇	28.3	9.3	9.4	14.9	9.6	12.2	13.6	4.6
	农村	27.4	7.7	7.5	13.2	10.2	15.7	12.8	6.9
	城乡差	0.91	1.59*	1.89*	1.72	-0.59	-3.58*	0.75	0.67

注：* 在95%的置信区间上显著。

由此可知，我国城镇地区和农村地区的家庭虽然在收入上有很大的差距，但在消费支出上差异不大。

三　家庭消费平等情况

本节考察不同收入水平家庭的消费支出情况。分组的方法采用前述的第一种方法，即根据家庭收入分位数将全部家庭分为收入从低到高，且户数相等的五组。

表3—17　　家庭总收入五等份各组家庭消费总支出均值　　（单位：元）

地区	低收入组	中低收入组	中等收入组	中高收入组	高收入组	高/低收入组
华北	28887	36967	54646	63932	112263	3.89
东北	26306	31848	46130	60228	116794	4.44
华东	26626	37252	49049	63601	132262	4.97
中南	30798	37148	45129	63970	112826	3.66
西南	27190	34277	51388	66700	121227	4.46
西北	34995	35880	45890	62796	100191	2.86
全国	28900	36141	48317	63851	121777	4.21

表3—17中报告了各组的家庭消费支出均值。全国范围内，2016年低收入组家庭的消费支出均值为28900元。随着收入水平的增加，消费的

金额也在增加，并且差距逐渐加大。如中低收入组比低收入组高出7241元，中等收入组比中低收入组高出12176元，中高收入组继续增加了15534元，高收入组出现了跳跃，比中高收入组高出57926元，是低收入组的4.21倍。

比较六大区支出平等情况，可以发现华东地区支出的差异最大，高收入组家庭的消费支出均值是低收入组的4.97倍；这一比值高出全国水平的还有西南地区和东北地区，分别为4.46和4.44倍；而差异最小的是西北地区，高收入组与低收入组家庭在消费支出上的比值为2.86倍。

表3—18 家庭总收入五等份各组家庭人均消费支出均值 （单位：元）

地区	低收入组	中低收入组	中等收入组	中高收入组	高收入组	高/低收入组
华北	10337	10444	14205	21947	33631	3.25
东北	10197	9606	13728	19174	37658	3.69
华东	8358	9805	13001	18258	39044	4.67
中南	8831	9198	12624	17453	33651	3.81
西南	7873	9270	13046	19259	44080	5.60
西北	8184	9889	13430	16829	29545	3.61
全国	8718	9598	13115	18637	37155	4.26

表3—18中报告了各收入组家庭人均消费支出情况。2016年全国高收入组家庭的人均消费支出均值为37155元，比低收入组家庭高出28437元，是后者的4.26倍。分地区来看，西南地区低收入组家庭的消费支出最低，平均为7873元，但高收入组的消费支出在六大区中最高，平均为44080元，后者是前者的5.60倍。显示出这一地区家庭在消费支出上的高度不平等。其次是华东地区，高收入组和低收入组消费支出的比值为4.67倍，其他各地区的比值均在4倍以下。

下面继续考察各收入组在消费支出结构上的差异。如表3—19所示，医疗保健方面的支出差异最大。随着收入水平的提高，在这方面的支出比例在逐渐下降。低收入组家庭在医疗保健上的支出比例接近四分之一，中低收入组家庭的支出比例接近五分之一，而高收入组家庭的支出比例不足十分之一。低收入组家庭的支出比例比高收入组高出了15.11%。疾病负担是致贫的主要原因之一,在此数据分析中得到了印证。

表3—19　　　家庭总收入五等份各组家庭消费支出构成情况　　（单位:%）

	食品	衣着	居住	家庭设备及用品	交通通信	医疗保健	文教娱乐	其他
低收入组	26.8	5.7	7.8	8.3	7.1	23.9	13.4	8.9
中低收入组	32.2	7.4	9.0	7.2	8.4	18.9	13.8	4.6
中等收入组	32.5	8.8	9.3	9.9	9.3	14.2	13.1	4.4
中高收入组	29.7	9.5	9.0	13.7	10.7	11.4	13.8	3.5
高收入组	24.0	9.6	8.3	20.8	10.9	8.8	12.7	6.5
高/低收入户差异	-2.81	3.95	0.43	12.52	3.85	-15.11	-0.73	0.73

差异第二大的是家庭设备及用品上的支出。与医疗保健支出的特征相反,随着收入水平的提高,家庭设备及用品的支出比例从8.3%上升了12.52个百分点,至20.8%。反映出富裕的家庭更愿意花钱在家庭设备及用品上,其支出比例甚至接近了食品支出比例。

各收入组家庭在食品和居住上的支出比例呈现倒U型分布,即低收入组和高收入组家庭的支出比例相对较低,而处于中间的三个收入组支出比例较高。如高收入组的恩格尔系数为24%,低收入组的恩格尔系数为26.8%,而中等收入组的是32.5%。居住支出也具有相同的特征。

各收入组在衣着和交通通信上的支出比例也是随着收入水平的升高,支出比例也在提升,但差异不太显著。文教娱乐上的支出比例在各组比较接近,均在13%左右,差异较小。

表3—20将各收入组的各项支出按照支出比例从高到低排序。在包含其他的八项支出类别中,食品支出在各收入组都是排在了第一位。医疗保健支出在低收入组、中低收入组和中等收入组排在了第二位,但在中高收入组排在了第四位,在高收入组排到了第六位。文教娱乐支出在各组的位置比较近似,除了中高收入组排在第二位以外,其他各组均排在第三位。家庭用品及设备支出在高收入组排在了仅次于食品的第二位,在中高收入组为第三位,在其他各组排位相对靠后,特别是中低收入组排到的第七位。此外,中低收入组和中等收入组中居住支出排位第四,

高于其他各组，中高收入组和高收入组居住排在第七位。高收入组在衣着上的支出排在了第五，而低收入组这方面的支出排在了最后。值得注意的是，在低收入组中还有相当比例的支出归在"其他"里，排在了第四位，具体这些支出内容是什么需要进一步收集信息。

表3—20　　　　家庭收入五等份各组家庭消费支出类别排位

	低收入组	中低收入组	中等收入组	中高收入组	高收入组
1	食品	食品	食品	食品	食品
2	医疗保健	医疗保健	医疗保健	文教娱乐	家庭用品及设备
3	文教娱乐	文教娱乐	文教娱乐	家庭用品及设备	文教娱乐
4	其他	居住	居住	医疗保健	交通通信
5	家庭用品及设备	交通通信	交通通信	交通通信	衣着
6	居住	衣着	家庭用品及设备	衣着	医疗保健
7	交通通信	家庭用品及设备	衣着	居住	居住
8	衣着	其他	其他	其他	其他

总之，不同收入水平的家庭在消费支出的结构上存在较大差异。低收入水平的家庭在医疗保健上的支出比例要高于其他家庭；中等收入水平的家庭在食品和居住的支出比例上较高；而高收入水平的家庭在家庭用品及设备上的支出比例较高。在收入有限的情况下，低收入家庭压缩的主要是衣着和交通通信方面的花费；中等收入家庭降低了在家庭用品及设备上的购买。高收入家庭在医疗保健和居住支出上压力较小，主要消费在家庭用品及设备上。对于任何收入水平的家庭，文教娱乐方面的支出都处于重要地位，显示出人们对此的普遍重视。

第三节　家庭经济状况

本节报告我国家庭的整体经济状况。选取了三个角度：一是家庭收入充足情况，即分析家庭收入是否能够满足支出的需求；二是受访者自认为在2016年家庭遇到的经济困难类型；三是受访者对于家庭经济状况的主观满意度。

一　家庭收入充足情况

报告选取了五个指标来反映家庭收入充足情况。第一个是所有家庭消费支出总和占家庭收入总和的比例，也就是将所有家庭的支出金额和收入金额分别汇总，然后计算比例。由于我国收入分布的差异要远大于支出分布的差异，该指标不能准确反映出我国家庭的收入充足情况。第二个指标是分别计算每个家庭的消费支出金额占家庭收入金额的比例，如果比例大于1，则说明该家庭经济状况入不敷出；如果小于1，则有收入盈余。然后计算所有家庭这一比例的平均值。该指标可以反映出我国家庭层面收入充足情况的平均水平，但容易受到极值的影响，于是也报告了所有家庭这一比例的中位值作为第三个指标。第四个指标是根据收支数据计算得出的所有家庭中有收支相抵或收入盈余家户的比例。第五个指标是基于受访者自评的收支相抵或收入盈余家户的比例[①]。

表3—21中报告了全国和六大区这四个指标的分析结果。从全国范围来看，2016年我国所有家庭的消费支出总和占收入总和的78%[②]，为收入盈余状态。然而在家庭层面，家庭消费支出和家庭收入的比例均值为186.09%，中位值为80%，意味着全国有一半的家庭其支出占收入的比重小于80%。同时，由于存在一定数量支出远远超过收入的家庭，致使均值大于1。进一步分析发现，根据收支数据计算，全国有65.73%的家庭收支相抵或存有盈余，也就是说约有三分之一的家庭出现入不敷出的情形。根据受访者的报告，有60.96%的家庭收支相抵或收大于支，比计算得出的结果低了4.77个百分点。

考察六大区的收入充足情况发现，华东地区家庭的收入相对充足，支出总和占收入总和的71.76%，是唯一低于全国水平的地区。此外，家庭层面支出与收入比值平均为128.41%，中位值为71.53%。根据收支数据计算得出的收支相抵和收入盈余家户的比例为71.72%，受访者自评的

[①] 问卷中的原题为："C4a. 去年（2016年），您的家庭总体的收支情况是：1 收大于支；2 收支相抵；3 收小于支。"

[②] 《中国统计年鉴2017》报告了2016年全国消费支出均值和收入均值，据此计算比值为0.718，略低于本报告分析结果。

结果为70.07%，两个数值比较接近。

表3—21　　　　　　　　各地家庭收入充足情况　　　　　　（单位：%）

地区	支出总和/收入总和	支出/收入的均值	支出/收入的中位值	支出≤收入的家庭比例		
				计算结果	自评结果	二者差异
华北	79.27	186.47	84.33	64.26	61.23	3.03
东北	86.32	157.09	83.33	62.92	52.41	10.51
华东	71.76	128.41	71.53	71.72	70.07	1.65
中南	80.12	230.33	79.63	66.70	60.31	6.38
西南	84.70	191.75	89.67	57.42	52.57	4.86
西北	84.86	260.44	85.17	59.98	52.31	7.67
全国	78.00	186.09	80.00	65.73	60.96	4.77

　　家庭经济状况较好的是华北和华南地区。这两个地区家庭支出总和大约占收入总和的80%，略高于全国水平。中南地区由于存在收支比极低的家庭，拉升了家庭层面支出与收入比例的均值，而华北地区这一均值和全国水平持平。但中南地区这一比值分布的中位值要低于华北地区，而收支相抵或收大于支的家庭比例要高于华北地区。

　　东北地区是六大区中家庭支出总和占收入总和比重最高的地区，但家庭层面支出与收入的比值均值较低，为157.09%，仅高于华东地区。东北地区根据收支数据计算得出的收支相抵或收大于支的家庭比例为62.92%，而受访者自评的结果却只有52.41%，二者相差大概10个百分点。

　　西南和西北地区的家庭经济状况大致相仿，在六大区中处于较低水平。两个地区的家庭支出总和占收入总和的比值均为85%左右。西北地区在家庭层面的支出和收入比值分布上均值较高，为260.44%，说明了存在一定数据收支比极低的家庭；但中位值为85.17%，略低于西南地区。支出小于或等于收入的家庭比例计算结果为59.98%，略高于西南地区；但自评结果为52.31%，和西南地区基本相同。

　　表3—22分城乡报告了全国及六大区家庭收入充足状况。2016年全国城镇地区家庭支出总和占收入总和的比例为74.55%，而农村地区家庭

这一比例为 85.35%，显著高于城镇地区家庭。此外，城镇地区家庭中有 69.17% 的家庭在收支数据上显示收支相抵或收大于支，农村地区家庭的这一比例为 60.93%，前者比后者高出 8 个百分点，并且具有统计显著性。根据受访者自评的结果，城镇地区和农村地区家庭中收支相抵或收大于支的家庭比例都有所降低，而且城乡差异扩大到 13.63 个百分点。

表 3—22　　　　各地城乡家庭收入充足情况　　　　（单位：%）

地区	城乡	支出总和/收入总和	支出/收入的均值	支出/收入的中位值	支出≤收入的家庭比例 计算结果	支出≤收入的家庭比例 自评结果	支出≤收入的家庭比例 二者差异
华北	城镇	75.07	184.73	78.37	67.52	66.09	1.43
华北	农村	92.17	189.68	92.45	58.23	52.14	6.09
华北	城乡差异	-17.10	-4.95	-14.08	9.29	13.95	
东北	城镇	79.70	124.74	77.32	69.50	60.97	8.53
东北	农村	101.53	204.76	97.33	53.23	39.47	13.77
东北	城乡差异	-22.00*	-80.03*	-20.01	16.26*	21.50*	
华东	城镇	69.54	121.59	70.13	73.47	73.12	0.35
华东	农村	78.49	142.01	76.79	68.24	63.95	4.28
华东	城乡差异	-8.96	-20.43	-6.66	5.24	9.17*	
中南	城镇	78.97	170.00	75.92	69.37	66.30	3.07
中南	农村	81.84	300.44	84.54	63.59	53.34	10.25
中南	城乡差异	-2.88	-130.44	-8.62	5.78	12.96*	
西南	城镇	78.78	170.66	84.64	59.09	57.19	1.91
西南	农村	93.00	210.17	94.88	55.96	48.48	7.48
西南	城乡差异	-14.21	-39.51	-10.24	3.13	8.71	
西北	城镇	79.39	160.42	78.33	67.86	59.91	7.95
西北	农村	94.28	377.54	97.79	50.75	43.35	7.40
西北	城乡差异	-14.89	-217.13	-19.46	17.11*	16.57	
全国	城镇	74.55	152.06	75.36	69.17	66.63	2.54
全国	农村	85.35	233.65	86.67	60.93	52.99	7.93
全国	城乡差异	-10.80*	-81.59	-11.30	8.24*	13.63*	

分六大区来看，华东地区家庭经济状况最佳，各项指标均高于全国水平，并且城乡差异不显著。东北农村地区家庭的经济状况令人担忧。

家庭支出总和超过了家庭收入总和，收支数据显示，仅有53.23%的家庭能达到收支相抵或收大于支，而受访者自评得出的这一比例更是低至39.47%，相差了13.77个百分点。同时，城乡之间的差异也比较大，城镇地区收支相抵或收大于支的家庭比例基于收支数据的结果为69.5%，高出农村地区16.27个百分点；基于受访者自评的结果为60.97%，高出农村地区21.5个百分点。

西北地区也属于家庭经济状况较差的地区。农村地区家庭支出总和为收入总和的94.28%，农村地区收支相抵或收大于支的家庭比例计算结果为50.75%，比城镇地区低了17.11个百分点。并且受访者对这一比例的自评结果更低，仅为43.35%。

表3—23 家庭总收入五等份分组的各组家庭收入充足情况 （单位：%）

收入组	支出总和/收入总和	支出/收入的均值	支出/收入的中位值	支出≤收入的家庭比例 计算结果	自评结果	二者差异
低收入组	246.47	579.57	155.10	30.10	39.90	-9.80
中低收入组	111.67	113.76	86.00	60.37	52.04	8.33
中等收入组	92.19	92.26	75.56	71.86	63.62	8.24
中高收入组	77.19	77.61	62.64	80.64	72.19	8.46
高收入组	57.65	64.11	50.00	87.54	80.79	6.75

表3—23中报告了不同收入组家庭的收入充足情况。数据显示各收入组间差异显著。首先从第一个指标来看，低收入组的家庭的支出总和是收入总和的2.46倍，中收入组家庭是1.12倍，总体处于入不敷出的状态。而在高收入组，支出总和占收入总和的58%，中高收入组占77%，中等收入组占92%。

从家庭层面支出与收入比值来看，低收入组这一比值平均为579.57%，中位值在155.10%，也就是说有一半的家庭支出是收入的1.55倍以上。其他各组这一比值的均值和中位值的差异较小，与第一个指标的结果也比较接近。

第三个和第四个指标也反映出同样的特征。低收入组中收支相抵或收大于支的家庭计算得出的比例不足三分之一，而其他各组这一比例均在60%以上，在高收入组高达80.79%。依据受访者自评得出的比例一般比计算得出的结果低，但在低收入组自评结果得出的比例却高出计算结果近10个百分点，反映出低收入家庭居民在评估自己家庭经济状况上不同的心理特点。

总的来看，虽然就家庭支出总和占收入总和的比值而言，我国及六大区的收入情况均处于收大于支的情况，然而从家庭层面来分析收支情况则发现有一定比例的家庭存在入不敷出的情形，有的家庭支出远远超过收入。这种状况在地区间、城乡间，以及收入组之间存在差异。东北农村地区的家庭经济状况尤其需要引起注意，不仅入不敷出的情形相对严重，而且居民过于低估自家的经济状况。低收入组中有大约七成的家庭入不敷出，但其中一些居民对此并不知情。

二 家庭经济困难问题

本节分析了受访者报告的2016年其家庭遇到的经济上的困难，具体包括（1）住房条件差，建/买不起房；（2）子女教育费用高，难以承受；（3）医疗支出大，难以承受；（4）物价上涨，影响生活水平；（5）家庭收入低，日常生活困难；（6）家人无业、失业或工作不稳定；（7）赡养老人负担过重；（8）家庭人情支出大，难以承受。

表3—24　　　各地家庭遇到经济困难问题的比例　　　（单位：%）

	全国	华北	东北	华东	中南	西南	西北
住房条件差，建/买不起房	35.3	33.1	27.2	33.1	36.9	40.9	38.4
子女教育费用高，难以承受	24.4	22.5	25.4	21.7	27.7	25.0	23.0
医疗支出大，难以承受	32.4	31.7	43.2	25.6	34.3	35.4	35.4
物价上涨，影响生活水平	46.6	43.2	44.4	43.8	50.8	47.6	46.4
家庭收入低，日常生活困难	42.5	40.5	45.8	33.2	44.9	50.8	54.3
家人无业、失业或工作不稳定	29.8	26.6	25.5	21.7	23.8	33.0	34.9
赡养老人负担过重	12.5	12.2	11.9	11.0	13.6	13.1	14.0
家庭人情支出大，难以承受	28.1	23.9	31.5	22.9	28.8	34.4	37.2

如表 3—24 所示，从全国范围来看，排在第一位的问题是物价上涨，以致影响生活水平，有接近一半的家庭在 2016 年遇到此问题。排在第二位的是家庭收入低，造成日常生活困难，涉及 42.5% 的家庭。排在第三位的是住房压力，有此问题的家庭占 35.3%。然后依次是医疗、就业、人情、子女教育，以及赡养老人带来的负担。

在我国各地区中，物价上涨和家庭收入低这两方面在经济困难因素中所占比重均比较高，分列第一、二位，其中物价上涨的比重在各个地区中均超过了 40%，中南地区的比重更是超过了 50%；家庭收入低方面，华东地区其比重最小，为 33.2%，其余地区的比重也均超过了 40%，其中西南地区的比重高达 50.8%。还需注意的是，居住条件和医疗支出这两项也是造成经济困难的重要因素，其中住房条件差这一因素的比重除了东北地区以外，其余地区均在 30% 以上，西南地区更是达到了 40.9%，居于六大区的首位；医疗支出因素在华东地区的比重为 25.6%，在各个地区中最小，其余地区均在 30% 以上，且东北地区的比重最大，超过了 40%。而赡养老人负担过重这一因素在各个地区中的比重均最小，各个地区其比重分布在 11%—14% 之间。以上说明了在造成生活经济困难的因素方面，居民认为家庭本身收入水平低，收入增长慢而物价上涨过快，通胀趋势明显是造成经济困难的首要因素，而房地产过热，房价居高不下，造成居住成本过高，居住条件比较差，且医疗改革成效不显著，看病贵等问题也是限制生活水平提升，造成经济困难的重要因素。

总之，物价上涨过快但收入水平低且增长比较缓慢是造成我国大部分地区家庭经济困难的主要原因，近些年来经济发展过热，通胀明显但劳动力市场相对疲乏，经济形势会深刻影响到家庭经济水平的提升；需要注意的是，东北地区的医疗支出过大也是影响家庭经济的重要原因，这可能与东北老龄化严重，老年群体医疗负担重有关；住房条件差是限制西南地区家庭生活改善的重要原因。

表 3—25 比较了城乡家庭在遇到经济困难问题上的不同。就全国而言，物价上涨因素在城乡之间没有显著差异；其余各个因素均是农村比重显著高于城镇。具体看来，城乡比重相差最大的是家庭收入低这一因素，农村比城镇高出了 13.7 个百分点；其次是家人就业困难，农村比城镇高出了 8.5 个百分点；继而是人情支出负担，城乡相差 8 个百分点；然

后依次是医疗支出和住房条件，赡养老人的负担在城乡间差异最小。

表3—25　　　　　各地城乡家庭遇到经济困难问题的比例　　　　（单位：%）

因素	城乡	全国	华北	东北	华东	中南	西南	西北
住房条件差，建/买不起房	城镇	32.7	30.9	27.2	32.0	33.9	37.2	33.2
	农村	39.0	37.2	27.3	35.4	40.4	44.2	44.6
	城乡差	6.3*	6.3	0.1	3.3	6.5	7.1	11.4
子女教育费用高，难以承受	城镇	23.2	20.2	21.7	21.9	26.8	23.7	23.0
	农村	26.0	26.8	31.1	21.4	28.7	26.1	22.9
	城乡差	2.8	6.6	9.4	-0.5	2.0	2.4	-0.1
医疗支出大，难以承受	城镇	29.3	29.4	38.4	22.8	32.8	33.3	30.1
	农村	36.6	36.0	50.4	31.1	36.0	37.3	41.7
	城乡差	7.2*	6.6	11.9	8.3	3.1	4.0	11.6
物价上涨，影响生活水平	城镇	46.9	40.6	44.0	45.0	53.1	49.6	43.5
	农村	46.0	48.1	45.0	41.2	48.2	45.9	49.9
	城乡差	-0.9	7.5	0.9	-3.8	-4.9	-3.8	6.4
家庭收入低，日常生活困难	城镇	36.9	35.8	40.6	30.0	39.3	45.6	43.9
	农村	50.5	49.3	53.6	39.7	51.4	55.3	66.6
	城乡差	13.7*	13.5	12.9	9.8	12.1	9.8	22.7*
家人无业、失业或工作不稳定	城镇	26.3	24.4	23.3	20.4	30.0	34.7	32.8
	农村	34.8	30.7	28.9	30.6	36.5	35.0	50.9
	城乡差	8.5*	6.3	5.5	10.2*	6.4	0.3	18.1*
赡养老人负担过重	城镇	11.1	11.3	9.7	9.6	12.8	10.3	13.9
	农村	14.5	13.7	15.1	13.8	14.5	15.7	14.2
	城乡差	3.4*	2.3	5.4	4.3	1.6	5.4	0.3
家庭人情支出大，难以承受	城镇	24.8	21.9	24.5	21.2	26.8	30.7	30.5
	农村	32.8	27.6	42.1	26.4	31.2	37.6	45.1
	城乡差	8.0*	5.7	17.6	5.2	4.4	7.0	14.6

注：* 在95%的置信区间上显著。

分六大区来看，有些地区虽然城乡差距较大，但由于城镇或农村内部分布较为分散，致使城乡之间的差异并不显著。经过统计检验，华东农村地区家庭在遇到家人就业困难问题的比例上比城镇地区高出大约10

个百分点,在西北地区,则高出约 18 个百分点。此外西北地区则体现在家庭收入低的问题上,农村家庭比城镇家庭高出 22.7 个百分点。

接下来分析不同收入组的家庭在遇到上述经济困难问题上是否存在差异。

表3—26 家庭总收入五等份分组各组家庭遇到经济困难问题的比例 (单位:%)

	低收入组	中低收入组	中等收入组	中高收入组	高收入组	最高与最低收入组差异
住房条件差,建/买不起房	45.4	42.4	36.7	28.4	22.2	-23.2
子女教育费用高,难以承受	26.8	27.4	27.5	22.3	16.9	-10.0
医疗支出大,难以承受	45.4	34.9	34.4	25.9	19.9	-25.5
物价上涨,影响生活水平	46.3	50.2	49.5	46.3	40.0	-6.3
家庭收入低,日常生活困难	65.3	55.2	42.4	29.6	16.9	-48.4
家人无业、失业或工作不稳定	41.7	37.9	31.0	23.3	12.5	-29.2
赡养老人负担过重	16.1	15.6	12.3	10.3	7.4	-8.7
家庭人情支出大,难以承受	34.3	31.9	29.3	24.2	20.0	-14.3

如表3—26所示,在低收入组、中低收入组中,家庭收入低这一因素所占比重均最高,分别在 65% 和 55% 以上,说明生活收入来源的匮乏是造成低收入组、中低收入组家庭经济困难的最主要因素;在中等、中高、高收入户家庭中,物价上涨这一因素的比重最高,三者的比重均在 40% 以上,说明这三个收入等级的家庭是因为经济过热,通胀趋势更加明显,在收入相对稳定的背景下,物价上涨过快从而造成这三类收入水平的家庭支出显著增大,对家庭经济水平的进一步改善造成了影响。

横向来看,家庭收入等级越高,除了子女教育费用和物价上涨外,其余问题遇到的比例越低。其中家庭收入低这一问题的比重下降幅度最为显著,高收入组家庭在这一问题上遇到的比例要比低收入组低48.4 个百分点;家庭成员失业或就业不稳定问题的比例在高收入组、低收入组之间的差值为 29.2 个百分点,居于第二位。

子女教育费用问题在中等收入组、中低收入组中较为严重,分别有

27.5%和27.4%的家庭报告遇到此问题，一定程度上说明了广大中等收入群体的家庭对子女教育更为重视，希望通过教育来改变命运，提升后代的社会地位，所以其在教育方面的投入会增加其经济困难；物价上涨方面，中低、中等收入组家庭其比例最高，分别为50.2%和49.5%，意味着中等、中低收入组家庭对于价格的变动最为敏感，物价过快上涨是这类家庭经济困难的重要诱因。

简而言之，收入严重不足成为低收入户改善经济状况的首要原因；物价上涨过快，消费成本太高，是各个收入水平群体所面临的共同问题。

三 家庭经济状况满意度

本节选取居民对家庭经济状况的满意度作为社会经济保障维度的主观指标。问卷中采用了1—10分的测量尺度，1分表示非常不满意，10分表示非常满意。

表3—27　　各地区城乡居民家庭经济状况满意度比较　　（单位：分）

地区	总体均值	总体标准误	城镇地区均值	城镇地区标准误	农村地区均值	农村地区标准误	城乡均值差异
华北	5.53	0.18	5.67	0.18	5.30	0.25	0.37
东北	4.99	0.20	5.31	0.19	4.50	0.22	0.81
华东	5.76	0.08	5.90	0.08	5.50	0.11	0.40
中南	5.31	0.07	5.50	0.08	5.10	0.10	0.40
西南	5.02	0.16	5.25	0.22	4.80	0.15	0.45
西北	5.07	0.15	5.48	0.16	4.60	0.21	0.88
全国	5.38	0.05	5.61	0.05	5.10	0.06	0.51

表3—27显示了2016年全国居民对家庭经济状况满意度的均值为5.38分，总体偏向于满意。其中，城镇地区居民的满意度均值要比农村地区居民高出0.51分，但此差异没有统计上的显著性。各地区的满意度均值均在5分以上，其中满意度最高的为华东地区，达到5.76分，华北次之，为5.53分，满意度最低的为东北和西南地区，分别为4.99分和5.02分，说明华东地区民众对于自身的经济状况最为满意，而东

北地区由于经济衰落，转型困难，西南地区经济发展水平仍然比较落后，统计结果在一定程度上反映出这两个地区的民众对于自身的经济现状最为不满意。

城乡差距方面，六大区中城镇地区的居民的经济满意程度普遍要比农村地区高，但各个地区的城镇居民满意度均值差值各不相同，其中西北地区的城乡之间居民满意度差异最大，城镇地区比农村地区高 0.88 分，东北地区次之，差值为 0.81 分，但其余的地区城乡居民之间满意度差值在 0.4 分左右，这说明，华北、华东、中南和西南地区的城乡居民之间对于家庭经济现状的主观评价比较接近。

表 3—28　　家庭总收入五等份分组各组家庭经济状况满意度分布　（单位：分）

	均值	标准误	95%置信区间的上下限	
			下限	上限
低收入组	4.23	0.07	4.09	4.38
中低收入组	4.81	0.06	4.68	4.93
中等收入组	5.29	0.06	5.16	5.41
中高收入组	6.06	0.06	5.95	6.18
高收入组	6.69	0.06	6.58	6.80

表 3—28 分收入组报告了各组家庭经济状况满意度的分布。趋势很明显：收入水平较高的组，其家庭经济状况的满意度均值也较高，并且各组之间的差异均具有显著性。这表明了居民对家庭经济状况的主观满意度在很大程度上与客观事实状况相符。

总体来看，我国居民对家庭经济状况大多持乐观态度，满意度平均得分在 5 分以上。并且满意度分值反映出经济状况的客观水平，如华东地区经济发展水平在六大区最高，其居民的满意度也最高；而西北、西南、东北地区的居民对家庭经济状况的满意度最低。同时，城镇地区居民的满意度要高于农村地区居民，较高收入组的居民也比低收入组的居民对家庭经济状况更为满意。

第四节 小结

一 家庭收入

根据调查数据，2016年我国家庭总收入的均值为74466元，家庭人均收入均值为23493元。华东地区因为拥有优越的地理条件和发达的民营经济等原因，整体发展水平最高，家庭收入在各地区中名列前茅；而西北和西南地区由于基础设施落后，资源开发利用率低等种种原因致使经济上长期垫底；值得注意的是东北地区人口流失，家庭规模萎缩严重，致使其人均收入尚处在中等水平而家庭总体收入较低。

收入结构上，全国范围内工资性收入在各项收入中占据绝对优势，覆盖了全国近四分之三的家庭，且家庭平均收入较高。经营性收入虽然家庭覆盖面小，但按家庭平均下来要比工资性收入多近2万元。华北尤其是京津地区由于国企资源集中，房价高企等原因，其财产性收入和转移性收入显著高于全国其余地区；东北由于自然条件比较特殊，广大农村地区分布着林地和农场，所以东北地区的农业生产优势明显。

2016年全国城市家庭与农村家庭收入差异显著，在家庭总收入上前者是后者的1.53倍，在家庭人均收入上前者是后者的1.67倍。分地区来看，华东地区城镇一体化进程已经比较成熟，其城乡家庭总收入和人均收入水平更高，发展也更为均衡；中南地区城乡人均收入方面也比较均衡；而西北地区农村经济基础依然很薄弱，华北"环京津贫困带"的现状仍然没有改善，所以华北、西北地区在城乡发展方面相当不均衡，其广大农村地区依然落后。消费结构上，工资性收入和转移性收入在我国城镇地区占据显著优势；农业生产和经营性收入城乡差异不大；而城乡间的财产性收入差异最大。

收入分布方面，总体来说我国收入不平等状况比较严重。按家庭人均收入分位数分为户数相等的五组，最高收入组的平均收入是最低收入组的近20倍。同时，全国家庭人均收入处于前2.69%的家庭占有了全部家庭人均收入之和的五分之一。东北地区不平等程度相对较轻，而西北和西南地区贫富分化严重。不同水平的收入组之间，财产性收入差异最大，而农业生产收入差异最小，这有助于我们从收入构成上来了解贫困的原因。

二 家庭消费

根据调查数据，2016年全国家庭消费支出的均值为58269元，家庭人均支出均值为17535元。我国不同地区间消费差异明显，华东地区拥有雄厚的经济基础，所以其家庭消费水准领先其他地区；各地区中东北人均支出较高，而总支出却最少，这可能与东北人口流失严重，家庭规模萎缩有关。

支出结构上，食品、家庭设备及用品和医疗消费占据前三甲，2016年全国恩格尔系数为28%，已达到联合国界定的"富足"标准。华北、东北和西北地区在医疗保健和文教娱乐方面要高于家庭设备方面的花销；而东北地区医疗费用花销很突出，可能与其人口流失，老龄化问题凸显有关。

我国城镇地区家庭消费支出显著高于农村地区的家庭，在家庭消费性总支出上二者比值为1.34，在家庭人均消费支出上比值为1.48。华东和华北地区的城乡间居民家庭总消费水平差异最为明显，人均支出方面西南地区城乡差异最大；而东北和西南地区无论是总支出还是人均支出城乡差异均不显著。消费结构方面，我国城镇地区家庭的恩格尔系数为28.3%，农村地区为27.4%，城乡之间没有显著差异。农村地区家庭在医疗保健方面比城镇家庭支出比例要高，而在衣着和居住方面要低。其他方面的支出城乡之间没有显著差异。

支出分布上，按照收入分位数五等份分组的方法，高收入组的家庭消费总支出是低收入组的4.21倍，家庭人均消费支出是后者的4.26倍。华东和西南地区这一比值都超过了全国水平，显示出较大程度的不平等。

各收入组在医疗保健方面的支出差异最大，低收入组家庭的支出比例比高收入组高出了15.11%。家庭在食品上的支出比例呈现倒U型分布，高收入组的恩格尔系数为24%，低收入组的恩格尔系数为26.8%，而中等收入组的是32.5%。

在各项消费上，低收入组家庭在压缩衣着和交通方面的花销同时在医疗保健上投入比较大；中等收入组家庭注重饮食水平的改善和居住质量的提升而在家庭用品及设备方面投入有限；高收入组家庭在家庭用品及设备方面十分注重投入。不过对于所有收入水平家庭来说，民众普遍重视文教娱乐方面的投入，反映出民众对于精神享受和教育的重视。

三 家庭经济状况

在家庭收入充足性方面，总体上我国家庭收支相对均衡，但仍然存在一定比例家庭呈现入不敷出，甚至债务累累的情况。2016年我国所有家庭的消费支出总和占收入总和的78%，约有三分之一的家庭出现入不敷出的情形。这种状况在地区间、城乡间，以及收入组之间存在差异，东北农村地区收支失衡情况尤为严重，且居民往往过度低估自身经济状况。低收入组中有大约七成的家庭入不敷出，但其中一些居民对此并不知情，体现出居民的主观判断和家庭实际状况不完全吻合的情况。

对于造成家庭经济问题的原因方面，物价上涨过快而家庭收入水平低且增长缓慢的经济态势是造成我国地区间、城乡间、不同收入等级间群体经济困扰的普遍原因；东北地区除了上述原因，因其医疗支出重，所以看病贵也是限制东北家庭经济改善的重要原因；西南地区住房条件恶劣也影响民众经济改善。

经济满意度方面，总体来说我国民众的满意度评分在5分以上，普遍持乐观态度，而且满意度分值比较准确地反映出客观经济水平，经济发达地区满意度最高，城镇地区普遍高于农村，高收入户普遍高于低收入户。所以应该继续释放改革开放中的发展红利，切实改善民众生活水平，来进一步提升民众对自身生活水平的乐观程度，进而也为改善社会质量提供更加坚实的物质基础和群众基础。

第 四 章

居住和社会保障状况

　　社会质量的高低主要由社会经济保障、社会凝聚、社会包容和社会赋权四个维度来测量,这四个维度是衡量社会质量水准的条件性因素。其中社会经济保障,是关于社会物质条件和生活状况的指标,反映了公民获取必要的、促成其互动的物质资源和非物质资源等基本需求保障的机会和途径,涉及收入保障、教育、医疗保健、社会服务、环境、公共卫生和个人安全等资源。

　　衣、食、住、行作为人们赖以生存和发展的物质基础,其中居住是人们生存和生活的基本条件,在人们日常生活中占据着极其重要的地位。改革开放以来,我国城镇居民住房在延续中华人民共和国成立后再分配住房体制的基础上,经过再分配与市场化并轨住房体制,最终走向了市场化住房体制。随着我国城镇居民市场化住房体制的确立,住房由原来的"福利品"性质转变为"商品",并在住房价格短期内急剧攀升的作用下,成为城镇居民财富积累的重要形式,而具有了"投资品"的性质。据相关调查,在目前我国家庭财产的构成中,房产占绝对主导地位,房产在全国家庭平均财产中占了74.4%[1]。反映了它不仅是民生问题同时也是经济问题、社会问题,因而住房状况已成为衡量人们生活质量的一项非常重要的内容。

　　社会保障是以国家或政府为主体,依据法律,通过国民收入的再分配,对公民在暂时或永久丧失劳动能力以及由于各种原因而导致生活困难时给予物质帮助,以保障其基本生活的制度。由社会保险、社会救济、

---

[1] 北京大学中国社会科学调查中心:《当前中国财产不平等程度已经很高》,http://opinion.caixin.com/2014-07-31/100711170.html。

社会福利、优抚安置等组成。其中，社会保险是社会保障的核心内容，在维护社会稳定、保障国计民生方面发挥了重要作用。它内在的风险保障功能可以极大地降低生活中的风险与不确定性，缓解国民生活压力，增强国民"安全感"。相反，国民在社会保险方面的缺失会导致整体福利的下降，生活难以得到保障，生活质量的提升也无从谈起。因此，我们想要判断我国社会质量状况，必须了解我国目前社会保障情况尤其是社会保险享有率，及城乡居民对社会保障状况的评价。

本章主要根据 CSS2017 调查数据，对我国城乡居民的房屋财产状况（包括住房套数、人均住房面积、住房性质、住房价值）、房屋居住状况（包括现居住住房性质、住房产权）、未来购房意愿（包括意愿和用途）及社会保障状况（社会保障享有率、居民满意度、公众认知）的分析。

第一节　城乡居民房屋状况

一　住房套数

据国家统计局的数据，1983 年我国城镇居民家庭住房自有率为 9.4%，而 2008 年我国城镇居民家庭住房自有率达到 87.8%[①]。根据 CSS2017 调查数据显示，目前我国城乡居民家庭绝大多数都拥有自有住房，自有住房率高达 94.8%。其中拥有一套自有住房的占比 78.1%；拥有两套自有住房的占比 14.7%；拥有三套及以上的占比 2.0% 左右；仅有 5.2% 的家庭没有自有住房。

表4—1　　　　　家庭拥有自有住房数量情况表　　　　（单位：%）

自有住房套数	频率	百分比
0	524	5.2
1	7853	78.1
2	1478	14.7
3	160	1.6

---

① 国家统计局网站：《城乡居民生活从贫困向全面小康迈进》，http://www.stats.gov.cn/ztjc/ztfx/qzxzgcl60zn/200909/t20090910_68636.html。

续表

自有住房套数	频率	百分比
4	40	0.4
5	4	0.0
7	1	0.0
合计	10061	100.0

分城乡来看，农村居民的住房自有率高于城镇居民。前者为97%，后者为93.2%，高出3.8个百分点。这主要是农村居民可在自己分配的宅基地上建房，而城市居民除自有住房外，还有租住的居住形式。同时也要看到，城镇居民拥有多套住房的比例要明显高于农村家庭（19.4%：12.9%），这说明城镇居民的自有住房除满足自住的需求，还有一定的投资增值的财产功能。

表4—2　　　　城乡居民家庭自有住房数量比较　　　　（单位：套，%）

	自有住房数量						合计
	0	1	2	3	4	5+	（N）
城镇	6.8	73.8	16.9	1.8	0.6	0.1	100.0 (5883)
农村	3.0	84.0	11.5	1.3	0.1	0.0	100.0 (4179)
合计	5.2	78.0	14.7	1.6	0.4	0.0	100.0 (10062)

注：统计检验 $P<0.01$。

我国住房自有率的区域差距并不明显，大致在93%—96%之间。其中华东、华中南地区的家庭自有住房率最高，达95.3%，而华北、西北、东北地区的家庭自有住房率比全国平均自有住房率略低，低1.4个百分点左右。

但多套住房（2套及以上）的自有率在区域之间和城乡之间存在明显的差异。从区域间看，华东地区的多套房自有率为23.1%，其次为东北地区（18.1%），华中南、西南、西北地区再次，大约在12%—15%之间，华北地区的多套房自有率最低，仅为9.9%。城镇多套房自有率最高的是华东地区，为25%，其次是东北地区（20%），华中南、西南、西北地区再次，在15%—17%之间，华北地区最低（11.7%）；农村多套房自有率也同样，以华东地区为最高（19.1%），其次是东北地区（14.6%），而后为华中南（12.4%）、西南（9.9%）、西北地区（8.5%），华北地区最低，为7.2%。这说明东部高城市化、高收入地区的居民，拥有更多的房产，其经济保障的潜在收益要明显高于其他地区。

表4—3　　六大区域间城乡居民家庭自有住房数量比较　　（单位：套，%）

六大区	城乡	自有住房数量 0	自有住房数量 1	自有住房数量 2+	合计
东北	城镇	6.7	73.3	20.0	100.0
东北	乡村	5.7	79.8	14.6	100.0
东北	合计	6.3	75.5	16.4	18.1
华北	城镇	10.1	78.2	11.7	100.0
华北	乡村	2.3	90.5	7.2	100.0
华北	合计	7.0	83.1	8.6	9.9
华东	城镇	5.8	69.3	25.0	100.0
华东	乡村	2.4	78.5	19.1	100.0
华东	合计	4.6	72.3	19.9	23.1
华中南	城镇	6.7	77.0	16.4	100.0
华中南	乡村	2.4	85.2	12.4	100.0
华中南	合计	4.7	80.8	12.6	14.5
西南	城镇	7.3	75.8	16.9	100.0
西南	乡村	2.7	87.4	9.9	100.0
西南	合计	4.9	81.9	11.9	13.2
西北	城镇	8.4	76.0	15.6	100.0
西北	乡村	4.5	87.0	8.5	100.0
西北	合计	6.6	81.2	11.3	12.3

续表

六大区	城乡	自有住房数量			合计
		0	1	2+	
合计	城镇	6.8	73.8	19.5	100.0
	乡村	3.0	84.0	12.9	100.0
	合计	5.2	78.0	14.7	16.7

注：统计检验 $P<0.01$。

从住房所在地区类型来看，CSS2017 调查数据显示两个有趣的发现：（1）大多数购置第二套住房（简称新房）的居民，会选择与第一套住房（简称旧房）相同的地区类型。比如，旧房在直辖市城区的家庭，其新房有 86.4% 同样购置在直辖市城区；旧房在省会城区的家庭，购置的新房有 90% 也在省会城市。同地区购置新房比例最低的是农村，也占到了 67.7%。（2）农村和乡镇的居民，呈现出在更高层级地区类型购置新房的趋势。旧房在农村而购置新房的家庭中，除在农村购置新房的比例最高外，还有 13.5% 的家庭选择在县城购置，有 9% 选择在地级市或县级市城区，有 7.1% 选择乡镇购置新房。同样，旧房在乡镇的居民家庭，也有 20.5% 选择在地级市县级市城区或县城购新房。这种购置新房的"向上流动"趋向，体现了城市化对乡村居民的吸附力。居住在农村和乡镇的居民更愿意通过购置新房进入县城或市区，改善居住环境，分享城市资源。

表 4—4　　　　旧房所在地与新房所在地的分布情况　　　　（单位：%）

		新房所在地						
		直辖市城区	省会城区	地县级市城区	县城	乡镇	农村	总计
旧房所在地	直辖市城区	86.4	3.7	7.5	2.4	0.0	0.0	100.0
	省会城区	1.1	90.1	4.3	0.5	0.0	4.0	100.0
	地县级市城区	0.8	4.4	88.3	0.4	1.7	4.3	100.0
	县城	2.4	5.9	5.0	79.1	1.7	5.9	100.0
	乡镇	1.3	7.4	10.5	10.0	66.8	3.9	100.0
	农村	0.6	2.1	9.0	13.5	7.1	67.7	100.0
	总计	3.5	9.5	23.6	18.1	8.7	36.7	100.0

注：旧房、新房按购房时间划分。

二 人均住房面积

适量的住房面积是实现家庭住宅适用性，满足家庭成员日常居住需求的基本要求，能体现一个家庭的整体生活质量。住房面积越大，生活起居功能体现得越全面，住房舒适性、适用性体现得越丰富。CSS2017 调查数据显，2017 年居民家庭人均建筑面积为 49.54 平方米。区域之间存在着一定的差距。其中，东北地区人均住房面积最大，为 58.3 平方米，高于全国人均住房面积 8.76 平方米；其次是华东、西北、华北、华中南、西南地区，分别为 54.23 平方米、49.79 平方米、46.36 平方米、44.84 平方米、43.7 平方米。分城乡看，由于农村住宅建筑面积以宅基地为基准测算，因此城市居民人均住房面积均低于农村居民人均住房面积，平均低 3.71 平方米。其中东北地区的农村以人均住房面积 71.5224 平方米明显高于其他地区，这与东北农村的地广人稀的地理环境不无关系。也正是因此，抬高了东北地区住房面积和全国各地的差距。主要是农村人均住房面积大。

表4—5　　　　六大区域间城乡家庭人均拥有自有住房情况　　（单位：平方米）

六大区	城乡	均值	N	标准差
东北	城镇	51.39	783	48.64
	乡村	71.52	410	90.34
	总计	58.30	1193	66.65
华北	城镇	39.94	406	48.30
	乡村	55.18	296	64.53
	总计	46.36	702	56.18
华东	城镇	52.51	1827	44.02
	乡村	57.56	940	48.54
	总计	54.23	2767	45.66
华中南	城镇	45.08	1467	41.95
	乡村	44.56	1317	38.87
	总计	44.84	2784	40.51

续表

六大区	城乡	均值	N	标准差
西南	城镇	43.35	647	34.50
	乡村	44.00	762	44.65
	总计	43.70	1409	40.29
西北	城镇	46.51	338	34.56
	乡村	53.31	314	49.39
	总计	49.79	652	42.46
总计	城镇	47.97	5469	43.16
	乡村	51.68	4038	53.03
	总计	49.54	9507	47.64

从城乡属性看，城乡接合区的人均住房面积明显高于主城区、镇中心新区，比全国平均人均住房面积高7.22平方米。城乡接合区是指兼具城市和农村土地利用性质的城市与乡村的过渡地带，又称城市边缘地区。因为远离城市中心，在房价上远远低于市中心房价，决定了人们有更大能力购买较大面积的住房。近年来，随着改革开放的进一步深化，我国城市化日益加快，城乡接合部迅速崛起，成为城市发展过程中的新亮点。城乡接合区作为"农村之首，城市之尾"，是城乡协调发展的重要纽带，未来发展前景美好。

表4—6　　　　　城乡属性与人均住房面积情况　　　　（单位：平方米）

2017 村居城乡属性	均值	标准差	N
主城区	44.77	37.32	2763
城乡接合区	56.76	53.62	539
镇中心区	48.34	45.39	1527
镇乡接合区	52.28	47.48	588
特殊区域	67.02	66.53	52
乡中心区	69.18	102.18	275
村庄	50.40	47.25	3762
总计	49.54	47.64	9507

三 住房性质

CSS2017调查数据显示,由于农业户籍人口在我国占比仍然居高,因此全国而言自有住房的性质依然以自建住房为主,在所有住房中占62.3%。农村地区自有住房中自建住房占比高达89.1%以上,城镇地区(直辖市、省会城市、县级市、县城)自有住房性质主要以商品房为主,占比为50%以上。可知,商品房已成为城镇地区居民自有住房的最主要来源。

表4—7　　　　　　住房所在区自有住房性质　　　　　（单位:%）

	自建住房	购买商品房	购买保障房	购买原公房	购买小产权房	购买农村私有住房	其他	合计
直辖市城区	7.2	61.9	5.5	14.9	1.8	0.3	8.4	100.0
省会城市城区	10.9	64.6	5.2	10.4	3.1	0.4	5.3	100.0
地/县级市城区	17.2	61.2	3.7	6.8	3.3	0.4	7.4	100.0
县城	30.4	51.6	3.0	6.5	3.1	1.7	3.8	100.0
市/县城城区以外的镇	48.4	38.3	1.7	1.9	1.8	1.3	6.8	100.0
农村	89.1	6.2	0.7	0.2	0.6	2.0	1.3	100.0
	62.3	26.5	1.6	3.5	1.4	1.5	3.2	100.0
计次	7154	3038	188	396	166	171	363	11476

目前我国城镇居民自有住房的市场化程度得到快速提高。从购买或自建住房时间看,我国在不同时间段内,都是以自建住房性质为主,其次是商品房性质;自建住房性质的占比呈下降的趋势,而商品房性质的占比呈不断上升趋势,且增速变大,二者差距急剧缩小。其中,1980年以前自有住房和商品房分别占比是82.8%、8.3%;1981—1990年自有住房和商品房分别占比是78.5%、12.4%;1991—2000年自有住房和商品房分别占比是66.6%、21.2%;2001年以后自有住房和商品房分别占比是49.7%、37.4%。

表 4—8　　　　　购房时间分组与自有住房性质情况表　　　　　（单位：%）

	自建住房	购买商品房	购买保障房	购买原公房	购买小产权房	购买农村私有住房	其他	总计
1980 年以前	82.8	8.3	0.6	2.8	0.8	1.5	3.1	100.0
1981—1990 年	78.5	12.4	0.7	3.6	0.7	1.9	2.2	100.0
1991—2000 年	66.6	21.2	1.2	6.4	1.2	1.2	2.2	100.0
2001 年以后	49.7	37.4	2.6	2.5	2.1	1.5	4.2	100.0
计次	6903	2963	188	385	163	165	337	9164

我国城镇保障性住房分配存在明显不平等。保障性住房是指政府为中低收入住房困难家庭所提供的限定标准、限定价格或租金的住房。CSS2017 数据显示，购买保障性住房中，高收入家庭的占比明显高于低收入家庭。最低收入组仅占 1.4%，中等收入组占 3.5% 左右，高收入组占 2.4% 左右。说明随着保障性住房建设的推进，其中的问题也不断暴露。

表 4—9　　　　　　家庭总收入与住房性质情况　　　　　　（单位：%）

	自建住房	购买商品房	购买保障房	购买原公房	购买小产权房	购买农村私有住房	其他	总计
最低收入 20%	70.8	18.8	1.4	2.5	1.3	2.4	2.9	100.0
中低收入 20%	61.6	25.1	1.8	4.7	1.5	1.4	3.9	100.0
中等收入 20%	45.7	33.8	3.5	6.8	2.5	1.7	6.0	100.0
中高收入 20%	40.9	41.7	3.3	5.4	1.9	1.2	5.6	100.0
高收入 20%	31.7	54.3	2.4	5.0	1.8	0.8	3.9	100.0
计次	763	925	38	81	33	16	63	1348

四　住房价值情况

CSS2017 数据显示，我国居民家庭住房的名义增值平均在 4 倍左右。分城乡看，城市居民住房增值情况是农村居民的 1 倍多。其中城市居民的住房现价值平均是购房（或建房）时价值的 4.83 倍，农村居民的住房现价值平均是购房（或建房）时价值的 2.96 倍。说明城市居民的住房增值状况要远远优于农村居民的住房。

表 4—10　　　　　城乡居民住房增值情况　　　　　（单位：倍）

城乡	均值	标准差	N
城镇	4.83	18.72	4888
乡村	2.96	13.79	3666
总计	4.03	16.81	8554

数据显示，各区域间住房增值情况存在明显差异化。其中东北地区住房增值最为明显，平均为购房（或自建）价值的 7.8 倍；其次是华东地区，平均为购房（或自建）价值的 4.7 倍；西南地区，平均为购房（或自建）价值的 3.2 倍；华中南地区，平均为购房（或自建）价值的 3.1 倍；华北地区，平均为购房（或自建）价值的 2.4 倍；住房增值最低的地区是西北地区，平均为购房（或自建）价值的 1.7 倍。

表 4—11　　　　　六大区域住房增值情况　　　　　（单位：倍）

六大区	均值	标准差	N
东北	7.80	33.69	1052
华北	2.36	6.81	638
华东	4.71	19.15	2469
华中南	3.18	8.22	2505
西南	3.21	7.95	1309
西北	1.67	4.93	580
总计	4.03	16.81	8554

分城乡属性看，CSS2017 数据显示，主城区住房增值最为明显，平均为购房（或自建）价值的 6.4 倍；其次是城乡接合区，平均为购房（或自建）价值的 4.1 倍；镇中心区、镇乡接合区，平均都为购房（或自建）价值的 3 倍；乡中心区、村庄，平均为购房（或自建）价值的 2.9 倍左右。

表4—12　　　　　　　　城乡属性间住房增值情况　　　　　　　（单位：倍）

城乡属性	均值	标准差	N
主城区	6.45	24.91	2441
城乡接合区	4.08	11.90	472
镇中心区	3.04	8.43	1405
镇乡接合区	3.06	5.97	522
特殊区域	1.81	2.92	48
乡中心区	2.78	5.12	247
村庄	2.97	14.21	3419
总计	4.03	16.81	8554

在房地产价格大幅飙升的背景下，城镇地区居民自有住房的资产价值快速提高。CSS2017数据显示，从没有增值情况看，直辖市地区占8.5%，省会城市占5.7%，地/县级城市地区占9.1%，县城占8.7%，市/县城城区以外的镇占11.8%，农村占12.5%；从增值9倍及以上看，直辖市地区占29.3%，省会城市占13.0%，地/县级城市地区占9.5%，县城占8.3%，市/县城城区以外的镇占9.5%，农村占9.3%

表4—13　　　　　　　　居住所在地与住房增值情况　　　　　　　（单位：%）

	城乡自有住房增值情况						
	没有增值	增值1—2倍	增值3—4倍	增值5—6倍	增值7—8倍	增值9倍及以上	合计（N）
直辖市城区	8.5	47.9	5.6	4.7	4.0	29.3	100.0（295）
省会城市城区	5.7	69.8	8.1	2.2	1.3	13.0	100.0（528）
地/县级市城区	9.1	65.6	9.5	4.7	1.6	9.5	100.0（1781）
县城	8.7	69.1	8.2	4.7	1.1	8.3	100.0（1316）
市/县城城区以外的镇	11.8	66.0	8.0	3.0	1.7	9.5	100.0（633）
农村	12.5	63.5	9.4	4.0	1.3	9.3	100.0（5876）

从自有住房性质看,除了自建房,增值幅度最大的是商品房,其次是购买原公房。CSS2017 数据显示,从增值 9 倍及以上看,自建房占 75.7%,其次商品房占 11.9%,原公房占 11.5%,小产权房占 1.4%。说明城镇居民住房市场化体制为人们住房自有产权的获得提供了新的渠道,但就城镇居民自有住房增值情况看,以原有再分配体制为基础而获得的原公房和以公共产品性质进入住房市场的自有产权保障性住房,在进入市场交易下具有了极高幅度的获利空间。

表 4—14　　　　　　不同性质住房增值情况　　　　　　（单位:%）

		自有住房性质							总计(N)
		自建住房	购买商品房	购买保障房	购买原公房	购买小产权房	购买农村私有住房	其他	
住房增值情况	没有增值	76.4	25.4	1.9	2.9	1.5	3.1	2.8	100.0(1003)
	增值1—2倍	75.3	40.3	1.7	2.8	2.1	1.8	2.5	100.0(5328)
	增值3—4倍	78.3	27.1	2.5	5.0	1.9	2.3	1.9	100.0(787)
	增值5—6倍	73.9	25.5	1.3	7.1	0.3	1.6	4.8	100.0(370)
	增值7—8倍	74.6	19.9	3.1	11.7	0.5	2.6	5.5	100.0(124)
	增值9倍及以上	75.7	11.9	3.3	11.5	1.4	0.7	6.1	100.0(943)

五　自有住房产权情况

在 CSS2017 调查中发现,居民家庭拥有的所有自有住房数量中,产权属于受访者本人的占比为 50.1%。自古以来房产就是家庭财产的重要组成部分,是家庭财富的象征。大量实证研究表明,拥有住房产权的家庭比租房家庭有更高的主观幸福感。所以是否拥有自有住房产权关系到一个家庭的经济状况和主观幸福感。表 4—15 数据显示,在我国居民家庭中男性更多地拥有住房产权。我国 51.4% 的男性在家庭中拥有自有住房产权；38% 的女性拥有住房产权。因为在我国户主一般是男性，拥有家庭自有住房产权。

表4—15　　　　　不同性别住房产权所有者情况　　　　（单位：%）

	自有住房所有者 否	自有住房所有者 是	总计
男	48.6	51.4	100.0
女	62.0	38.0	100.0
N	5726	5750	9536

六　现居住住房状况

现居住住房，在 CSS 调查中指的是调查时点受访者实际居住的住房；而自有住房是受访者家庭拥有的住房，但不一定是调查时实际居住的住房。对于外出务工的迁移人口，这两种住房很可能是不一致的。比如有位受访者在户籍所在地有自有住房，但调查时现居住住房可能在外出务工所在地。

住房来源趋于多元，但仍以自建为主，租赁住房出现明显上升趋势。根据 CSS2017 数据显示，目前居民现居住住房以自有住房为主，占 87.4% 左右；其次是租/住私人住房，占 6.1%；租/住廉租房，占 2.9%；租/住亲友房，占 1.6%。具体租赁住房方面，主城区占 16.6%，城乡接合区占 25.3%，镇中心区占 10.6%，镇乡接合区占 3.7%，特殊区域占 13%，乡中心区占 12.4%，村庄占 4.6%。主要是外来人口进城打工，大多选择在主城区、城乡接合区租赁房屋。所以城市地区的居民租房现象明显高于农村地区的居民家庭。租赁住房在我国拥有广阔的发展市场。随着城镇化进程的加快，一线城市限购政策的纷纷出台，房价的节节攀升，以及国家"购租并举"等相关政策的出台，都为租赁市场提供了发展机遇。尤其我国目前堪称天价的房价，且经济发达地区流动人口剧增，都决定了租赁住房的发展将有大的作为。

表4—16　　　　　城乡属性与目前居民住房性质　　　　（单位：%）

	目前居住住房性质						合计(N)
	自有住房	租/住廉租房	租/住亲友房	租/住私人房	集体宿舍	其他（请说明）	
主城区	80.8	4.3	2.2	10.2	0.7	1.8	100(3012)
城乡接合区	71.0	7.3	0.3	17.7	1.9	1.7	100(572)
镇中心区	87.5	3.9	1.8	4.9	0.4	1.6	100(1635)
镇乡接合区	94.3	1.8	0.8	2.1	0.3	0.7	100(612)
特殊区域	87.0	7.4	0	5.6	0	0	100(54)
乡中心区	86.0	3.7	2.7	6.0	0.7	1.0	100(299)
村庄	93.9	0.9	1.4	2.3	0.8	0.6	100(3878)
合计	87.4	2.9	1.6	6.1	0.7	1.2	100(10062)

第二节　城乡居民购房意愿

一　未来购房意愿

CSS2017数据显示，目前我国居民购房意愿并不强烈，占比75%，目前我国16.7%居民家庭有购房的想法，但三年内不打算购买，8.3%的居民家庭打算在三年内购买住房。

分城乡看，城市居民家庭在购房意愿上高于农村居民家庭。打算在近三年内购房的居民家庭，城市比乡村高2.1个百分点。购房意愿情况，城市居民家庭26.3%有购房意愿；农村居民家庭23.1%有购房意愿。

表4—17　　　　　　　　城乡居民未来购买住房意愿　　　　　　（单位：%）

	打算三年内购买	有购房的想法，但三年内不打算购买	没有购买住房的想法	合计（N）
城镇	9.1	17.2	73.7	100.0 (5884)
乡村	7.0	16.1	76.0	100.0 (4177)
合计	8.3	16.7	75.0	100.0 (10061)

分区域看，我国购房意愿存在明显的区域差距。CSS2017数据显示，打算在三年内购房的，东北地区占10.6%，华东地区占9.8%，西北地区占8.3%，华中南地区占7.5%，华北地区占7.4%，西南地区占4.9%。可知，东北、华东地区居民购房意愿较强，而西南地区居民购房意愿最弱。

表4—18　　　　　　　　六大区域购买住房意愿情况　　　　　　（单位：%）

		是否有购买住房打算			合计（N）
		打算三年内购买	有购房的想法，但三年内不打算购买	没有购买住房的想法	
六大区域	东北	10.6	16.1	73.3	100.0 (1279)
	华北	7.4	9.1	83.5	100.0 (759)
	华东	9.8	18.2	72.0	100.0 (2912)
	华中南	7.5	19.1	73.4	100.0 (2927)
	西南	4.9	13.6	81.5	100.0 (1481)
	西北	8.3	16.8	74.9	100.0 (701)
合计		8.3	16.7	75.0	100.0 (10059)

CSS2017 数据显示，目前无自有住房的居民家庭购房意愿最强，其次是拥有两套以上的居民家庭。整体上看，我国没有购买住房想法的居民家庭占 75%；有购房想法，但三年内不打算购房的占 16.7%；打算三年内购房的占 8.2%。具体 0 套自有住房者，有购房想法的占比超过 1/3；其中打算三年内购买的占 13.9%；有购房想法，但三年内不打算购房的占比超过 1/4。拥有 1 套自有住房者，有购房想法的占比为 1/4 左右；其中打算三年内购买的占 7.5%；有购房想法，但三年内不打算购房的占比超过 17%。拥有 2 套自有住房及以上者，有购房想法的占比超过 1/4；其中打算三年内购买的占 9.7%；有购房想法，但三年内不打算购房的占比超过 13.6%。因为住房是人们生存和生活的基本条件，在人们日常生活中占据极其重要的地位，所以没有自有住房的居民家庭更渴望购买住房。

表 4—19　　　　自有住房套数与购买住房意愿情况　　　　（单位：%）

		是否有购买住房打算			合计 （N）
		打算三年内购买	有购房的想法，但三年内不打算购买	没有购买住房的想法	
自有住房套数	0	13.9	22.7	63.4	100.0 (524)
	1	7.5	17.0	75.5	100.0 (7853)
	2 +	9.7	13.6	76.7	100.0 (1683)
	合计	8.2	16.7	75.0	100.0 (10060)

二 购房原因

从购房原因看，最主要的是为自己（或子女）成家购置婚房，占比为 47.2%；其次是改善现有居住条件购房，占比为 40.7%；为投资升值购房的占 3.1%。

表4—20　　　　　　　打算购买住房的最主要原因　　　　　　（单位：%）

	频率	百分比
改善现有居住条件购房	1022	40.7
为自己（或子女）成家购置婚房	1186	47.2
为投资升值购房	77	3.1
其他	227	9.0
合计	10061	100.0

从收入看，不同收入组间购房原因都是为自己（或子女）成家购置婚房。CSS2017数据显示，为自己（或子女）成家购置婚房，低收入户20%的家庭占45.1%，中等收入户20%的家庭占49.9%左右，高收入户20%的家庭占48.5%。说明我国为自己（或子女）成家购置婚房是不同收入家庭的普遍原因。家庭收入越低的居民越注重改善现有居住条件。最低收入20%的占43.4%，中低收入20%的占42%，中等收入20%的占40.4%，中高收入20%的占38.8%，高收入20%的占37.1%。

表4—21　　　　　　不同收入家庭的未来购房意愿情况　　　　　　（单位：%）

		打算购买住房的最主要原因				合计（N）
		改善现有居住条件购房	为自己（或子女）成家购置婚房	为投资升值购房	其他	
家庭总收入5等份	低收入户20%	43.4	45.1	2.6	8.9	100.0 (587)
	中低收入户20%	42.0	46.0	3.3	8.8	100.0 (522)
	中等收入户20%	40.4	49.9	2.1	7.6	100.0 (485)
	中高收入户20%	38.8	47.4	3.3	10.4	100.0 (479)
	高收入户20%	37.1	48.5	4.3	10.2	100.0 (394)
合计		40.7	47.3	3.0	9.0	100.0 (2509)

随着家庭自有住房数量的增多，为改善现有居住条件购房这一目的随之下降，而其他目的如为了投资升值购房出现明显上升。CSS2017 数据显示，无自有住房的居民购房原因主要是为了改善现有居住条件，占64.8%，其次是为自己（或子女）成家购置婚房，占 30.1%；拥有 1 套自有住房的家庭，为改善现有居住条件购房的占 39.6%，拥有 2 套及以上的家庭，为改善现有居住条件购房的占 34.1%，为投资升值购房占8.4%，比拥有 1 套自有住房的高 6.1%。当人们解决了基本的生活需求时，住房将更多的用于其他目的，以实现住房价值最大化。

表4—22　　　　自有住房套数与家庭的未来购房意愿情况　　　（单位：%）

		是否有购买住房打算				合计（N）
		改善现有居住条件购房	为自己（或子女）成家购置婚房	为投资升值购房	其他	
自有住房套数	0	64.8	30.1	0	5.2	100.0 (193)
	1	39.6	49.4	2.3	8.8	100.0 (1926)
	2+	34.1	45.3	8.4	12.2	100.0 (393)
	合计	40.6	47.3	3.1	9.0	100.0 (251)

第三节　城乡社会保障状况

社会保障是指国家或政府为主体，依据法律，通过国民收入的再分配，对公民在暂时或永久丧失劳动能力以及由于各种原因而导致生活困难时给予物质帮助，以保障其基本生活的制度。在我国目前社会保障主要有社会保险、社会救济、社会福利、优抚安置等。在 CSS 中我们就居民享有的社会保障状况，从养老、医疗、失业、工伤、生育、城乡最低生活保障几个方面加以描述。

据人力资源和社会保障部的统计数据，截至 2017 年年底，全国基本养老保险、基本医疗保险、失业保险、工伤保险、生育保险的参保人数分别为 91548 万人、117681 万人、18784 万人、22724 万人、19300 万人，分别比 2016 年底增加 2771 万人、43289 万人、695 万人、835 万人和 849 万人。其中，参加职工基本医疗保险人数 30323 万人，比上年末增加 791 万人；参加城乡居民基本医疗保险人数为 87359 万人，比上年末增加 42499 万人。

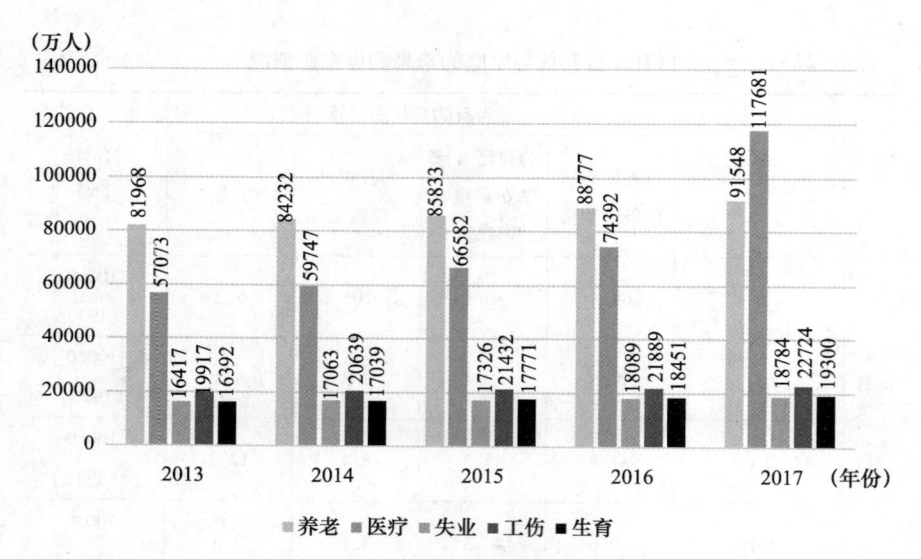

图 4—1 2013—2017 年我国社会保险参保人数

一 社会保障享有率

CSS2017 数据显示，目前我国各类社会保险中，首先医疗保险的享有率最高，在 18—69 周岁的人口中，享有率接近 80%。其次为养老保险，享有率接近 50%。再次为工伤险和失业险，分别为 12.7% 和 11.3%。生育险享有率最低，仅为 8.8%。还有 4.2% 的居民家庭享有城乡最低生活保障。

城乡在社会保障享有上存在明显差异。除医疗保险外，养老保险、失业保险、工伤保险、生育保险的享有率城镇居民远高于农村居民。如养老保险，城镇居民享有率为 52.1%，高于农村 7.4 个百分点；失业保险城镇居民享有率为 15.7%，高于农村 10.6 个百分点；工伤保险城镇享有率为 16.7%，高于农村 9.6 个百分点；生育保险城镇居民享有率为 12.2%，也高于农村 8.2 个百分点。城乡最低生活保障城乡差距不大，城镇享有率为 3.3%，低于农村 2.3 个百分点。

表 4—23　　　　　　2017 年我国社会保障享有情况　　　　（单位：人，%）

	2017 年社会保障享有率					
	城镇		农村		全国	
	人数	享有率	人数	享有率	人数	享有率
养老保险	3063	52.1	1864	44.7	4927	49.0
医疗保险	4589	78.1	3429	82.2	8018	79.8
失业保险	921	15.7	213	5.1	1134	11.3
工伤保险	982	16.7	297	7.1	1279	12.7
生育保险	715	12.2	166	4.0	881	8.8
城乡最低生活保障	193	3.3	232	5.6	425	4.2

我国社会保障享有状况也存在着区域间的不平衡。养老保险，西北地区居民享有率最高，为 66.3%，华东地区为 54.1%，西南地区为 53.1%，东北地区为 49.6%，高于全国平均享有率；华北和华中南地区享有率较低，分别为 43.1% 和 39.1%，低于全国水平。医疗保险西北地区享有率最高，为 88.9%，西南为 82.5%、华中南为 80.8%、华东为 80.1%，高于全国平均享有率；东北和华北地区低于全国水平，分别为 73.8% 和 71.0%。失业保险享有率以华东地区最高（15.7%,）明显高于全国平均水平，而其余地区均低于全国水平。工伤保险享有率高于全国水平的有华东地区为 17.2%、东北地区为 13.5%；华中南、西北、西南、华北地区，均低于全国水平。生育保险享有率华东地区和东北地区最高，分别为 12.3% 和 8.9%；华中南、华北、西南和西北地区均在 7% 以下，低于全国水平。城乡最低生活生活保障的区域差距不大，相比而言，西北为 8.3%、西南为 5.9%、华北为 5.3%、东北为 4.7%，要高于全国平均水平；华东和华中南低于全国水平。

表 4—24　　　　　　　　2017 年我国社会保障享有情况　　　　　（单位：人，%）

	2017年社会保障享有率													
	东北		华北		华东		华中南		西南		西北		全国	
	人数	享有率	人数	享有率	人数	享有率	人数	享有率	人数	享有率	人数	享有率	人数	享有率
养老保险	633	49.6	327	43.1	1574	54.1	1143	39.1	786	53.1	465	66.3	4928	49.0
医疗保险	943	73.8	539	71.0	2331	80.1	2362	80.8	1222	82.5	623	88.9	8020	79.8
失业保险	135	10.6	73	9.6	458	15.7	287	9.8	127	8.6	54	7.7	1134	11.3
工伤保险	172	13.5	67	8.8	500	17.2	322	11.0	142	9.6	76	10.8	1279	12.7
生育保险	114	8.9	54	7.1	358	12.3	211	7.2	103	7.0	40	5.7	880	8.8
城乡最低生活保障	60	4.7	40	5.3	93	3.2	86	2.9	88	5.9	58	8.3	425	4.2

二　养老保险享有情况

养老保险，全称社会基本养老保险，是国家和社会根据一定的法律和法规，为保障劳动者在达到国家规定的解除劳动义务的劳动年龄界限，或因年老丧失劳动能力退出劳动岗位后的基本生活而建立的一种社会保险制度。它是社会保障体系中不可缺少的一部分，也是我国五大险种（即基本养老保险、失业保险、基本医疗保险、工伤保险、生育保险）之一，为离退休人群的基本生活水平提供了一定程度的保障。我国现行的基本养老保险制度包括两个部分：城镇职工养老保险和城乡居民社会养老保险。在此之前我国的养老保险制度由四个部分组成，新型农村社会养老保险（以下简称"新农保"）与城镇居民社会养老保险（以下简称"城居保"）、机关事业单位养老保险、城镇职工基本养老保险（郑功成，2013）。在"十二五"时期，基本养老保险制度改革进程加快，2014 年国务院将"新农保"与"城居保"统一为城乡居民养老保险合并实施，在 2015 年实现城镇职工养老保险与行政事业单位退休制度并轨，取消"双轨制"。

CSS2017 数据显示，由于我国养老保险还存在城乡制度"碎片化"，各类的养老保险在城乡居民间的差异也甚为明显。具体而言，在各类社会养老保险中，农村社会养老保险的享有率最高，为 46%，其中农村居民中的覆盖率达到了 72.0%，城镇居民为 30.2%；城镇职工基本养老保险享有率位居第二位，为 38.3%，其中城镇为 50.7%，农村为 18.0%；全国城乡基本养老保险享有率为 13.2%，其中城镇为 15.0%，农村为 10.3%；离退休金享有率为7.8%，其中城镇为10.4%，农村为3.5%。调查数据还显示，养老保险存在着一定的重复参保现象，即一部分农村居民既参加了"新农保"，也在工作的城市享有了其他社会养老保险，重复参保率为9.6%。

表4—25　　　　　　　城乡养老保险享有情况　　　　　（单位：人，%）

	2017年养老保险享有率					
	城镇		农村		全国	
	人数	享有率	人数	享有率	人数	享有率
城镇职工基本养老保险	1549	50.7	333	18.0	1882	38.3
城乡基本养老保险	459	15.0	191	10.3	650	13.2
离退休金	318	10.4	65	3.5	383	7.8
农村社会养老保险	924	30.2	1334	72.0	2258	46.0

养老保障类型也存在着一定的性别差异。主要表现在城镇职工基本养老保险和农村社会养老保险两个险种上。前者男性享有率为41.2%，高出女性6.1个百分点；后者女性享有率为47.5%，高于男性2.8个百分点。

表4—26　　　　　不同性别社会养老保险享有情况　　　　（单位：人，%）

	2017年养老保险享有率					
	男		女		全国	
	人数	享有率	人数	享有率	人数	享有率
城镇职工基本养老保险	1076	41.2	807	35.1	1883	38.3
城乡基本养老保险	316	12.1	335	14.6	651	13.3
离退休金	191	7.3	192	8.3	383	7.8
农村社会养老保险	1167	44.7	1092	47.5	2259	46.0

不同收入水平和养老保险的享有之间也存在一定的关联。养老保障类型也存在着一定的性别差异。主要表现在城镇职工基本养老保险和农村社会养老保险两个险种上。CSS2017 数据显示，城镇职工基本养老保险年收入 50001 元及以上的群体享有率最高，为 68.8%，5000 元及以下享有率最低，为 5.5%；城乡基本养老保险，其中 5000 元及以下享有率为 9.1%，5001—18000 元为 15.9%，18001—30000 元为 14.1%，30001—50000 元为 11.2%，50001 元及以上为 11.6%；离退休金 50001 元及以上享有率最高，为 8.9%，5000 元及以下享有率最低，为 1.7%；农村社会养老保险 5000 元及以下享有率最高，为 85.7%，50001 元及以上的享有率最低，为 18.4%。

表 4—27　　　　不同收入群体社会养老保险享有情况　　　（单位：人，%）

	2017 年养老保险享有率									
	≤5000		5001—18000		18001—30000		30001—50000		50001+		合计	
	人数	享有率	人数	享有率	人数	享有率	人数	享有率	人数	享有率	人数	享有率
城镇职工基本养老保险	45	5.5	111	14.6	429	43.5	561	61.4	625	68.8	1771	40.4
城乡基本养老保险	74	9.1	121	15.9	139	14.1	102	11.2	105	11.6	541	12.3
离退休金	14	1.7	37	4.9	134	13.6	107	11.7	81	8.9	373	8.5
农村社会养老保险	696	85.7	518	68.0	341	34.5	224	24.5	167	18.4	1946	44.4

数据显示，我国社会养老保险享有情况呈现出区域不平衡。如城镇职工基本养老保险享有率华北、华东、东北地区较高，分别为 48.5%、45.8% 和 42.9%，华中南为 37.6%，而西南、西北地区的享有率仅为 25% 左右。城乡基本养老保险享有率以华东、华中南和华北为高，分别为 15.8%、14.3% 和 14.2%，西南、东北和西北地区则较低，分别为 12.1%、9.2% 和 9.0%。离退休金享有率以华北地区最高，为 19.1%，是享有率最低的西南地区的 6 倍多。农村社会养老保险享有率西北和西南地区最高，分别为 63.9% 和 62.2%，华东和华北地区最低，分别为 36.6% 和 30.6%。

表4—28　　　　　　　六大区域社会养老保险享有情况　　　　　（单位：人，%）

	2017年养老保险享有率											
	东北		华北		华东		华中南		西南		西北		全国	
	人数	享有率	人数	享有率	人数	享有率	人数	享有率	人数	享有率	人数	享有率	人数	享有率
城镇职工基本养老保险	271	42.9	157	48.5	717	45.8	429	37.6	192	24.5	117	25.2	1883	38.3
城乡基本养老保险	58	9.2	46	14.2	247	15.8	163	14.3	95	12.1	42	9.0	651	13.3
离退休金	77	12.2	62	19.1	122	7.8	78	6.8	24	3.1	20	4.3	383	7.8
农村社会养老保险	259	41.0	99	30.6	573	36.6	544	47.4	487	62.2	297	63.9	2259	46.0
社会养老保险重复享有	665	5.3	364	2.4	1659	6.0	1214	6.1	798	1.9	476	2.4	5179	5.4

三　医疗保险或公费医疗享有情况

医疗保险一般指基本医疗保险，是为了补偿劳动者因疾病风险造成的经济损失而建立的一项社会保险制度。通过用人单位与个人缴费，建立医疗保险基金，参保人员患病就诊发生医疗费用后，由医疗保险机构对其给予一定的经济补偿。我国的医疗保险类型主要有城镇职工医疗保险、城镇居民医疗保险、新型农村合作医疗。

CSS2017数据显示，我国城乡医疗保险享有情况存在差异。具体而言，在各类医疗保险中，全国新型农村合作医疗保险享有率最高，为62.0%，其中城镇为45.9%，农村为83.6%；全国城镇职工基本医疗保险享有率位居第二位，为23.4%，其中城镇为34.1%，农村为9.1%；全国城镇居民基本医疗保险享有率为14.3%，其中城镇为19.7%，农村为7.1%；全国城乡居民大病保险享有率为2.2%，其中城镇为2.7%，农村为1.7%；全国公费医疗享有率为2.0%，其中城镇为2.5%，农村为1.3%。调查数据还显示，医疗保险存在着一定的重复参保现象，主要是新型农村合作医疗保险与城镇职工基本医疗保险的重复享有，重复参保率为7.2%。

不同收入水平和医疗保险的享有之间也存在一定的关联。收入越高，城镇职工基本医疗保险、公费医疗、大病保险的享有率越高；而收入越低，新型农村合作医疗保险的享有率越高且享有率高于其他类型的医疗保险。CSS2017数据显示，在各类医疗保险中，新型农村合作医疗保险

表4—29　　　　城乡我国医疗保险或公费医疗享有情况　　　（单位：人，%）

	2017年医疗保险或公费医疗享有率					
	城镇		农村		全国	
	人数	享有率	人数	享有率	人数	享有率
城镇职工基本医疗保险	1559	34.1	312	9.1	1871	23.4
城镇居民基本医疗保险	900	19.7	243	7.1	1143	14.3
公费医疗	113	2.5	45	1.3	158	2.0
新型农村合作医疗保险	2097	45.9	2853	83.6	4950	62.0
城乡居民大病保险	122	2.7	57	1.7	179	2.2

5000元及以下享有率最高，为89.1%，50001元及以上享有率最低为34.4%；城镇职工基本医疗保险5000元及以下享有率最低为2.8%，而50001元及以上享有率最高，为53.9%；城镇居民基本医疗保险5000元及以下享有率最低，为7.9%，5001—18000元为13.5%，18001—30000元为14.7%，30001—50000元为11.1%，50001元及以上为12.3%；城乡居民大病保险5001—18000元享有率最低，为1.9%，50001元及以上享有率最高，为2.9%；公费医疗50001元及以上享有率最高，为4.3%，是享有率最低的5000元及以下的8倍多。

表4—30　　　不同收入群体我国医疗保险或公费医疗享有情况　　（单位：人，%）

	2017年医疗保险或公费医疗享有率										
	≤5000		5001—18000		18001—30000		30001—50000		50001+		合计
	人数	享有率	人数	享有率	人数	享有率	人数	享有率	人数	享有率	人数	享有率
城镇职工基本医疗保险	38	2.8	101	7.6	441	30.6	567	45.8	629	53.9	1776	27.1
城镇居民基本医疗保险	109	7.9	181	13.5	212	14.7	138	11.1	143	12.3	783	11.9

续表

	2017年医疗保险或公费医疗享有率										
	≤5000		5001—18000		18001—30000		30001—50000		50001+		合计
	人数	享有率	人数	享有率	人数	享有率	人数	享有率	人数	享有率	人数	享有率
公费医疗	7	0.5	13	1.0	33	2.3	36	2.9	50	4.3	139	2.1
新型农村合作医疗保险	122	89.1	1047	78.4	781	54.2	540	43.5	401	34.4	3995	60.9
城乡居民大病保险	27	2.0	26	1.9	33	2.3	33	2.7	34	2.9	153	2.3

CSS2017数据显示，我国医疗保险享有情况呈现出区域不平衡，其中华东、华北、东北地区城镇职工基本医疗保险、城镇居民基本医疗保险、公费医疗享有率高于其他地区。城镇职工基本医疗保险享有率华东、华北、东北地区较高，分别为29.8%、29.6%和29.2%，西南地区享有率最低，为15.3%。城镇居民基本医疗保险享有率华北、东北、华东地区较高，分别16.7%、15.2%、15.1%，西北地区享有率最低，为10.5%。公费医疗享有率东北、华东、华北地区较高，分别为3.0%、2.3%、2.2%，西北地区享有率最低，为1.0%；新型农村合作医疗保险享有率西北、西南、华中南地区较高，分别为70.2%、69.5%、68.3%，华北地区享有率最低，为53.9%；城乡居民大病保险享有率华东、西北、西南地区较高，分别为3.6%、3.4%、2.6%，华北地区享有率最低，为0.6%。

表4—31　　六大区域间我国医疗保险或公费医疗享有情况　　（单位：人，%）

	2017年医疗保险或公费医疗享有率												
	东北		华北		华东		华中南		西南		西北		全国	
	人数	享有率	人数	享有率	人数	享有率	人数	享有率	人数	享有率	人数	享有率	人数	享有率
城镇职工基本医疗保险	275	29.2	159	29.6	680	29.8	440	18.8	186	15.3	120	19.4	1870	23.4
城镇居民基本医疗保险	143	15.2	90	16.7	351	15.1	320	13.6	175	14.4	65	10.5	1144	14.3
公费医疗	28	3.0	12	2.2	53	2.3	34	1.5	25	2.1	6	1.0	158	2.0
新型农村合作医疗保险	516	54.8	290	53.9	1262	54.4	1601	68.3	846	69.5	435	70.2	4950	62.0
城乡居民大病保险	10	1.1	3	0.6	84	3.6	29	1.2	32	2.6	21	3.4	179	2.2

四 其他社会保险及城乡最低生活保障享有情况

其他社会保险主要涉及以下几个：失业保险是指国家通过立法强制实行的，由社会集中建立基金，对因失业而暂时中断生活来源的劳动者提供物质帮助的制度。工伤保险，是指国家和社会为在生产、工作中遭受事故伤害和患职业性疾病的劳动及亲属提供医疗救治、生活保障、经济补偿、医疗和职业康复等物质帮助的一种社会保障制度。生育保险，是国家通过立法，在怀孕和分娩的妇女劳动者暂时中断劳动时，由国家和社会提供医疗服务、生育津贴和产假的一种社会保险制度。我国生育保险待遇主要包括两项：一是生育津贴，二是生育医疗待遇。

城乡最低生活保障是指国家对家庭人均收入低于当地政府公告的最低生活标准的家庭给予一定现金资助，以保证该家庭成员基本生活所需的社会保障制度。最低生活保障线也即贫困线。目前全国城乡低保对象达 7487.4 万人，其中城市低保 2307.8 万人，月标准 240 元，同比增长 7.1%，人均补助水平 168 元，同比增长 15.9%；农村低保 5179.6 万人，年标准 1136 元，同比增长 8.8%，月人均补助水平 62 元，同比增长 22%。

CSS2017 数据显示，只有城乡最低生活保障农村的享有率高于城镇，失业、工伤、生育保险城镇的享有率明显高于农村。全国工伤保险享有率较高，为 12.7%，其中城镇享有率为 16.7%，农村享有率为 7.1%；其次是我国失业保险享有率，为 11.3%，其中城镇享有率为 15.7%，农村享有率为 5.1%；我国生育保险享有率为 8.8%，城镇为 12.2%，农村为 4.0%；我国城乡最低生活保障享有率最低，为 4.2%，城镇为 3.3%，农村为 5.6%。

表 4—32　　　　　城乡居民其他社会保险享有情况　　　　（单位：人，%）

	城镇		农村		全国	
	人数	享有率	人数	享有率	人数	享有率
失业保险	921	15.7	213	5.1	1134	11.3
工伤保险	982	16.7	297	7.1	1279	12.7

续表

	城镇		农村		全国	
	人数	享有率	人数	享有率	人数	享有率
生育保险	715	12.2	166	4.0	881	8.8
城乡最低生活保障	193	3.3	232	5.6	425	4.2

数据显示，不同性别在社会保障享有率上存在差异。失业保险，男性享有率为13.9%，女性享有率为8.6%；工伤保险，男性享有率为16.6%，女性享有率为8.7%；生育保险享有率，男性为9.2%，女性为8.3%；城乡最低生活保障享有率，男性为4.4%，女性为4.1%。可知，在失业、工伤、生育及城乡最低生活保障方面男性的享有率高于女性。

表4—33　　　　不同性别居民其他社会保险享有情况　　　（单位：人，%）

	男		女		全国	
	人数	享有率	人数	享有率	人数	享有率
失业保险	710	13.9	424	8.6	1134	11.3
工伤保险	849	16.6	430	8.7	1279	12.7
生育保险	469	9.2	412	8.3	881	8.8
城乡最低生活保障	225	4.4	201	4.1	426	4.2

数据显示，家庭收入越高，失业、工伤、生育保险享有率就越高；城乡最低生活保障反而是收入越低享有率越高。失业保险5000元及以下享有率最低，为1.1%，50001元及以上享有率最高，为34.1%；工伤保险5000元及以下享有率最低，为1.6%，50001元及以上享有率最高，为38.8%；生育保险5000元及以下享有率最低，为1.0%，享有率最高的50001元及以上是享有率最低的26倍左右；城乡最低生活保障5000元及以下享有率最高，为9.3%，50001元及以上的享有率仅为最高享有率的1/8左右。

表4—34　　　　　不同收入居民其他社会保险享有情况　　　（单位：人，%）

	≤5000		5001—18000		18001—30000		30001—50000		50001+		合计	
	人数	享有率	人数	享有率	人数	享有率	人数	享有率	人数	享有率	人数	享有率
失业保险	19	1.1	52	3.1	190	10.3	349	22.6	473	34.1	1083	13.3
工伤保险	26	1.6	58	3.4	220	12.0	387	25.0	538	38.8	1229	15.1
生育保险	17	1.0	36	2.1	138	7.5	280	18.1	366	26.4	837	10.3
城乡最低生活保障	155	9.3	132	7.8	50	2.7	12	0.8	17	1.2	366	4.5

数据显示，我国六大区域在社会保障享有率上存在差异，其中华东地区失业保险、工伤保险、生育保险的享有率是最低地区的2倍左右。失业保险华东地区享有率最高，为15.7%，西北地区享有率最低，为7.7%；工伤保险华东享有率最高，为17.2%，华北享有率最低，为8.8%；生育保险华东地区享有率最高，为12.3%，西北地区享有率最低，为5.7%；城乡最低生活保障西北地区享有率最高，为8.3%，华东地区享有率最低，为3.2%。

表4—35　　　　　六大区域居民其他社会保障享有情况　　　（单位：人，%）

	东北		华北		华东		华中南		西南		西北		全国	
	人数	享有率	人数	享有率	人数	享有率	人数	享有率	人数	享有率	人数	享有率	人数	享有率
失业保险	135	10.6	73	9.6	458	15.7	287	9.8	127	8.6	54	7.7	1134	11.3
工伤保险	172	13.5	67	8.8	500	17.2	322	11.0	142	9.6	76	10.8	1279	12.7
生育保险	114	8.9	54	7.1	358	12.3	211	7.2	103	7.0	40	5.7	880	8.8
城乡最低生活保障	60	4.7	40	5.3	93	3.2	86	2.9	88	5.9	58	8.3	425	4.2

五　公众对社会保障状况的总体评价

在 CSS2017 调查中，让公众对目前社会保障的整体状况做出评价，其中 0 分表示评价最低，10 分表示评价最高。数据显示，不同年龄段的居民对我国总体社会保障状况的评价刚刚"及格"（6 分左右）；而高年龄段（60岁以上）的居民表现得更为满意。其中60岁及以上的评分最高，为6.74分，30—39岁评分最低，为5.75分。

表4—36　　　　不同年龄居民对我国社会保障状况的评价　　　（单位：分）

年龄分组	均值	标准差	N
≤29	6.08	2.24	2428
30—39	5.75	2.36	1918
40—49	5.88	2.51	2299
50—59	6.22	2.45	1794
60+	6.74	2.39	1323
总计	6.08	2.41	9763

数据显示，农村居民对我国社会保障状况的满意度高于城镇居民。其中农村居民的评分为6.17分；城镇居民的评分为6.03分。

表4—37　　　　城乡居民对我国社会保障状况的评价　　　（单位：分）

城乡	均值	标准差	N
城镇	6.03	2.36	5716
农村	6.17	2.47	4046
总计	6.08	2.41	9763

数据显示，低收入者（5000元及以下）对我国目前社会保障状况最为满意，评分为6.26分。5001—18000元的为6.11分，18001—30000元的为5.96分，30001—50000元的为6.18分，50001元及以上的为6.12分。

表4—38　　　　不同收入居民对我国社会保障状况的评价　　　（单位：分）

收入分组	均值	标准差	N
≤5000	6.26	2.50	1601
5001—18000	6.11	2.58	1639
18001—30000	5.96	2.40	1801
30001—50000	6.18	2.27	1518

续表

收入分组	均值	标准差	N
50000 +	6.12	2.26	1362
总计	6.12	2.42	7920

数据显示，西部（西南、西北）地区、东部（华东、东北）地区对我国社会总体保障状况的满意度高于中部（华中南、华北）地区。其中西南地区评分最高，为 6.37 分，西北地区评分为 6.24 分，华东地区评分为 6.29 分，东北地区评分为 6.01 分，华中南地区均分为 5.85 分，华北地区评分最低，为 5.62 分。

表 4—39　　　　　广大区域对我国社会保障状况的评价　　　　（单位：分）

六大区	均值	标准差	N
东北	6.01	2.38	1256
华北	5.62	2.69	739
华东	6.29	2.34	2836
华中南	5.85	2.34	2819
西南	6.37	2.41	1435
西北	6.24	2.49	678
总计	6.08	2.41	9763

六　公众对社会经济保障的认知

CSS2017 调查中还了解了公众对社会经济保障的认知和现状评价。数据显示，首先，大多数公众将社会保障权视为公民权益，认为提供社会保障是政府的应尽职责。71.8% 的受访者表示同意"提供社会保障是政府的基本责任，不应当由普通百姓负担"这一说法。其次，大部分公众对现有社会保障水平评价不高。有 63.2% 的公众认为"现在的社会保障水平太低，起不到保障的作用"。最后，值得关注的是，相当部分的公众因社会保障的差评而对政府有所不满。有 47.2% 的公众赞同"现在政府提供的社会保障太差了，所以我对政府不满"这一说法。

表4—40　　　　　公众对社会经济保障的认知倾向　　　　　（单位：%）

	非常不同意	不太同意	比较同意	非常同意	不好说
提供社会保障是政府的基本责任，不应当由普通百姓负担	5.3	20.9	36.6	35.2	1.9
现在的社会保障水平太低，起不到保障的作用	6.0	28.5	38.4	24.8	2.3
现在政府提供的社会保障太差了，所以我对政府不满	12.7	37.5	30.8	16.4	2.6

通过表4—41的相关分析可以看出，公众的社会保障权益意识、社会保障评价和因社会保障而引发的对政府的不满，三者之间有着中等程度的相关。公众的社会保障权益意识越强，就越可能对社会保障状况评价差评，而差评越强，对政府的满意度也就越低。

表4—41　　　　　公众社会经济保障认知的相关分析

		现在的社会保障水平太低，起不到保障的作用	我对现在政府提供的社会保障不满
提供社会保障是政府的基本责任，不应当由普通百姓负担	皮尔逊相关性	0.389	0.249
	个案数	9443	9389
现在的社会保障水平太低，起不到保障的作用	皮尔逊相关性		0.470
	个案数		9357

第四节　小结

城乡住房状况主要从城乡居民住房基本状况和城乡居民购房意愿两个大的方面描述，具体包括以下内容。

1. 住房套数。目前我国城乡居民家庭绝大多数都拥有自有住房，自有住房率高达94.8%。分城乡看,农村居民的住房自有率高于城镇居民。前者比后者高出3.8个百分点。分区域间看,华东地区的多套房自有率最高,为23.1%,华北地区的多套房自有率最低,仅为9.9%。这说明东部高城市化、高收入地区的居民,拥有更多的房产,其经济保障的潜在收益要明显高于其他地区。从住房所在地区类型看,CSS2017调查数据显示两个有趣的发现:(1)大多数购置第二套住房(简称新房)的居民,会选择与第一套住房(简称旧房)相同的地区类型。(2)农村和乡镇的居民,呈现出在更高层级地区类型购置新房的趋势。

2. 人均住房面积。2017年居民家庭人均建筑面积为49.54平方米。分城乡看,城市居民人均住房面积低于农村居民人均住房面积,平均低3.71平方米。分区域看,东北地区的农村以人均住房面积71.5224平方米明显高于其他地区,这与东北农村地广人稀的地理环境不无关系。从城乡属性看,城乡接合区的人均住房面积明显高于主城区、镇中心新区,比全国平均人均住房面积高7.22平方米。主要是因为近年来,随着改革开放的进一步深化,我国城市化日益加快,城乡接合区迅速崛起,成为城市发展过程中的新亮点。

3. 住房性质。目前我国城镇居民自有住房的市场化程度得到快速提高,商品房越来越成为城镇地区居民自有住房的最主要来源。2017年我国自有住房以自建住房为主。分城乡地区来看,农村地区自有住房性质主要以自建住房为主;城镇地区自有住房性质主要以商品房为主。

4. 住房增值情况。近年来我国住房平均增值4倍左右。分城乡看,城市居民住房增值情况是农村居民的1倍多。分区域看,东北地区住房增值最为明显,平均为购房(或自建)价值的7.8倍;住房增值最低的地区是西北地区,平均为购房(或自建)价值的1.7倍。从自有住房性质看,除了自建房,增值幅度最大的是商品房,其次是购买原公房。主要是以原有再分配体制为基础而获得的原公房和以公共产品性质进入住房市场的自有产权保障性住房,在进入市场交易后具有了极高幅度的获利空间。

5. 自有住房产权情况。自古以来房产就是家庭财产的重要组成部分,是家庭财富的象征。在我国居民家庭中男性更多得拥有住房产权,占51.4%。

6. 现居住住房状况。城乡居民住房来源趋于多元，但仍以自建为主，租赁住房出现明显上升趋势。分城乡看，城市居民租房现象明显高于农村居民家庭。

7. 购房意愿。分城乡看，城市居民在购房意愿上高于农村居民家庭。分区域看，东北、华东地区居民购房意愿较强，而西南地区居民购房意愿最弱。从自有住房数量看，目前无自有住房的居民家庭购房意愿最强，其次是拥有两套以上的居民家庭。因为住房是人们生存和生活的基本条件，在人们日常生活中占据极其重要的地位，所以没有自有住房的居民家庭更渴望购买住房。

8. 购房原因。分收入看，不同收入组间购房原因都是为自己（或子女）成家购置婚房。说明我国为自己（或子女）成家购置婚房是不同收入家庭的普遍原因。且家庭收入越低的居民越注重改善现有居住条件。分自有住房数量看，随着家庭自有住房数量的增多，为改善现有居住条件，购房这一目的随之下降，而其他目的如为了投资升值购房出现明显上升。是因为当人们解决了基本的生活需求时，住房将更多用于其他目的，以实现住房价值最大化。

城乡社会保障状况。 总体情况：CSS2017 数据显示，目前我国各类社会保险中，医疗保险的享有率最高，在 18—69 周岁的人口中，享有率接近 80%。其次为养老保险，享有率接近 50%。再次为工伤险和失业险，分别为 12.7% 和 11.3%。生育险享有率最低，仅为 8.8%。还有 4.2% 的居民家庭享有城乡最低生活保障。具体从以下几个方面描述我国社会保障状况。

1. 我国养老保险享有情况。（1）我国养老保险存在城乡制度"碎片化"，各类的养老保险在城乡居民间的差异也甚为明显。（2）养老保障类型也存在着一定的性别差异。主要表现在城镇职工基本养老保险和农村社会养老保险两个险种上。（3）不同收入水平和养老保险的享有之间也存在一定的关联。养老保障类型也存在着一定的性别差异。主要表现在城镇职工基本养老保险和农村社会养老保险两个险种上。（4）我国社会养老保险享有情况呈现出区域不平衡。如城镇职工基本养老保险享有率华北、华东、东北地区较高，分别为 48.5%、45.8% 和 42.9%，华中南地区为 37.6%，而西南、西北地区的享有率仅为 25% 左右。

2. 我国医疗保险享有情况。(1) 在各类医疗保险中，全国新型农村合作医疗保险享有率最高，为 62.0%，其中城镇为 45.9%，农村为 83.6%；全国城镇职工基本医疗保险享有率位居第二位，为 23.4%，其中城镇为 34.1%，农村为 9.1%。(2) 收入方面，收入越高，城镇职工基本医疗保险、公费医疗、大病保险的享有率越高；而收入越低，新型农村合作医疗保险的享有率越高且享有率高于其他类型的医疗保险。(3) 我国医疗保险享有情况呈现出区域不平衡，其中华东、华北、东北城镇职工基本医疗保险、城镇居民基本医疗保险、公费医疗享有率高于其他地区。

3. 其他社会保险及最低生活保障享有情况。(1) CSS2017 数据显示，只有城乡最低生活保障农村的享有率高于城镇，失业、工伤、生育保险的享有率城镇明显高于农村。(2) 不同性别在社会保障享有率上存在差异。在失业、工伤、生育及城乡最低生活保障方面男性的享有率高于女性。(3) 家庭收入越高，失业、工伤、生育保险享有率就越高；城乡最低生活保障反而是收入越低享有率越高。(4) 区域方面，华东地区失业保险、工伤保险、生育保险的享有率是最低地区的 2 倍左右。

4. 居民对我国总体社会保障状况的评价。主要表现在：(1) 不同年龄段的居民对我国总体社会保障状况的满意度都较高（5 分以上）；而高年龄段（60 岁以上）的居民表现得更为满意。(2) 农村居民对我国社会保障状况的满意度高于城镇居民。(3) 低收入者（5000 元及以下）对我国目前社会保障状况最为满意。(4) 区域方面，西部（西南、西北）、东部（华东、东北）对我国社会总体保障状况的满意度高于中部（华中南、华北）。

第 五 章

就业与教育状况

本章主要讨论的是社会经济保障维度中的就业与教育领域。就业是劳动力与生产资料的结合,从事社会劳动并获得报酬或经济活动,包含着就业数量和就业质量两个方面(刘素华,2005)。就业是民生之本,而就业问题一直以来是我国重点关注的社会经济问题之一。长期以来,政府对就业的关注主要集中在对"就业率"等能够反映就业数量的关注上。单纯追求充分就业容易导致低水平的充分就业,而这种低水平就业会导致劳动力市场的长期低效率与整体社会福利的损失(丁煜、王玲智,2018)。目前,党的十八大报告明确提出,"要推动实现更高质量的就业"。因此,在就业领域指标的选取中,应更加侧重于展现就业单位为劳动者提供的就业保障/保护以及政府或者社会在防范失业风险方面所能提供的服务与保障。测量指标主要包含的是受访者的合同签约率、预期失业状态的可能性以及对就业的满意度评价。

对个体来说,教育是人成为合格的高素质劳动者必不可少的部分,政府作为学校教育资源的主要提供主体,对提供优质的教育资源、保障教育公平起着重要的作用。因此,教育领域来说,测量指标包括劳动人口的平均受教育年限以及受访者对教育提供的评价。

第一节 当前中国的就业保障水平

一 当前公众就业基本状况

调查样本中,男性占比为 50.8%,女性占比为 49.2%;城镇占比为 58.5%,乡村占比为 41.5%。在就业状况方面,目前有工作的占比为

58.8%；只从事非农工作的占比为56.3%；目前以非农工作为主，但同时也务农的占比为9.1%；目前以务农为主，但同时也从事非农工作的占比为5%；目前只务农的占比为29.7%。在所有制分布方面，国有部门（国家机关、事业单位和国有企业）占比为27.3%、非国有部门则为72.7%（其中私营企业占比为35.49%、个体工商户占比为28.41%）。在职业方面，农、林、牧、渔、水利业生产人员占比为33.35%，商业工作人员占比为15.07%，生产工人、运输工人和有关人员占比为14.92%，专业技术人员占比为12.68%，服务性工作人员占比为12.06%，办事人员和有关人员占比为6.84%，国家机关、党群组织、企业、事业单位负责人占比为4.17%，警察及军人占比为0.36%。

(一) 非农工作的收入

从事非农工作的平均每月总收入是将工资与薪金、奖金、提成、经商办厂和投资所得利润和分红、其他收入一起加总而成。从整体数据来看，非农每月总收入的均值为5363.861元。其中，城镇的均值为5426.57元，比农村高192.84元。从非农工作的形式来看，目前只从事非农工作的平均每月总收入为5695.2元；目前以从事非农工作为主，但同时也务农的平均每月总收入为4484.98元；目前以务农为主，但同时也从事非农工作的平均每月总收入为3160.26元。

从职业方面来看，首先国家机关、党群组织、企业、事业单位负责人的月总收入最高，其次是商业工作人员，再次是专业技术人员，这三类人群的非农月均总收入均高于均值。农、林、牧、渔、水利业生产人员的收入最低，其次是警察及军人。

表5—1　　不同职业从事非农工作的平均每月总收入　　（单位：元）

职业	非农月均总收入
国家机关、党群组织、企业、事业单位负责人	7144.713
商业工作人员	6751.718
专业技术人员	5398.167
生产工人、运输工人和有关人员	4880.474

续表

职业	非农月均总收入
办事人员和有关人员	4878.815
服务性工作人员	4833.308
警察及军人	4377.528
农、林、牧、渔、水利业生产人员	3214.336
总计	5363.861

（二）非农工作的时长

国家法定职工每日工作 8 小时、每周工作 40 小时，而城乡从事非农工作的人员平均每天时长与平均每周时长均高于国家法定工作时间，其中农村非农工作人员平均每日时长比城镇的高 0.08 小时，而城镇非农工作人员平均每周工作时长比农村的高 1.92 小时。城镇的平均每月工作天数为 24.07 天，平均每天工作小时数为 8.99 小时，平均每周工作小时数为 54.1 小时；农村的平均每月工作天数为 23.01 天，平均每天工作小时数为 9.07 小时，平均每周工作小时数为 52.18 小时。

从职业来看，农、林、牧、渔、水利业生产人员每周的工作时长最短，比五个工作日多 1.8 个小时；国家机关、党群组织、企业、事业单位负责人、专业技术人员、办事人员和有关人员、生产工人、运输工人和有关人员这四类职业群体的平均每周工作时长均高于 6 个工作日。而警察及军人、服务性工作人员、商业工作人员的工作时长均高于 7 个工作日。

结合非农工作的收入可知，国有部门的负责人的时薪最高，36.9 元；其次是专业技术人员，27.82 元；第三位是商业工作人员，26.59 元；第四位是办事人员和有关人员，25.1 元；第五位是生产工人、运输工人和有关人员，23.62 元；第六位是服务性工作人员，20.63 元；第七位是农、林、牧、渔、水利业生产人员，19.22 元；最低的是警察及军人，19.1 元。

表5—2   不同职业从事非农工作的平均工作时长   （单位：天，小时）

	平均每月工作天数	平均每天工作小时数	平均每周工作小时数
商业工作人员	26.20	9.69	63.47
服务性工作人员	25.17	9.31	58.58
警察及军人	22.90	10.01	57.31
生产工人、运输工人和有关人员	22.58	9.15	51.65
办事人员和有关人员	23.36	8.32	48.59
专业技术人员	22.99	8.44	48.51
国家机关、党群组织、企业、事业单位负责人	23.19	8.34	48.35
农、林、牧、渔、水利业生产人员	20.00	8.36	41.80
总计	23.73	9.01	53.45

（三）非农工作的性质

人们普遍肯定自身的工作是需要专业技能的，且城乡差别不大。有70.1%的人认为自己从事的是需要专业技能的工作。在城乡对比中，认为自己从事的是需要专业技能的工作，城镇的比乡村的高5.4个百分点。

表5—3   城乡对从事非农工作的性质的评价   （单位：%）

工作性质	城镇	乡村
需要很高专业技能的工作	10.90	8.10
需要较高专业技能的工作	19.00	15.50
需要一些专业技能的工作	41.90	42.80
不需要专业技能的工作	27.90	32.80
其他	0.30	0.70
合计	100.00	100.00

不同职业的群体对自身工作所需的专业技能评价不一，白领阶层对自身职业所需专业技能的评价普遍高于蓝领阶层。首先警察及军人中仅有4.5%的人表示现在从事的工作不需要专业技能。其次是专业技术人员，占比为5.5%，再次是国家机关、党群组织、企业、事业单位负责

人，占比为13.5%。而服务性工作人员和农、林、牧、渔、水利业生产人员对现在从事的非农工作表示不需要专业技能的占比很高，分别是40.4%和44%。

表5—4　　　　　不同职业对从事非农工作的性质的评价　　　　（单位：%）

工作性质	警察及军人	专业技术人员	国家机关、党群组织、企业、事业单位负责人	办事人员和有关人员	商业工作人员	生产工人、运输工人和有关人员	服务性工作人员	农、林、牧、渔、水利业生产人员
需要很高专业技能的工作	22.70	23.40	17.50	7.50	5.80	6.80	6.70	7.30
需要较高专业技能的工作	13.60	38.80	27.80	21.60	11.40	12.10	11.70	12.00
需要一些专业技能的工作	59.10	32.00	39.70	48.30	47.90	46.20	40.90	35.30
不需要专业技能的工作	4.50	5.50	13.50	21.80	34.70	34.60	40.40	44.00
其他		0.40	1.60	0.70	0.10	0.30	0.30	1.30

（四）失业群体的基本情况

我们在提高就业率、就业质量的同时，如何让失业群体再就业也展现了我国的就业保障水平。问卷主要考察了失业人群的群体特征、失业原因、就业意愿等情况。在此类群体中，重点关注两类群体，即料理家务和毕业后未就业人群。

料理家务是失业群体失业的最主要原因，占40.17%。这类群体的就业意愿不高，就业积极性弱，客观约束性强，且以女性为主。调查显示，女性在料理家务中占比达到了89.6%。该群体只有36.4%的人打算找工作，16.7%的人在找工作。在调查如果现在有份工作，是否能在两周内去工作时，只有30.4%的人是可以的，这在失业群体能赴职的比例中是最低的。

毕业后未就业人群的比例在减少，且就业意愿强烈。回溯 CSS2011 以来的历次调查，在调查失业群体的失业原因时，毕业后未工作的比例从 2011 年的 25.9%，下降到 2013 年的 13.2%，再到 2015 年的 10.9%，而 2017 年则为 4.03%。与此同时，在毕业后未工作的人群当中，有 80% 的人打算找工作，70.8% 的人正在找工作，有 74.3% 的人可以在有工作后的两周之内去赴职。

表 5—5　　　　2017 年失业群体的失业原因　　　　（单位：%）

类别	占比
料理家务	40.17
已离/退休	19.78
因本人原因（如家务、健康、辞职等）离开原工作	17.84
其他	12.86
毕业后未工作	4.03
因单位原因（如破产、改制、下岗/内退/买断工龄、辞退等）失去原工作	3.73
承包土地被征用	1.60
合计（N=2629）	100.00

二　就业稳定性

就业的稳定性可以从客观与主观两个层面，即非农工作的劳动合同签订以及预期未来失业的可能性的指标来看。

（一）非农工作的劳动合同签订

在询问受访者与工作单位或雇主签订了哪种书面劳动合同时，有 39.8% 的受访者没有签订劳动合同。城乡比较来看，来自农村的劳动者的权益保障急需提高。调查显示农村就业人口没有签订劳动合同的比例比城镇的高 18.5 个百分点。

从年龄结构来看，总体而言，年龄越大未签订劳动合同的比例越高。30—39 岁这类群体的未签订率最低，60 岁及以上的未签订劳动合同率最高。40 岁及以上的未签订劳动合同率高于整体未签订劳动合同率。

表5—6 不同年龄与劳动合同签订率 （单位：%）

	签订了固定期限劳动合同	签订了无固定期限劳动合同	签订了试用期劳动合同	签订了其他劳动合同	没有签订劳动合同	不需要签劳动合同
29岁及以下	45.90	8.50	3.60	1.30	35.70	4.90
30—39岁	42.10	12.10	0.70	0.70	34.60	9.90
40—49岁	31.10	15.30	0.30	1.00	41.60	10.70
50—59岁	27.00	10.30	0.90	1.10	48.70	12.00
60岁及以上	19.20	5.00		1.70	60.80	13.30

从地区比较来看，东部地区的劳动合同签订率要高于西部地区。其中西北地区的劳动合同未签订率为46.2%；其次是华中南地区，为45%；西南地区排第三位，为41.5%，这三类地区均高于总体平均未签订率。第四位是华北地区，为37.6%；第五位是华东地区，为36.3%；东北地区的未签订率是最低的，为33.9%。

表5—7 不同区域与劳动合同签订率 （单位：%）

	签订了固定期限劳动合同	签订了无固定期限劳动合同	签订了试用期劳动合同	签订了其他劳动合同	没有签订劳动合同	不需要签劳动合同
西北	31.20	9.30	2.00	0.80	46.20	10.50
华中南	33.60	10.00	1.70	1.80	45.00	8.00
西南	42.30	9.30	1.80	0.30	41.50	4.90
华北	38.60	13.20	1.50	1.00	37.60	8.10
华东	39.80	13.10	1.10	0.50	36.30	9.20
东北	35.80	13.00	0.90	1.40	33.90	14.90

从职业比较来看，农、林、牧、渔、水利业生产人员中有83.9%没有签订劳动合同，远高于其他职业的人员。其次是服务性工作人员和生产工人、运输工人和有关人员，分别有57%、56.1%的人员未签订劳动合同。这三类职业人员的劳动合同未签订率均高于总体未签订劳动合同率。

表 5—8　　不同职业类型与劳动合同签订率　　（单位：%）

	签订了固定期限劳动合同	签订了无固定期限劳动合同	签订了试用期劳动合同	签订了其他劳动合同	没有签订劳动合同	不需要签劳动合同
农、林、牧、渔、水利业生产人员	8.10			3.20	83.90	4.80
服务性工作人员	27.70	10.30	2.30	1.30	57.00	1.40
生产工人、运输工人和有关人员	28.90	12.50	0.40	0.40	56.10	1.70
商业工作人员	43.10	12.80	2.90	0.90	38.80	1.50
专业技术人员	56.20	12.30	1.90	1.70	17.40	10.60
办事人员和有关人员	50.10	14.80	1.30	0.80	13.30	19.80
国家机关、党群组织、企业、事业单位负责人	33.30	14.50	0.40	0.40	12.30	39.00
警察及军人	40.90					59.10

个体工商户或私营企业的员工就业稳定性堪忧，劳动者的权益保障还有待进一步加强。不同单位/公司中，受雇于个体工商户的有83.2%是没有签订劳动合同的，受雇于私营企业的有43.6%没有签订劳动合同，均高于总体未签订劳动合同的比例，其次是集体企业，未签订劳动合同的比例占33.3%，而受雇于国有部门的劳动合同未签订率均低于15%，未签订率最低的是三资企业。

表 5—9　　不同公司/单位类型与劳动合同签订率　　（单位：%）

	签订了固定期限劳动合同	签订了无固定期限劳动合同	签订了试用期劳动合同	签订了其他劳动合同	没有签订劳动合同	不需要签劳动合同
个体工商户	10.20	3.00	0.90	0.30	83.20	2.40
私营企业	40.40	12.90	1.60	0.90	43.60	0.50

续表

	签订了固定期限劳动合同	签订了无固定期限劳动合同	签订了试用期劳动合同	签订了其他劳动合同	没有签订劳动合同	不需要签劳动合同
社区居委会、村委会等自治组织	31.60	8.10			36.00	24.30
集体企业	47.10	13.80	4.60	1.10	33.30	
民办事业单位（民办非企业单位）	49.10	9.40	7.50		26.40	7.50
国有/集体事业单位	51.30	10.50	0.90	1.10	12.50	23.70
国有企业及国有控股企业	59.30	24.20	1.10	2.00	11.00	2.50
党政机关、人民团体、军队	23.90	3.80	1.30	0.60	9.40	61.00
三资企业	47.70	36.40	4.50	6.80	4.50	

（二）失业的可能性

受访者对经济形势以及职业前景的不乐观态度有所增加。在询问未来6个月失业的可能性时，有25%的非农就业人员表示完全有可能或有可能失业。而2013年的调查数据显示21.2%的非农就业人员表示完全有可能或有可能失业，2015年的调查数据显示23.3%的非农就业人员表示完全有可能或有可能。受访者对自身失业的可能性的估计呈现出不断上升的趋势。

从职业类型来看，表示完全有可能或有可能失业的前三位是生产工人、运输工人和有关人员，农、林、牧、渔、水利业生产人员和服务性工作人员，分别为31.4%、30.4%和29.2%。而排名最后三位则是办事人员和有关人员，国家机关、党群组织、企业、事业单位负责人和警察及军人，分别是13.1%、10.3%和0。

表 5—10　　不同职业预计未来 6 个月内失业的可能性　　（单位：%）

	完全有可能	有可能	一般	不太可能	完全不可能
生产工人、运输工人和有关人员	13.60	17.80	13.80	24.30	30.50
农、林、牧、渔、水利业生产人员	12.20	18.20	8.80	26.40	34.50
服务性工作人员	10.40	18.80	11.70	25.10	33.90
商业工作人员	8.20	16.20	7.20	27.10	41.20
专业技术人员	6.40	9.70	7.60	27.50	48.90
办事人员和有关人员	3.40	9.70	7.80	29.40	49.60
国家机关、党群组织、企业、事业单位负责人	2.40	7.90	2.80	28.50	58.50
警察及军人			9.10	9.10	81.80

国有部门与非国有部门相比，预期失业风险更小。从单位/公司性质来看，表示完全有可能或有可能失业的前三位是个体工商户、集体企业和私营企业，分别为 29.8%、29.5% 和 25.2%。而排名最后三位的则都是国有部门，分别为 14.9%、10.2% 和 6.9%。

表 5—11　　不同单位/公司类型预计未来 6 个月内失业的可能性　　（单位：%）

非农工作所在的单位/公司类型	完全有可能	有可能	一般	不太可能	完全不可能
个体工商户	11.60	18.20	9.00	25.10	36.10
集体企业	13.70	15.80	13.70	21.10	35.80
私营企业	9.50	15.70	10.80	28.30	35.70
三资企业	8.90	15.60	13.30	26.70	35.60
民办事业单位（民办非企业单位）	7.90	12.70	11.10	31.70	36.50
社区居委会、村委会等自治组织	4.90	12.60	6.30	35.00	41.30
国有企业及国有控股企业	5.10	9.80	10.00	24.70	50.40

续表

非农工作所在的单位/公司类型	完全有可能	有可能	一般	不太可能	完全不可能
国有/集体事业单位	4.00	6.20	4.70	26.10	59.00
党政机关、人民团体、军队	3.10	3.80	6.30	30.20	56.60

三 就业评价

对就业的评价主要是分受访者对自身的评价以及受访者对当地政府的就业举措的评价。具体而言，对自身所处的就业环境的满意度评价，分别是工作的安全性、收入及福利待遇、与领导的关系、与同事的关系、晋升机会、个人能力的发挥以及总体工作满意度。

（一）工作的满意度

对工作的满意程度进行评分，1分表示非常不满意，10分表示非常满意。从城乡对比来看，除了城镇非农就业人口对晋升机会上的满意度略低于农村，其他的六个方面满意度均高于农村。和农村一样，两者均显示对工作的晋升机会的满意度评分最低，对工作中与同事关系的满意度评分最高。

表5—12　　　　　城乡对工作满意度的评价　　　　　（单位：%）

	工作安全性	工作的收入及福利	工作中与领导的关系	工作中与同事的关系	工作的晋升机会	工作中个人能力发挥	工作总体
城镇	7.81	6.39	7.85	8.47	6.01	7.26	7.39
乡村	7.58	6.22	7.72	8.4	6.02	7.2	7.32
总计	7.74	6.34	7.81	8.45	6.01	7.24	7.37

从不同区域看就业环境的七项满意度指标，对工作总体的满意度评价，东部地区普遍高于西部地区。横向比较来看，各大区域均显示工作中与同事的关系的满意度评分最高，对工作晋升机会的满意度评分最低。纵向来看，工作安全性以及工作的收入及福利的满意度评分最低的是西

北地区；工作中与领导的关系、与同事的关系满意度评分最低的是西南地区；工作晋升机会的满意度评分最低的是东北地区；对工作中个人能力发挥、工作总体的满意度评分最低的是华中南地区。

表5—13　　　　　　不同区域对工作满意度的评价　　　　　（单位：%）

	工作安全性	工作的收入及福利	工作中与领导的关系	工作中与同事的关系	工作的晋升机会	工作中个人能力发挥	工作总体
华东	7.99	6.65	7.96	8.51	6.16	7.36	7.57
华北	7.57	6.35	8.04	8.63	5.91	7.22	7.50
东北	7.79	6.37	7.82	8.58	5.71	7.29	7.36
西南	7.74	6.30	7.62	8.20	6.06	7.18	7.23
西北	7.43	5.99	7.67	8.56	5.72	7.20	7.21
华中南	7.50	6.04	7.67	8.35	6.02	7.12	7.18
总计	7.74	6.34	7.81	8.45	6.01	7.24	7.37

从职业看就业环境的七项满意度指标，横向比较来看，发现所有职业群体均显示工作中与同事的关系的满意度评分最高。所有职业群体，除了警察及军人和商业工作人员外均显示对工作的晋升机会的满意度评分最低；警察及军人对工作的安全性满意评分最低；商业工作人员对收入及福利的满意度评分最低。纵向比较中，发现除了对安全性的满意度评分不高外，警察及军人在其他六个方面均比其他群体评分高；而对安全性的满意度评分最高的是办事人员和有关人员；农、林、牧、渔、水利业生产人员则是除了对安全性的满意度评分不低外，其他在对工作的收入及福利、与领导的关系、与同事的关系、个人能力发挥满意程度、总体的满意度这五个方面的满意度评分均是最低的；而对工作安全性的满意度评分最低是警察及军人，对工作的晋升机会满意度评分最低的是生产工人、运输工人和有关人员。

从单位/公司性质方面看就业环境的七项满意度指标，横向比较来看，不同的单位/公司中的受访者均显示对工作中与同事的关系满意度评分最高；除了民办事业单位（民办非企业单位）外，其他单位/公司的受访者均显示对工作的晋升机会的满意度评分最低，而民办事业单位（民

表 5—14　　　　　不同职业对工作满意度的评价　　　　　（单位：%）

	工作安全性	工作的收入及福利	工作中与领导的关系	工作中与同事的关系	工作的晋升机会	工作中个人能力发挥	工作总体
警察及军人	6.92	7.71	9.01	9.40	7.22	8.50	8.55
国家机关、党群组织、企业、事业单位负责人	8.44	7.07	8.50	8.91	6.50	7.84	8.23
办事人员和有关人员	8.54	6.96	8.37	8.83	6.39	7.51	7.95
专业技术人员	7.97	6.72	7.96	8.53	6.25	7.53	7.59
服务性工作人员	7.71	6.22	7.72	8.31	5.96	7.26	7.46
商业工作人员	8.09	6.26	8.12	8.56	6.45	7.15	7.17
生产工人、运输工人和有关人员	6.95	5.96	7.26	8.23	5.15	6.93	7.02
农、林、牧、渔、水利业生产人员	7.06	5.63	6.97	8.16	5.20	6.63	6.98
总计	7.65	6.48	7.90	8.55	6.05	7.37	7.54

办非企业单位）则是对工作的收入及福利的满意度最低。在国有部门中，国有企业及国有控股企业的满意度最低。纵向比较中，发现对工作安全性满意度评分最高的是社区居委会、村委会等自治组织；其他六个方面均是党政机关、人民团体、军队的满意度评分最高。而对目前工作的安全性、晋升机会的满意度评分最低的是集体企业；对工作收入及福利的满意度评分最低的是个体工商户；对工作中与领导的关系、工作中个人能力发挥的满意度评分最低的是国有企业及国有控股企业；与同事的关系的满意度评分最低的是三资企业。

表 5—15　　　　不同单位/公司类型对工作满意度的评价　　　（单位：%）

	工作安全性	工作的收入及福利	工作中与领导的关系	工作中与同事的关系	工作的晋升机会	工作中个人能力发挥	工作总体
党政机关、人民团体、军队	8.27	7.35	8.64	9.14	6.73	7.94	8.32
社区居委会、村委会等自治组织	8.39	6.27	8.46	8.79	6.06	7.57	8.17

续表

	工作安全性	工作的收入及福利	工作中与领导的关系	工作中与同事的关系	工作的晋升机会	工作中个人能力发挥	工作总体
国有/集体事业单位	8.17	6.79	8.09	8.77	6.22	7.64	7.94
集体企业	7.54	6.51	7.70	8.50	5.40	7.35	7.69
三资企业	8.20	6.77	7.80	8.20	5.59	7.37	7.47
私营企业	7.84	6.61	7.91	8.42	6.05	7.27	7.44
民办事业单位（民办非企业单位）	7.88	6.40	7.99	8.63	6.59	7.21	7.44
国有企业及国有控股企业	7.90	6.54	7.50	8.42	5.75	7.03	7.25
个体工商户	7.66	5.93	7.61	8.30	5.91	7.12	7.14
总计	7.73	6.34	7.81	8.45	6.01	7.24	7.37

从不同学历方面看就业环境的七项满意度指标，横向比较来看，不同学历的满意度评分均显示工作中与同事的关系满意度评分最高，而在工作的晋升机会方面的满意度评分最低。纵向比较来看，发现对工作中与同事的关系满意度评分最高的是大专学历群体，而其他六个方面均是大本及以上学历群体；对这七项指标的满意度评分最低的均是初中及以下学历群体。在对工作总体的满意度上，随着学历的增加，受访者对工作总体的满意度评分也在上升。

表5—16　　　　　　不同学历对工作满意度的评价　　　　　（单位：%）

	工作安全性	工作的收入及福利	工作中与领导的关系	工作中与同事的关系	工作的晋升机会	工作中个人能力发挥	工作总体
初中及以下	7.39	5.91	7.48	8.27	5.38	6.94	7.08
高中中专技校	7.82	6.48	7.92	8.46	6.16	7.44	7.50
大专	8.21	6.86	8.10	8.71	6.35	7.52	7.70

续表

	工作安全性	工作的收入及福利	工作中与领导的关系	工作中与同事的关系	工作的晋升机会	工作中个人能力发挥	工作总体
大本及以上	8.29	7.01	8.21	8.67	6.70	7.60	7.80
总计	7.74	6.34	7.81	8.45	6.01	7.24	7.37

总体而言，对就业环境的满意度评价中，城乡的满意度评价差别不大，城镇的受访者的满意度评价略高于农村。从区域看，东部地区的满意度评价普遍高于西部，华中南地区的满意度评价最低。从职业看，白领阶层对工作的满意度普遍高于蓝领阶层。从单位/公司类型看，国有部门对工作的满意度普遍高于非国有部门。从学历看，学历越高的对工作的满意度也越高。最后，从整体看，大部分受访者对工作中与同事的关系和与领导的关系的满意度评分是第一、第二的。而对目前工作的晋升机会的满意度评分和对工作的收入及福利的满意度评分是倒数第一、倒数第二。

（二）对地方政府增加就业机会的评价

受访者对地方政府在扩大就业，增加就业机会上的评价，61.1%的受访者给予了肯定的评价。从城乡来看，城镇对地方政府促进就业工作持肯定态度的有62.7%，农村持肯定态度的为59%，相差3.7个百分点。

表5—17　　　　　城乡对政府促进就业的评价　　　　（单位：%）

	城镇	乡村
很好	11.00	14.50
比较好	51.70	44.50
不太好	30.10	32.20
很不好	7.30	8.80

从六大区域来看，对地方政府在扩大就业，增加就业机会的评价持肯定态度的，华东地区最高，为66.7%；第二位是西南地区，为65.6%；第三位是西北地区，为59.6%；第四位是华中南地区，为57.7%；第五

位是东北地区，为 56.8%；最低的是华北地区，只有 52.7%。

表 5—18　　　　　　　不同区域对政府促进就业的评价　　　　　　（单位：%）

	华东	西南	西北	华中南	东北	华北
很好	14.90	13.10	15.20	10.30	9.90	11.50
比较好	51.80	52.50	44.40	47.40	46.90	41.20
不太好	28.10	26.80	30.40	33.90	34.10	34.00
很不好	5.20	7.60	10.00	8.40	9.10	13.30

从教育程度看，对地方政府在扩大就业，增加就业机会上的评价持肯定态度的，随着学历的增高，持肯定的态度的比例在增加。初中及以下的有 59.8% 的人对政府的促进就业的工作表示肯定；高中、中专、技校的有 59.5% 的人表示肯定；大专有 65.6% 的人表示肯定；大本及以上的则有 66.8% 的人表示肯定。

表 5—19　　　　　　　不同学历对政府促进就业的评价　　　　　　（单位：%）

	初中及以下	高中中专技校	大专	大本及以上
很好	14.80	9.10	8.30	8.90
比较好	45.00	50.40	57.30	57.90
不太好	30.80	32.90	30.10	29.40
很不好	9.40	7.60	4.20	3.80

从代际来看，对地方政府在扩大就业，增加就业机会上的评价持肯定态度的，50 年代及以前的有 61.5%；60 年代的有 60%；70 年代的是 61.7%；80 年代的是 59.5%；90 年代及以后的是 63%。90 年代及以后的对地方政府在促进就业方面的肯定评价是最高的，80 年代对地方政府政府在促进就业方面的肯定评价是最低的。

表 5—20　　　　　不同代际对政府促进就业的评价　　　　（单位：%）

	50 年代及以前	60 年代	70 年代	80 年代	90 年代及以后
很好	14.20	13.90	12.90	11.00	10.50
比较好	47.30	46.10	48.80	48.50	52.50
不太好	30.10	30.80	31.00	31.30	31.30
很不好	8.40	9.20	7.30	9.10	5.70

总体而言，对地方政府在促进就业的肯定评价上，城镇高于农村。从地区来看，华东地区的肯定评价最高，华北地区的肯定评价最低。从教育程度来看，教育程度越高，肯定评价越高。从代际来看，90 年代及以后肯定评价最高，80 年代肯定评价最低。

第二节　当前中国的教育保障

一　人均受教育年限

从调查数据可知，受访者的受教育程度，从初中及以下、高中中专技校、大专到大本及以上依次占比为 60.6%、19.3%、8.8%、11.3%，受教育年限的均值为 10.99 年。

九年义务教育普及卓有成效。无论从城乡结构、性别角度还是从职业分化，人均受教育年限均超过了 9 年。警察及军人受教育年限最高，约为 15.18 年，农、林、牧、渔、水利业生产人员的平均受教育年限最低，约为 9.3 年。城镇人口的教育年限比农村人口多约 1.2 年，男性受教育年限比女性多约 0.4 年。

表 5—21　　　　　　　人均受教育年限　　　　　　（单位：年，人）

	均值	N
城镇	11.4853	5883
乡村	10.2834	4178
男	11.1726	5106
女	10.7941	4955
警察及军人	15.1799	22

续表

	均值	N
办事人员和有关人员	14.0712	413
国家机关、党群组织、企业、事业单位负责人	14.0468	252
专业技术人员	13.8175	766
商业工作人员	11.3246	910
服务性工作人员	10.7376	761
生产工人、运输工人和有关人员	10.0798	901
农、林、牧、渔、水利业生产人员	9.3062	2014

二 教育保障评价

受访者对地方政府在提供优质教育资源、保障教育公平的评价，71%的受访者给予了肯定的评价。从城乡来看，城镇对地方政府教育工作持肯定态度的有70.2%，农村持肯定态度的是72.1%。

表5—22　　　　城乡对地方政府教育工作的评价　　　　（单位：%）

	城镇	乡村
很好	12.90	17.60
比较好	57.30	54.50
不太好	23.50	21.70
很不好	6.30	6.10

从六大区域来看，对地方政府提供优质资源、保障教育公平的评价持肯定态度的，西南地区最高，有75.9%；其次是华东地区，有72.7%；第三位是西北地区，有72.4%；第四位是华中南地区，有68.5%；第五位是华北地区，有68.3%；最低的是东北地区，只有68.1%。

表5—23　　　　不同区域对地方政府教育工作的评价　　　　（单位：%）

	西南	华东	西北	华中南	华北	东北
很好	18.80	16.40	17.60	12.80	13.60	10.90
比较好	57.10	56.30	54.80	55.70	54.70	57.20

续表

	西南	华东	西北	华中南	华北	东北
不太好	19.30	21.50	21.50	25.50	22.30	24.50
很不好	4.80	5.80	6.10	6.10	9.50	7.40

从教育程度来看，对地方政府提供优质资源、保障教育公平的评价持肯定态度的，初中及以下学历的是72%；高中中专技校学历的是68.6%；大专学历的是69.4%；大本及以上学历的是71.4%。最满意的是初中及以下学历的群体，满意度最低的是高中中专技校学历的群体。

表5—24　　　不同学历对地方政府教育工作的评价　　　（单位：%）

	初中及以下	高中中专技校	大专	大本及以上
很好	17.70	12.00	8.90	10.20
比较好	54.30	56.60	60.50	61.20
不太好	21.20	25.20	26.70	23.60
很不好	6.80	6.10	3.90	5.00

从代际来看，对地方政府教育工作的肯定态度，从50年代及以前到80年代，是处于递减的状态，分别是74.3%、72.2%、70.7%、64.9%，而到90年代及以后，持肯定态度的，有74.5%。不同代际的人群对地方政府教育工作的评价大多是认为比较好的。

表5—25　　　不同代际对地方政府教育工作的评价　　　（单位：%）

	50年代及以前	60年代	70年代	80年代	90年代及以后
很好	17.80	17.00	15.50	12.30	12.60
比较好	56.50	55.20	55.20	52.60	61.90
不太好	19.60	21.60	22.60	27.20	21.60
很不好	6.10	6.10	6.80	7.90	3.90

总体而言，对地方政府在提供教育保障的肯定评价上，农村高于城镇。地区来看，西南地区的肯定评价最高，东北地区的肯定评价最低。

教育程度来看，初中及以下学历的肯定评价最高，高中、中专、技校学历的肯定评价中是最低的。从代际来看，对肯定评价呈现出了两头高中间低的态势。

第三节　小结

我国劳动力资源丰富，就业压力一直很大，政府也在不断地采取积极的就业政策来促进就业。就业对于个人来说，不仅能够获得劳动报酬，而且能够实现个人的价值，丰富精神生活，促进人的全面发展。对于社会来说，就业能够使劳动力与生产资料有机结合，促进社会生产的发展，也能够起到社会稳定剂的作用。因此，就业的数量和质量同等重要。

在就业方面，可以看到目前存在着劳动者的工作时长远远超过国家法定时长、非农的劳动合同签订率不高、劳动者预期失业的比例在增长等状况。而且由于现阶段，我国区域、城乡之间的发展不平衡，顺带着区域间的劳动者收入、就业环境也产生了差异。在劳动合同签订率上，东部地区高于西部地区，城镇高于农村。在就业环境上，东部地区的满意度高于西部地区，城镇略高于农村。

不同单位/公司与不同职业的就业质量也存在着差异。在劳动合同签订率上，国有部门的劳动合同签订率均高于非国有部门；白领阶层的劳动合同签订率也高于蓝领阶层。在就业环境的满意度评价上，除了国有部门里面的国有企业及国有控股企业，其他的部门对就业的满意度均高于非国有部门；白领阶层对就业的满意度仍是高于蓝领阶层。

对地方政府在教育资源保障的评价方面，西部地区的肯定评价比东部地区要高。虽然东部地区的教育资源、教育人才数量一直优于西部地区，但是近几年，政府对西部地区的教育资源不断优化，大力引进东部地区优秀的教育资源与人才，可能造就了西部地区的满意度评价高于东部地区。此外，东部地区虽然教育资源优越，但是地区之间仍然存在着差异，这也可以成为当地政府今后不断努力的方向，减少地区内部的教育资源不平等问题。

第六章

社会凝聚报告

第一节 社会凝聚概念与测量

一直以来,我国采用 GDP 等经济指标来衡量社会发展的质量,但是这些指标逐渐暴露出单一的弊病,快速的经济发展不应当等同于社会整体质量的高水平发展。在借鉴欧洲社会质量理论的基础上,融合我国实际国情的、具有中国特色的社会质量指标体系中,包括社会经济保障、社会凝聚、社会包容和社会赋权四大维度。可见,社会凝聚是一个非常重要的分指标体系。对于任何一个社会而言,较高的社会凝聚力都是保证社会健康发展的重要指标。社会凝聚力是约束发展中国家社会改革和经济持续发展的重要变量,发展中国家的制度转型和经济增长必须以社会凝聚力为基础。从具体的指标设计来看社会凝聚,重点考虑社会认知方面的问题,其中包括社会规范、社会价值观等指标。通过对当前公众的社会信任状况、社会规范意识和公共服务意识等指标进行测量,能够较为客观、真实地反映出当前我国社会的内在凝聚水平。

一 公众信任

20 世纪初,德国社会学家齐美尔首次将"信任"引入社会科学研究范畴,他认为,社会信任代表着一种力量,通过个人并为个人服务,通过人类的交往并为人类交往服务,是一种最重要的社会整合力量(张连德,2011)。Molm(2000)将信任定义为在不确定性和风险情况下,在交换伙伴的积极意向和意愿的基础上,期望合作伙伴能够提供有益于自己的行动。即信任是在交换双方的个人属性和意愿、保证和期望的基础上对其做出有益于一方行动的期望和推断：这些推断是在已知具有激励作用的结构可以激发良性行为的基础上做出的。Pierpaolo Donati（2010）认为信任是一种态度，这种态度允许人们为了掌握未来日常生活的交往而做出风险性的决定。即信任是一种状态（modality），通过它，行动者可以保持其互惠性的期望稳定性，以便能够使人们在不同的情境中管理其日常生活中的交往。

根据信任理论，当处于不确定和复杂的社会情境时，公众会自动评估自身利益是否受到损害，并决定是否信任潜在的互动对象。通过这种判断，个体可对外在环境的不确定性和复杂性进行锚定，对其风险做出理性的评估。当公众在自身经历、个体感受以及各类信息基础上对外在环境做出正向性的综合判断或预期时，就会对外在环境予以信任，对之赋予安全性的评估，并在接下来的行动中展现参与、合作、包容等行动意志。信任程度越高，安全性也就越高，参与意识、合作意向、包容心态等行动意志的积极程度也就越高（邹宇春，2016）。

根据交往双方的身份，外在环境中的互动大体分为两类：一类是人际互动，发生在人际交往领域，交往对象包括家人、朋友、邻居等，催生人际信任；另一类是制度互动，互动对象是制度或者实施制度的代表，比如医生、法官、警察等，互动行为是以制度规范依托（邹宇春，2016）。涉及的题目是F1a1（请问您信任以下人员吗？1、亲人 2、朋友 3、邻居 4、同事 5、警察 6、法官 7、党政干部 8、公司企业老板 9、网店店主 10、教师 11、医生 12、陌生人），F1a2（请问，您信任以下机构吗？中央政府、区县政府、乡镇政府、工青妇等群团组织、工作单位/组织/公司、慈善机构、新闻媒体、互联网、银行、保险公司、医院、法院）。

二 社会规范与价值观

社会的正常运行离不开社会规范对人们行为的引导和调节，因此，社会规范成为社会科学领域中社会学、法学、经济学等多个学科所关心的概念。Cialdini及其同事（1991）将社会规范区分为描述性规范（descriptive norm）与指令性规范（injunctive norm）。描述性规范指个体对于社会特定情境中人们真实行为的知觉，而指令性规范则是个体知觉到的他人认同或反对的行为总和。研究发现，利用规范引导、调节人们的行为有时比教育、经济刺激、法律制裁更高效、更节约成本（Cialdini, Martin, Goldstein, 2015）。本章中我们将社会价值观操作化为社会公众的利他意识、信仰状况、道德水平、社会规范遵守和法律遵守。涉及的题目有 G2—1（现在社会上人们普遍的道德水平？）、G2—2（现在社会上人们的遵纪守法水平？）。

三　社会认同

目前研究"社会认同"的有两个学派，一个是以符号互动论为基础的认同理论，认为社会认同过程的实质是形成一定的角色认同；一个是欧洲的社会认同理论，对社会中的个体和群体间的互动给予了充分观照，强调个体基于群体关系的认知对其社会认知，并强调这种社会认知带来的情感和价值意义是个体社会认同的动力源泉和终极追求。

"认同"本身有多重意思。赵志裕从语义解释层面考察了社会认同的内容，认为社会认同包含"鉴别、辨析"和"等同"两种含义，前者赋予了社会认同"社会分类"的功能，使得个体能够依据个人和社会属性特征将自我和他人区分开来；后者则赋予社会认同"社会自居"的功能，个体将自我的社会认同建立在某一群体资格之上，从而自居为该群体的典型群体成员，吸纳个体所认为的该群体典型成员所特有的属性特征。王春光认为，"认同"概念"既包括客观的一些相似或相同特性，如相同的身份、相同的表现等，又包括心理认识上的一致性及由此形成的关系"（汪新建、柴民权，2014）。

国外研究将社会认同分为四种类型：（1）基本规范（规范内容）——界定群体成员的规范或规则。（2）社会目标（目的内容）——被群体成员公认的目标。（3）关系比较（关系内容）——成员对其他群体的看法和观念。（4）认知模型（认知内容）——群体成员的世界观及其对周围社会环境的看法。"基本规范"和"社会目标"都与群体成员义务的履行相关，但方式不同：前者关注强制性的约束；后者强调目标实现的义务。"关系内容"假设社会认同由群体之间的竞争性行为产生，成员的行为在一定程度上是对外群体的反映。"认知内容"是群体成员看待世界的方式，影响个人对自我、群体、他人的理解和看法。本次调查将社会认同操作化为国家认同、地方认同、人际关系认同。涉及的具体题目是 G1—2（我经常为国家取得的成就而感到自豪）。

第二节　当前中国的社会信任水平

一　人际信任水平

人际信任在发生在人际交往领域，交往对象主要包括家人、朋友等，彼此之间的信任催生人际信任。人际信任是社会信任的一个重要组成部分。当人们对于这些互动对象产生积极的评价时，便会选择信任对方，对于提升我国的社会信任有正向作用。

数据显示，受访者的人际信任呈现差序格局的状态。即受访者对亲人的信任度最高，其次是朋友、邻居，对陌生人的信任度最低。把"非常信任"和"比较信任"合并，可以发现受访者信任亲人的比例达到96.8%，信任朋友的比例低了约11个百分点，为85.1%，信任邻居的比例为80.4%，对陌生人的信任比例不足一成，为8.4%。可以说，受访者对家人的信任度远高于对其他人际对象的信任度。这种人际信任的差序格局与费孝通先生发现的乡土社会中的人际关系差序格局颇为相似，即以自己为圆心，对自己关系越亲密的人，信任度越高。需要注意的是，对陌生人极低的信任度，反映当前社会与陌生人互动的质量和效率存在极大的提升空间。

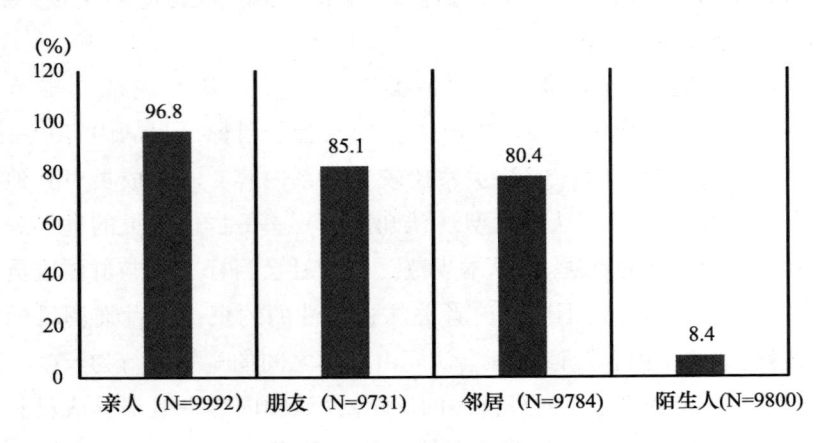

图6—1　各群体信任度

（一）代际

数据结果显示，不同类型的人际信任在代际上存在显著的差异，呈差序格局状态。

表6—1　　　　　　　　不同代际的人际信任　　　　　　（单位：%）

	亲人 N = 9992	朋友 N = 9731	邻居 N = 9788	陌生人 N = 9797
	信任	信任	信任	信任
50后及以前	95.80	85.10	85.50	8.90
60后	96.30	83.60	83.90	8.10
70后	97.00	82.80	82.00	8.00
80后	97.20	84.20	75.20	7.40
90后	97.90	90.60	76.10	10.00
合计	96.80	85.10	80.50	8.40

数据显示，在对亲人的信任上，世代差异不明显。90后对家人的信任比例最高，为97.9%，50后及以前的人对亲人的信任比例最低，为95.8%，两者仅相差2.1个百分点；对朋友，90后对朋友的信任比例最高为90.6%，70后最低为82.8%，两者相差7.8个百分点；对于邻居，50后及以前对于邻居的信任比例最高为85.5%，80后对于邻居的信任比例最低，为75.2%，二者相差10.3个百分点；对于陌生人，整体走低。90后对陌生人的信任比例最高，为10%，80后对陌生人的信任比例最低，为7.4%。可见，从代际差异来看人际信任的差异。对于亲人，各代际的信任比例均较高，在95%以上；90后对朋友的信任比例在各代际中居最高；50后及以前对邻居的信任比例在各代际中为最高，为85.5%；其次，90后对于陌生人的信任度最高。

（二）收入

数据显示，不同的收入群体在人际信任上有所差异。总体来看各收入群体对亲人的信任度最高，对陌生人的信任度最低。

表6—2　　　　　　　不同收入群体的人际信任　　　　　　（单位：%）

	亲人 N=9992	朋友 N=9733	邻居 N=9786	陌生人 N=9803
	信任	信任	信任	信任
5000以下	96.90	84.00	79.70	8.10
5001—18000	95.90	82.40	81.30	6.60
18001—30000	96.90	83.90	80.20	8.60
30001—50000	97.30	87.10	80.50	7.90
50000以上	97.30	90.60	81.30	11.80
合计	96.80	85.10	80.50	8.40

数据显示，人们对于亲人的信任度最高，各收入群体之间没有显著差异，均达到95%以上；较高收入群体对朋友的信任度最高，达到90.6%；对邻居的信任度，不同收入群体没有显著差异，基本在80%左右；对陌生人的信任度最低，多数不足10%，只有较高收入群体对陌生人的信任度最高，但也仅为11.8%。这说明了我国人们之间的相互交流密度较低，主要围绕在亲人群体和朋友群体，而对邻居的信任度低于亲人和朋友，这说明了邻居对当前民众的人际支持在下降，如果从社区信任入手，提高社区邻里之间的信任将更好提升我国人际信任质量。此外，我国民众对陌生人的接纳度相对较低，这说明了低收入群体与他人交往中出现了阻力，难以融入社会。

（三）受教育程度

民众的人际信任程度与其受教育程度存在明显的正相关关系，即民众的受教育程度越高，其人际信任程度越高，反之，则越低。如表6—3所示，学历为初中及以下、高中中专技校、大专、大本及以上的民众对亲人的信任比例分别为95.9%、98%、99.1%和98.4%，对朋友的信任比例分别为80.8%、88%、93.7%和96.2%，对邻居的信任比例分别为81%、80.7%、76.6%和79.6%，对陌生人的信任比例为7.1%、9.4%、11.8%和11.3%。

表6—3　　　　　　　　不同受教育程度的人际信任　　　　　　　　（单位：%）

	亲人 N=9993 信任	朋友 N=9773 信任	邻居 N=9786 信任	陌生人 N=9798 信任
初中及以下	95.90	80.80	81.00	7.10
高中、中专、技校	98.00	88.00	80.70	9.40
大专	99.10	93.70	76.60	11.80
大本及以上	98.40	96.20	79.60	11.30
合计	96.80	85.10	80.40	8.40

可见，整体而言，民众的受教育程度越高，其人际信任程度也就越高。原因在于受教育程度代表了民众掌握的资源和能力，一般而言，具有更高学历的民众掌握着更多的资源并具备较强的能力，对资源和能力的掌握使得高学历群体能够在人际交往中具备更强的抵抗失信行为的能力。

（四）职业

数据显示，人际信任在不同的职业群体上表现不一。对于亲人，各职业群体差异不明显，均在96%以上，对于朋友，白领对其信任度最高，达90.7%，蓝领对其信任度最低，为82.6%，二者相差8.1个百分点，对于邻居，蓝领对其信任度最高，为84.3%，对于陌生人，白领对其信任度最高，为11.7%，高于信任度最低的蓝领4个百分点。可见，意味着掌握更多资源的白领对于朋友和陌生人的信任度相对于其他职业群体更高一些，说明了资源越多越有利于群体之间的互动，同时更能提供较强的交往资源支撑。

表6—4　　　　　　　　不同职业的人际信任　　　　　　　　（单位：%）

	亲人 N=6391 信任	朋友 N=6248 信任	邻居 N=6257 信任	陌生人 N=6279 信任
白领	98.2	90.7	78.7	11.7
灰领	97.1	85.9	79.4	8.7

续表

	亲人 N=6391 信任	朋友 N=6248 信任	邻居 N=6257 信任	陌生人 N=6279 信任
蓝领	96.7	82.6	84.3	7.7
其他	96.0	84.1	78.6	8.9
合计	97.1	85.4	81.5	9.0

(五) 城乡

数据显示，除邻居外，人际信任在城乡上差异不明显。对于亲人，城镇和乡村都高达96%以上的信任度，对于朋友，城镇和乡村都高于83%，二者仅相差2.3个百分点，对于邻居，城镇对其信任度为78.2%，乡村对其信任度为83.5%，二者相差5.3个百分点，对于陌生人，城镇和乡村均不足一成。在我国从"熟人社会"转向"半陌生人社会"的过程中，原有的邻里关系仅在农村还有较高程度的保留，而城镇集体更多是对邻居概念的模糊，可见邻居对于城镇居民的人际支持也相对较低。如从社区信任入手，提高社区内的邻里信任将对于我国民众提供更好的社会支持，我国民众之间的互相沟通更加顺畅，民众的社会融合度将会更高。

表6—5　　　　　　　不同地区的人际信任　　　　　　（单位：%）

	亲人 N=9991 信任	朋友 N=9731 信任	邻居 N=9785 信任	陌生人 N=9800 信任
城镇	96.9	86.1	78.2	8.8
乡村	96.7	83.8	83.5	7.9
合计	96.9	85.1	80.4	8.4

二　制度代表信任情况

制度作为传统人际架构范围之外的行动准则或办事规程，是对"非人际"关系领域内的社会互动的一种规范和承诺。制度代表指的是制度体制内工作的人员，包括警察、法官、党政干部、公司企业老板、网店店主、教师和医生。公众之所以会对制度代表产生信任，主要在于相信这些制度会给自身带来利益，并且能够在相应的领域内实现对公众的承诺。

数据显示，制度信任内部存在显著不同，教师获得的信任度最高、网店店主的信任度最低。在对警察、法官、党政干部、公司企业老板、网店店主、教师和医生七类制度代表的信任评估中，公众对于教师的信任度最高，达到85.6%。随后是医生（80.1%）、警察（75%）、法官（74.6%）、党政干部（63.5%）、公司企业老板（56%）和网店店主（41.1%）。公众对各类制度代表存在着不同程度的信任，说明公众对这些制度代表能够给自身带来利益和履行承诺存在着不同程度的考量。

公众对法官、党政干部和警察的信任度有所提升。与CSS2015的相关数据相比，法官（60.9%）获得的信任度上升了13.7个百分点；党政干部（53.8%）获得的信任度上升了9.7个百分点；警察（68.2%）获得的信任度上升了6.8个百分点；法官、党政干部、警察都属于政府部门，是公权的代表，这三类制度代表的公众信任度上升，说明近两年我国的公权力工作取得一定成效，党员干部正不断努力为百姓干实事，做好事。不过，由于党员干部特殊的身份地位，理应为人民服务。但是仍有需要改进的地方，要努力提升在百姓心中的地位。

表6—6　　　　　各制度代表的信任度　　　　　（单位：%）

	信任
教师	85.6
医生	80.1
警察	75.0
法官	74.6
党政干部	63.5
公司企业老板	56.0
网店店主	41.1

(一) 代际

数据显示，不同的制度代表在不同的代际中信任度存在显著差异，除教师、医生外，对其他制度代表随着代际的提升信任度不断降低。对警察的信任上，随着代际的增加，信任感下降。50后及以前的人对其信任度最高达83.2%，90后对其信任度最低仅为74.4%，二者相差8.8个百分点；对于法官的信任度，50后及以前的人对其信任度最高为80.9%，比最低信任度的80后（70.7%）高了10.2个百分点；对党政干部的信任，50后及以前对其信任比例最高为72.8%，80后对其信任度最低为57.8%；对于公司企业老板的信任，60后以前的人对其信任度最高为59.6%，90后对其评价最低为53%；在对网店店主信任上，50后及以前的人对其信任度最高为42%，90后对其评价最低为39.3%；对教师的信任度，90后对教师的信任比例最高为89.4%，80后的信任比例最低为83.4%，二者相差6个百分点；在对医生的信任上；50后及以前对医生的信任比例最高达83.3%，80后最低仅为75.9%。

整体来看，80后对于制度代表的信任度最低。究其原因与80后生活的年代有关，80后这部分群体正好处在社会政策变革的过程中，好多国家的惠民政策没有在他们身上体现，而作为新生代的90后相比于80后来说，享受了国家更多的福利待遇和优惠政策，所以80后这部分群体的满意度相对较低，对于制度代表的满意度也相对较低。

表6—7　　　　　不同代际的制度代表信任　　　　（单位：%）

	警察 N=9489	法官 N=8546	党政干部 N=9284	公司企业 老板 N=7973	网店店主 N=7529	教师 N=9713	医生 N=9832
50后及以前	83.2	80.9	72.8	59.6	42.0	84.9	83.3
60后	76.2	73.4	64.6	58.4	41.6	84.7	79.6
70后	73.4	72.5	60.5	55.7	41.4	85.8	79.6
80后	70.1	70.7	57.8	55.1	41.9	83.4	75.9
90后	74.4	77.6	64.4	53.0	39.3	89.4	82.8

（二）收入

数据显示，制度代表的信任度在不同的收入群体中表现不一。对于警察、法官、党政干部来说，年收入在18000元以下的群体对其信任度更高；对于公司企业老板和网店店主来说，收入在50000元以上的群体对其信任度更高；对于教师和医生来说，收入在18000元以下的群体对其信任度更高一些。可见，较低收入的群体对公权力代表更加信任。

表6—8　　　　　　　不同收入群体的制度代表信任　　　　　　（单位：%）

	警察 N=9488	法官 N=8545	党政干部 N=9289	公司企业老板 N=7974	网店店主 N=7530	教师 N=9713	医生 N=9831
5000以下	78.50	78.70	65.80	54.60	39.10	88.80	83.00
5001—18000	76.50	75.30	65.30	55.90	41.50	87.70	81.90
18001—30000	71.40	70.80	60.10	54.60	39.10	80.60	76.70
30001—50000	72.70	72.10	60.80	57.20	41.50	83.50	76.40
50000以上	71.75	71.40	62.60	59.60	46.90	83.60	78.40
总计	75.00	74.60	63.50	56.00	41.10	85.60	80.10

（三）受教育程度

数据显示，制度代表的信任度在不同受教育程度群体上存在显著差异。整体来看，对制度代表的信任度随着受教育程度的提升而不断提高。对警察，高中中专技校对其信任度最低，为71.6%；对法官，高中中专技校对其信任度最低为72.5%，对于党政干部，初中及以下对其信任度最低，为62%；对公司企业老板，高中中专技校对其信任度最低，为54%；网店店主中，初中及以下对其信任度最低，为39.2%；对于教师，高中中专技校对其信任度最低，为82.6%；对医生，高中中专技校对其信任度最低，为76.5%。可见，高中中专技校以下学历群体对制度代表的信任度相对较低，其中，高中中专技校学历群体对于制度代表的信任度最低，大本及以上学历群体对制度代表的信任度最高。

表6—9　　　　　　　不同受教育程度的制度信任　　　　　　（单位：%）

	警察 N=9487	法官 N=8544	党政干部 N=9287	公司企业老板 N=7975	网店店主 N=7528	教师 N=9714	医生 N=8832
初中及以下	74.50	73.60	62.00	57.40	39.20	85.60	80.00
高中中专技校	71.60	72.50	62.40	54.00	43.90	82.60	76.50
大专	76.50	76.80	64.90	54.30	42.90	84.90	80.60
大本及以上	81.70	81.60	71.70	54.50	42.70	91.60	86.90
合计	75.00	74.60	63.50	56.00	41.10	85.60	80.10

（四）职业

数据显示，各制度代表在不同职业群体中的信任度不同。对法官来说，蓝领对其信任度最高，为77.3%；对党政干部来说，白领对其信任度最高，为67.6%；对警察来说，蓝领对其信任度最高，为77%；对公司企业老板来说，白领对其信任度最高，为60.6%；对网店店主来说，白领对其信任度最高，为46.4%；对教师来说，整体较高，但蓝领最高，为88.4%；对医生来说，蓝领对其信任度最高，为82.5%。可见，蓝领对制度代表的信任度最高，尤其是对公权力代表者的信任度较高。其次是白领，其主要对公司企业老板和网店店主的信任度相对于其他群体较高一些。

表6—10　　　　　　不同职业群体的制度代表信任　　　　　　（单位：%）

	法官	党政干部	警察	公司企业老板	网店店主	教师	医生
合计	74.1	62.8	74.5	57.9	42.3	85.7	79.7
白领	75.7	67.6	76.9	60.6	46.4	84.5	78.5
灰领	68.3	57.1	68.8	56.3	42.5	81.7	75.7
蓝领	77.3	63.6	77.0	57.4	39.5	88.4	82.6
其他	68.9	61.8	70.6	57.3	40.2	87.1	80.6

（五）城乡

数据显示，除网店店主外，各制度代表在城乡地区的信任度，以乡村地区最高。其中，对于警察的信任度上，城乡相差4.2个百分点；对于法官的信任度上，城乡相差4.7个百分点；对于教师的信任度上，城乡相差4.5个百分点；对于医生的信任度上，5.5个百分点。此外，对党政干部、公司企业老板、网店店主的信任度上，城乡差异不显著。整体来看，乡村地区对于各制度代表的信任度较高，这反映了我国民风质朴，老百姓对于公权力代表者的信任度更高。

表6—11　　　　　　不同地区的制度代表信任　　　　　（单位：%）

	警察	法官	党政干部	公司企业老板	网店店主	教师	医生
城镇	73.30	72.70	62.20	55.10	41.90	83.70	77.80
乡村	77.50	77.40	65.10	57.30	39.90	88.20	83.30

三　制度机构信任情况

制度机构是对"非人际"关系领域的社会互动规范的执行机构。一般包括：中央政府、区县政府、乡镇政府、团组织、工作单位/组织/公司、慈善机构、新闻媒体、互联网、银行、保险公司、医院、法院。这些机构具有代表性，考察他们的信任度可以从侧面反映出我国民众对于制度机构的信任度。

表6—12　　　　　　各制度机构的信任度　　　　　　（单位：%）

中央政府	区县政府	乡镇政府	工青妇等团组织	工作单位/组织/机构	新闻媒体	慈善机构	保险公司	医院	银行	法院	互联网
91.1	73.3	67.2	74.8	78.5	67.8	65.1	60.4	80.1	89.2	79.2	53.3

数据显示，中央政府的公信力最高，互联网的信任度最低。民众对于中央政府的信任度最高，达91.1%，其次是银行（89.2%）、医院

(80.1%)、法院（79.2%）、工作单位/组织/公司（78.5%）、工青妇等团组织（74.8%）、区县政府（73.3%）、新闻媒体（67.8%）、乡镇政府（67.2%）、慈善机构（65.1%）、保险公司（60.4%），对互联网的信任比例最低，仅为53.3%。可见，政府机关中，中央政府的公信力最高，但是区县政府和乡镇政府的公信力却不足。互联网这一新兴机构，民众对其可靠性还在观察中，信任度较低，应该加强对互联网的监管，提高公众对其信任度，对我国经济社会的发展发挥出更强大的作用。对于工青妇等团组织，民众中有74.8%的人对其比较信任。

（一）代际

数据显示，不同的制度机构的信任度在代际上的差异较为显著。对于政府来说，政府可分为中央政府、区县政府和乡镇政府。对于这三种级别的政府来说，50后及以前对其信任度最高，80后对其信任度最低，60后、70后、90后居中；对于工、青、妇等团组织的信任，随着代际的递增而不断降低。50后及以前对其信任比例最高为80.6%，80后对其信任度最低为70%；对于工作单位/组织/公司的信任，90后对其信任度最高为79.9%，60后对其信任度最低为76.2%；对于慈善机构的信任，50后及以前对其信任度最高为75%，比对其信任度最低的80后（57.6%）高了17.4个百分点；对于新闻媒体的信任度，50后及以前对其信任度最高为78.2%，90后（62.8%）对其信任度最低；对于互联网，90后对其信任度最高达55.2%；对于银行，各代际群体对其信任度差异不大；对于保险公司，90后对其信任度最高为65.6%，80后（56.6%）对其信任度最低；对于医院，民众对其整体信任度较高，50后及以前对其信任度最高为82.8%，80后（76.5%）对其信任度最低；对于法院，50后及以前和90后对其信任度均为82.6%，80后（75.5%）对其信任度最低。

可见，50后及以前对于各制度机构的信任度最高，80后对于各制度机构的信任度最低，60后、70后、90后对各制度机构的信任度处于中间位置。其中，90后对于互联网和保险公司的信任度较其他代际群体的信任度较高。

表 6—13　　　　代际对制度机构信任度的影响　　　　（单位：%）

	中央政府	区县政府	乡镇政府	工、青、妇等团组织	工作单位/组织/公司	慈善机构	新闻媒体	互联网	银行	保险公司	医院	法院
50 后及以前	95.90	80.00	73.40	80.60	79.10	75.00	78.20	51.80	90.10	63.60	82.80	82.60
60 后	94.10	75.20	66.70	76.30	76.20	69.20	72.10	51.40	89.80	59.90	80.10	79.40
70 后	91.10	72.70	66.70	73.70	79.60	64.20	65.50	51.00	89.30	57.80	79.60	77.40
80 后	86.30	67.00	61.20	70.00	77.30	57.60	63.90	52.00	86.30	56.60	76.50	75.50
90 后	89.40	75.70	70.00	75.70	79.90	63.10	62.80	55.20	90.50	65.60	82.30	82.60

（二）收入

数据显示，不同收入群体对各制度机构的信任度呈现显著差异。对政府的信任度上，各收入群体对其信任度差异不显著，但整体上对中央政府的信任度最高，对乡镇政府的信任度最低。较低收入群体对慈善机构、新闻媒体、保险公司、医院和法院等公权力制度机构的信任度较高；较高收入群体对工青妇等团组织、工作单位/组织/公司、互联网等社会组织机构的信任度较高。

低收入群体对公权机构的信任度高。低收入群体享受到的国家优待更多，接触社会保障政策的可能性越高，或许是他们更信任制度机构的主要原因。

表 6—14　　　　不同收入群体的制度机构信任　　　　（单位：%）

	中央政府	区县政府	乡镇政府	工青妇等团组织	工作单位/组织/公司	慈善机构	新闻媒体	互联网	银行	保险公司	医院	法院
5000 以下	91.50	74.80	69.10	75.60	74.80	69.20	69.30	50.90	90.70	63.30	82.30	82.30
5001—18000	91.40	75.80	68.10	72.60	74.10	66.30	68.40	50.70	88.70	58.90	81.40	78.30
18001—30000	90.80	71.50	64.60	72.80	79.20	65.00	67.00	52.90	88.40	58.20	77.90	78.40

续表

	中央政府	区县政府	乡镇政府	工青妇等团组织	工作单位/组织/公司	慈善机构	新闻媒体	互联网	银行	保险公司	医院	法院
30001—50000	90.60	72.60	66.20	76.90	81.60	61.40	66.20	52.20	87.70	56.40	77.80	77.40
50000以上	91.00	72.90	65.80	75.20	85.60	58.30	66.50	56.50	88.60	62.30	78.10	75.80
合计	91.70	73.70	67.20	74.80	78.50	65.10	67.80	52.30	89.20	60.40	80.10	79.20

（三）受教育程度

数据显示，制度机构的信任度与受教育程度呈正比，即受教育程度越高，对制度机构的信任越高。除慈善机构、新闻媒体和互联网以外，大本及以上学历群体对其他各制度机构的信任度最高，初中及以下学历群体对各制度机构的信任度较低。

民众受教育程度越高，其所掌握的知识文化资源也就越多，从而能够对现存的各制度机构及其各项制度有充分了解并有可能实现平等有效对话，对制度的过程更为认可，从而增强了其对制度及其制度机构的信任程度。从学历与各制度机构信任的关系可以看出，提高制度机构信任的核心还是在于提高民众对制度过程的认可与接纳，而非只是采用结果导向型的价值评判方式，这或许是教育所带来的最重要的影响。

表6—15　　　　　　不同受教育程度的制度机构信任　　　　　（单位：%）

	初中及以下	高中中专技校	大专	大本及以上	合计
中央政府	91.00	91.50	89.30	92.80	91.70
区县政府	72.10	72.60	76.20	81.90	73.70
乡镇政府	65.10	66.20	72.20	75.80	67.20
工青妇等团组织	72.80	75.10	78.40	80.00	74.80
工作单位/组织/公司	74.10	81.40	83.70	87.30	78.50
慈善机构	68.70	61.80	57.50	59.60	65.10

续表

	初中及以下	高中中专技校	大专	大本及以上	合计
新闻媒体	69.50	66.40	65.40	64.10	67.80
互联网	50.80	54.60	56.10	52.10	52.30
银行	89.40	88.60	89.80	88.90	89.20
保险公司	59.70	60.20	60.80	63.60	60.40
医院	79.30	78.80	80.70	85.50	80.10
法院	78.80	76.30	81.00	84.70	79.20

（四）城乡

数据显示，城乡对不同制度机构信任度影响不同。除乡镇政府和工作单位/组织/公司外，乡村对各制度机构的信任度更高。城镇群体对乡镇政府和工作单位/组织/公司的信任度更高。

传统中国农业社会，人们在分散的封闭性地域中因熟悉而产生信任，这种感性的、自觉的信任经个体人格系统、行为习惯、宗教信仰、文化引导、威慑性的权力钳制等环节，扩展到担负着国家、政府自身管理和社会管理的行政体系的信任，形成了习俗型政府信任关系。而对城市居民而言，虽然他们仍然保留了传统中过去农民习俗性政府信任关系的特质，但工业化和市场化的冲击以及由此带来的民众观念和政治生活的改变，削弱了他们对政治体制和政府机构的信任水平；单位化管理形式让他们形成了对工作单位/组织/公司的较高信任度（高学德、翟学伟，2013）。

表6—16　　　　　　　　城乡的制度机构信任度　　　　　　（单位：%）

	城镇	乡村	合计
中央政府	90.40	92.20	91.1
区县政府	73.20	74.50	73.7
乡镇政府	67.60	66.60	67.2
工青妇等团组织	74.30	75.50	74.8

续表

	城镇	乡村	合计
工作单位/组织/公司	80.00	76.10	78.5
慈善机构	63.10	67.90	65.1
新闻媒体	65.90	70.60	67.8
互联网	52.10	52.60	52.4
银行	88.10	90.80	89.2
保险公司	58.60	62.90	60.4
医院	78.40	82.40	80.1
法院	77.70	81.30	79.2

（五）职业

数据显示，不同职业对制度机构的信任度有显著影响。对政府的信任度中，各职业群体对中央政府的信任度最高，对乡镇政府的信任度较低。此外，白领对工青妇等团组织、工作单位/组织/公司的信任度较高，蓝领对慈善机构、新闻媒体的信任度最高，灰领则处于居中位置。

白领具有较高学历、有丰富的专业知识、有较强的创新能力。在单位、企业里工作比例更高，对于这一制度机构更加了解，从而表现出对这一机构高信任。蓝领群体对于公权力制度机构的高信任度主要在于他们希望公权力机构能够给予一定的权利支持，也是他们了解外部信息的主要来源，这也使得蓝领群体更加信任公权力制度机构。

表 6—17　　　　　　　不同职业的制度机构信任　　　　　（单位：%）

	合计	白领	灰领	蓝领	其他
中央政府	91.3	91.3	87.3	93.5	92.9
区县政府	73.6	78.1	69.6	74.5	66.5
乡镇政府	65.8	72.1	63.2	64.7	62.7
工青妇等团组织	74.6	79.5	70.9	74.3	71.7
工作单位/组织/公司	79.9	88.9	78.8	75.2	75.9
慈善机构	63.9	59.9	58.8	69.5	62.6

续表

	合计	白领	灰领	蓝领	其他
新闻媒体	68.3	68.0	63.4	72.1	63.3
互联网	52.1	55.8	51.1	50.7	51.6
银行	89.2	88.6	87.5	90.7	87.0
保险公司	59.4	59.9	57.0	60.7	59.1
医院	79.6	80.0	75.8	81.6	80.4
法院	78.4	79.2	73.7	81.2	74.6

第三节 当前中国的社会规范与价值观状况

社会凝聚子系统中一个重要的测量指标就是公众对社会规范的遵守水平。从社会规范来说，包括非正式的社会制度规范和正式的社会制度规范，在这里我们分别从社会公众的信仰水平、对道德的遵守水平和对法律的遵守水平几个层面进行了测量。

首先，从信仰层面来说，大多数受访者认为我国当前社会缺乏信仰，有62%的人很同意或比较同意"现在社会大多数人都没有什么信仰"这一说法。其次，受访者对当前社会的道德水平的评价也不高，以10分制计平均分为6.08。最后，受访者对当前社会的法律遵守水平评价略高于信仰水平和道德水平，以10分制计平均分为6.56。值得关注的是，中青年群体对社会道德和法律遵守的评价显著低于平均值，说明中青年人对社会道德和遵纪守法的评价更倾向于负面。

一 规范和价值观的一般水平

任何文明都是以"价值信仰"为核心的生存共同体。"价值信仰"在很大程度上决定着文明的性质和发展方向，是文明凝聚力的基础和精神源泉，关系到文明的性质和发展方向。所以，任何文明都必须重视"价值信仰"体系的构建，形成强大且一致的社会共识，推动国家和社会不断向前进步。

数据显示，超过六成的受访者认为我国公众缺乏信仰。其中，教育程度、收入、职业和城乡对此有显著影响，代际无显著影响。我国一直提倡培育和践行社会主义核心价值观，这是一项宏大的国民铸魂工程，担负着在经济全球化时代塑造国民"价值信仰"的重大责任。而培育和践行社会主义核心价值观的关键点在于实现国民认同和建立信仰上，要着力提高国民素质。当前，我国民众中有超过六成的人缺乏信仰，可见，我国目前的国民素质还没完全提升，还没有形成一致的社会认同感，细化到具体的"日常意识"没有形成。所以，我们要从日常意识入手，将影响广大群众的价值评价和行为选择的"实践意识"牢牢抓住，将"思想体系"普及为社会心理，变成人们的自觉信念，从而形成强大的国民认同，进而形成一种社会信仰。

（一）受教育程度

当问到"现在大多数人都没有什么信仰"时，初中及以下学历群体有64.3%的人同意；高中中专技校中有68.2%的人同意；大专有68.2%的人同意；大本及以上有72.3%的人同意。可见，受教育程度越高，越倾向于认为我国公众缺乏信仰。

受教育程度越高的群体对问题的认识更深刻，更认识到当前我国社会核心价值观并没有真正深入人心，形成强大的社会认同。这也说明当前我国的教育中并没有很好地将核心价值观贯彻到课程中去，因此，还需完善高等教育的课程设置，争取将核心价值观融入实际教学中，助力我国公民形成强大的社会认同。

表6—18　　　　不同受教育程度的公众信仰问题的评价　　　　（单位：%）

受教育程度（N=9395）	同意
初中及以下	64.30
高中中专技校	68.20
大专	68.20
大本及以上	72.30
总计	66.40

（二）收入

数据显示，不同收入群体对国民信仰问题的认识不同，高收入群体更倾向于认为我国国民缺乏信仰。一般情况下，高收入群体的受教育程度较高，认知更深刻。此外，高收入群体中也有很多商人，他们更多追求经济利益最大化，对于精神修养的关注相对较少。

表6—19　　　　　不同收入群体的国民信仰评价　　　　（单位：%）

收入分组	同意
总计（N=9395）	66.40
5000以下	65.60
5001—18000	64.30
18001—30000	66.70
30001—50000	68.10
50000以上	68.40

（三）职业

数据显示，超过六成受访者认为我国公众缺乏信仰。其中，白领和灰领中有超过68%的人认为我国公众缺乏信仰，蓝领有63.2%的人认为我国公众缺乏信仰，二者相差约5个百分点。白领更多是受过高等教育的群体，且较多生活在城市中，很难形成一致的社会认同感，所以会认为公众缺乏信仰。

表6—20　　　　　不同职业的公众信仰评价　　　　（单位：%）

职业分组	同意
合计（N=6027）	66.1
白领	68.2
灰领	68.4
蓝领	63.2
其他	67.5

（四）城乡

数据显示，城镇中有67.7%的人认为信仰缺失，乡村有64.6%的人认为信仰缺失，二者相差3.1个百分点。城镇居民更倾向于认为我国公众缺乏信仰,城镇相比于乡村更早接触到多元文化的冲击,社会认同感相较于乡村更弱。

表6—21　　　　　　　　城乡的公众信仰评价　　　　　　　（单位:%）

城乡（N=9395）	同意
城镇	67.70
乡村	64.60
总计	66.40

二　道德水平评价

数据显示,受访者对当前社会的道德水平的评价也不高,以10分制计平均分为6.08。近些年,在我国经济发展、社会进步的同时,道德水平却有待提升,出现了种种道德缺失、悖德现象。如:某些干部为政不廉,贪污受贿,腐化堕落;一些生产经营者诚信缺失,坑蒙拐骗,唯利是图;公德领域行为失范,见死不救,见义不为;社会上拜金主义、享乐主义有所滋长;传媒低俗媚俗之风日益盛行;甚至还有卖淫、嫖娼、吸毒、赌博等旧社会的沉渣泛起。这些问题引发了人们对社会道德状况的不满。

（一）代际

数据显示,世代与我国社会道德水平评价成反比,即世代越晚,对我国社会道德的评价越低。50后及以前对我国社会道德评价最高,80后对我国社会道德评价最低,70后对我国社会道德水平的评价也低于均值。可见,我国中青年群体对我国社会道德水平的评价更倾向于负面。

表6—22　　　　　　　不同代际的道德水平评价　　　　　　　（单位:分）

	均值	N	标准差
总计 N=9985	6.08	9985	1.928
50后及以前	6.44	1597	2.055
60后	6.18	2082	2.069
70后	6.07	2235	1.887
80后	5.84	2139	1.873
90后	5.94	1931	1.708

（二）收入

数据显示，年收入在5001—18000元和50000元以上的群体对社会道德水平的评价高于均值，其他收入群体均低于均值。可见，不同收入群体对社会道德水平评价不一，收入高的群体评价相对较高一些。

表6—23　　　　　　　不同收入的道德水平评价　　　　　　（单位：分）

个人总收入分组	均值	N	标准差
总计	6.08	9985	1.928
5000以下	6.04	3546	2.020
5001—18000	6.22	1676	2.049
18001—30000	6.01	1832	1.871
30001—50000	6.04	1547	1.841
50000以上	6.13	1383	1.684

（三）职业

数据显示，灰领对社会道德水平的评价最低。灰领是有着较高知识层次和较强动手能力的复合型人才群体。且当前灰领职业群体主要以中青年为主体，对于社会道德水平的评价低于平均值，可见他们对社会道德评价更倾向于负面。

表6—24　　　　　　　不同职业的道德水平评价　　　　　　（单位：分）

	均值	N	标准差
白领	6.16	1431	1.688
灰领	5.86	1665	1.847
蓝领	6.25	2879	2.062
其他	6.05	399	1.974
总计	6.11	6373	1.928

（四）城乡

数据显示，乡村对于社会道德水平的评价较高于城镇。但总体上，我国居民对于社会道德评价水平较高。

表 6—25　　　　　　　　　城乡的道德水平评价　　　　　　　（单位：分）

	均值	N	标准差
城镇	5.97	5855	1.866
乡村	6.23	4130	2.004
总计	6.08	9985	1.928

三　法律遵守状况

数据显示，当前民众对社会上遵纪守法行为评价较好。俗话说：没有规矩，不成方圆。对一个公民来说，是否自觉维护公共场所秩序，纪律观念、法制意识强不强，体现着他的精神道德风貌。遵纪守法同时也是保护社会健康、有序发展的基础。当前我国民众的遵纪守法水平较高，这也为我国社会健康有序发展打下了坚实基础。

（一）代际

数据显示，世代越晚，对社会遵纪守法水平的评价越低。50后及以前对于社会道德水平的评价最高，为6.99，90后、80后对社会遵纪守法水平的评价均低于平均值，分别为6.18和6.28，处于低位。可见，我国中青年群体对社会遵纪守法水平的评价整体呈负面倾向。

表 6—26　　　　　　　　不同代际的遵纪守法评价　　　　　　（单位：分）

	均值	N	标准差
总计	6.56	9953	1.904
50后及以前	6.99	1590	1.946
60后	6.80	2072	1.978
70后	6.61	2222	1.857
80后	6.28	2138	1.888
90后	6.18	1931	1.733

（二）受教育程度

数据显示，随着受教育程度的提高，公众对社会遵纪守法的评价越低。初中及以下最高为6.65，大本及以上对社会遵纪守法水平评价最低为6.38。受教育程度越高，更知法、懂法和守法，对社会问题的观察越细致，对社会遵纪守法的认识更深刻，因此，在看到一些违法乱纪的事情时，内心的冲击会更大，所以对社会遵纪守法的评价会越低。

表6—27　　　　　　不同受教育程度的遵纪守法评价　　　　　（单位：分）

受教育程度分组	均值	N	标准差
总计	6.56	9953	1.904
初中及以下	6.65	5995	2.037
高中中专技校	6.40	1937	1.765
大专	6.48	886	1.590
大本及以上	6.38	1135	1.572

（三）收入

数据显示，人们对于我国民众遵纪守法的评价在收入分组上呈现波浪状，但从整体来看，差异不显著。

（四）城乡

数据显示，乡村地区对于我国民众遵纪守法水平的评价比城镇要高。乡村评价为6.67分，城镇地区对民众遵纪守法的评价为6.48分。可见，在乡村，公众的行为更加符合社会法治规范，相较之下乡村居民对社会遵纪守法的评价更高。

表6—28　　　　　　　城乡对遵纪守法的评价　　　　　　　（单位：分）

	均值	N	标准差
城镇	6.48	5835	1.846
乡村	6.67	4118	1.978
总计	6.56	9953	1.904

（五）职业

数据显示，不同职业群体对于我国民众遵纪守法水平的评价不一。相比之下，灰领对社会遵纪守法的评价最低，仅为6.38分，中青年群体是灰领的主力军，可见，中青年群体对社会遵纪守法的评价相比其他群体更低一些。

表6—29　　　　　　　不同职业对遵纪守法水平的评价　　　　（单位：分）

	均值	N	标准差
白领	6.52	1430	1.658
灰领	6.38	1661	1.802
蓝领	6.83	2873	2.025
其他	6.62	395	2.031
总计	6.63	6358	1.900

四　两大价值观状况

在一个高质量的社会中，除了社会信任外，社会成员应该对具有积极引导意义的社会价值观持有较高比例的赞同。因此，在社会凝聚力的测量指标中，社会价值观是一个重要的测量层面。在问卷调查中，我们从四个维度对公众的社会价值观认知进行测量。

首先，问卷测量受访者在面对个人利益和社会利益冲突时，是倾向于个人利益还是倾向于社会利益。结果显示，认同个人利益优先的受访者占到40.1%，认同社会利益优先的受访者占到59.9%。其次，问卷测量受访者在社会交往中，倾向于遵守社会规范还是习惯于依靠个人关系来解决问题。数据显示，习惯于依靠个人关系的受访者占到28.7%，倾向于遵守社会规则的受访者占到71.3%。最后，问卷测量了个人的社会融合度，即针对个人利益优先还是社会利益优先的问题和认同遵纪守法还是偏向于个人关系的问题，对社会认同度进行了测量。结果显示，在个人利益还是社会利益先行的问题上，受访者认为社会中有65.42%的人和他们想法一致；在遵守社会规范还是倾向于个人关系的问题上，受访者认为社会中有62.73%的人和他们想法一致。

总体来说，我国社会还没形成较高水平的对正向社会价值观的认同，尤其是在社会优先意识维度。就规范优先意识来看，有接近40%的公众倾向于"找关系"等方式来谋求私利，而不是维护现有社会规范的普遍约束力，缺乏较高的正向社会价值观的认同，这也成为进一步提高我国社会凝聚力的一个阻力。

（一）优先性选择：G4a1

1. 代际

数据显示，世代越早，越倾向于社会利益优先。当个人利益与社会利益冲突时，50后及以前更倾向于社会利益，80后、90后更倾向于个人利益。可见，世代早的群体，其利他性高于其他群体。

表6—30　　　　　不同代际的个人与社会优先　　　　（单位：%）

代际	个人优先	社会优先
总计 N=9830	40.10	59.90
50后及以前 N=1572	31.40	68.60
60后 N=2046	37.10	62.90
70后 N=2203	38.90	61.10
80后 N=2103	44.50	55.50
90后 N=1906	47.20	52.80

2. 受教育程度

受教育程度对于个人和社会的优先性没有太大影响。数据显示，不同受教育程度群体中均有约60%的人倾向于国家利益优先。可见，在个人与社会优先性方面，教育层次没有决定作用，无论是何种受教育程度，均有60%左右的公众倾向于社会利益优先。

3. 收入

数据显示，收入对个人利益优先还是社会利益优先没有显著影响。各收入群体中均有60%左右的公众倾向于社会利益。

4. 职业

表6—31　　　　　　　　不同职业的个人和社会优先　　　　　（单位：%）

	个人优先	社会优先
白领	37.10	62.90
灰领	43.30	56.70
蓝领	38.90	61.10
其他	37.00	63.00
合计	39.60	60.40

数据显示，灰领更倾向于个人利益优先。当前职业构成中，灰领居多，且灰领以中青年群体为主。可见，中青年群体更倾向于个人利益优先，利己性较强。

（二）规范性取向：公众倾向于按规范办事，遵守法律法规的概念较强

1. 代际

数据显示，除90后外，世代越早，越倾向于遵守社会规范。50后及以前认同遵守社会规范的比例最高，为75.1%，80后倾向于遵守社会规范性的比例最低，仅66.8%。可见，中青年群体对社会规范的重视度较低。

表6—32　　　　　　　　社会规范的倾向性　　　　　　　（单位：%）

代际	托关系	合法路线
50后及以前 N=1528	24.90	75.10
60后 N=2022	27.80	72.20
70后 N=2186	30.40	69.60

续表

代际	托关系	合法路线
80后 N=2106	33.20	66.80
90后 N=1917	25.80	74.20
总计 N=9759	28.70	71.30

2. 受教育程度

数据显示，大本及以上对于社会规范的遵守度最高达76.1%，高中中专技校最低仅为69.3%，二者相差6.8个百分点。可见，较高受教育程度群体的社会规范意识更强。

表6—33 不同受教育程度的社会规范性 （单位：%）

	托关系	社会规范
初中及以下 N=5859	29.00	71.00
高中中专技校 N=1903	30.70	69.30
大专 N=866	28.90	71.10
大本及以上 N=1129	23.90	76.10
总计 N=9757	28.7	71.3

3. 收入

数据显示，规范性随着收入的增加而不断降低。年收入5000元以下有75.6%的人倾向于按规范办事，居第一；50000元以上仅有64.1%的人倾向于按规范办事，居最后，二者相差11.5个百分点。可见，随着收入的增加，人们的规则意识逐渐模糊，对于社会规范的遵守度越来越低。

表6—34　　　　　　　　不同收入群体的社会规范性　　　　　　（单位：%）

收入	托关系	合法路线
5000以下 N=3447	24.40	75.60
5000—18000 N=1639	26.60	73.40
18001—30000 N=1789	31.00	69.00
30001—50000 N=1518	31.70	68.30
50000以上 N=1365	35.90	64.10
总计 N=9758	28.70	71.30

4. 职业

数据显示，灰领群体的社会规范意识相对较低。中青年群体是灰领的主力军，可见，中青年群体的社会规范意识相对较低。

表6—35　　　　　　　　不同职业的社会规范性　　　　　　（单位：%）

	个人优先	社会规范
白领	28.20	71.80
灰领	33.90	66.10
蓝领	27.40	72.60
其他	35.40	64.60
合计	29.80	70.20

（三）社会融合度：G4b1

1. 代际

数据显示，世代越早，其社会融合度越高。50后及以前的社会融合度最高达 67.69%，90 后的社会融合度最低仅为 62.89%，二者相差 4.8 个百分点。可见，经济社会飞速发展的今天，公众的个人意识相较于以前更强。

表 6—36　　　　　　　　不同代际的社会融合度　　　　　　　（单位：%）

	均值	N	标准差
50 后及以前	67.69	1463	20.677
60 后	67.52	1921	21.492
70 后	65.31	2110	22.159
80 后	64.24	2034	22.369
90 后	62.89	1886	21.312
总计	65.42	9415	21.747

2. 受教育程度

数据显示，随着受教育程度的提高，个人的社会融合度不断降低。初中及以下群体的社会融合度最高达 66.34%，最低的是大本及以上，仅为 62.69%，相差 3.65 个百分点。高等学历群体的个人意识更强，相较于其他学历群体有较低的社会融合度。

表 6—37　　　　　　不同受教育程度的社会融合度　　　　　　（单位：%）

	均值	N	标准差
初中及以下	66.34	5587	22.270
高中中专技校	65.01	1866	21.202
大专	63.79	854	20.715
大本及以上	62.69	1108	20.427
总计	65.42	9415	21.747

3. 收入

数据显示，各收入群体在社会融合度上的差异不显著。各收入群体的社会融合度均在 65% 左右。

(四) 个人与社会的融合度 G4b2

1. 代际

数据显示,世代越早,其社会融合度越高。60 后的社会融合度最高,为 64.64%,90 后的社会融合度最低,仅为 60.28%,80 后的社会融合度也仅为 61.47%,80 后、90 后的社会融合度均低于均值。可见,中青年群体的社会融合度较低。

表6—38　　　　　　　　不同代际的社会融合度　　　　　　（单位：%）

	均值	N	标准差
50 后及以前	64.51	1416	20.591
60 后	64.64	1890	21.354
70 后	63.24	2099	21.359
80 后	61.47	2037	22.325
90 后	60.28	1891	20.604
总计	62.73	9334	21.371

2. 受教育程度

数据显示,随着受教育程度的提升,个人的社会融合度逐渐下降。初中及以下和高中中专技校的社会融合度最高为 63.27%,其次是大本及以上,达 60.76%,大专的社会融合度最低,为 60.63%。

表6—39　　　　　　不同受教育程度的社会融合度　　　　　（单位：%）

教育程度分组	均值	N	标准差
初中及以下	63.27	5501	21.880
高中中专技校	63.27	1866	20.640
大专	60.63	855	21.032
大本及以上	60.76	1112	20.056
总计	62.73	9334	21.371

3. 收入

数据显示,收入越高,其社会融合度越高。年收入在50000元以上的个人社会融合度最高为64.39%,5000元以下的群体社会融入度最低为61.82%。可见,随着收入的提高,个人的社会融合度越高。

表6—40　　　　　　　不同收入群体的社会融合度　　　　　　（单位:%）

	均值	N	标准差
5000以下	61.82	3251	21.460
5001—18000	62.80	1535	21.466
18001—30000	63.13	1726	20.915
30001—50000	62.69	1472	21.164
50000以上	64.39	1350	21.760
总计	62.73	9334	21.371

第四节　当前中国公众的国家认同水平

国家认同(national identity)是一个国家的公民自己归属哪个国家的认知以及对这个国家的构成,如政治、文化、族群等要素的评价和情感。国家认同是族群认同和文化认同的升华。国家认同的高低代表着国家内部的安定程度。因此,国家认同感也是社会凝聚测量的重要指标之一。根据CSS2017的调研数据,我国民众中有很大比例的人对国家取得的成就感到骄傲和自豪,国家认同感较高。世代越早,国家认同感越高,高学历群体的国家认同感相较于其他学历群体更高。收入、职业和城乡区分不明显。

一　国家认同现状

数据显示,我国民众的国家认同较高,有86.8%的人会对国家取得的成就而感到自豪。其中,代际、受教育程度等因素对公众的国家认同感影响较高,收入、职业和城乡等因素对公众的国家认同感无显著影响。

(一) 代际

数据显示,世代越早,其国家认同感越高。50后及以前的国家认同感最高,受访者中有91.5%的人会为了国家取得的成就而感到自豪。相比之下,80后和90后的国家认同感较低。

表6—41　　　　　　　　不同代际的国家认同感　　　　　　　（单位:%）

	同意
50后及以前	91.5
60后	91.1
70后	89.2
80后	87.2
90后	89.3
合计 N=9754	89.5

(二) 受教育程度

数据显示,受教育程度越高,其国家认同感越强。大本及以上群体的国家认同感最高,为92.9%。较高受教育程度群体,其国家归属感更强,有着更强的国家意识,自然国家认同感更高。

表6—42　　　　　不同受教育程度的国家认同感　　　　　　（单位:%）

	同意
初中及以下	88.1
高中中专技校	90.6
大专	92.6
大本及以上	92.9
合计 N=9751	89.5

第五节　小结

一直以来,社会凝聚是考察一个国家和社会发展稳定的重要指标,是协调社会不同因素之间矛盾、冲突和纠纷的重要力量。通过CSS2017调研数据，我们可以得出以下结论。

一 社会信任意识：提高我国公众的社会信任意识整体水平需要多点发力

1. 我国提高人际信任整体水平的关键点在于提高对陌生人的信任水平

（1）我国人际信任存在差序格局。调查显示，首先是对亲人、朋友、邻居、陌生人这四类常见的人际交往人群进行信任评估时，公众对"亲人"的信任程度最高，其次是对朋友的信任和对邻居的信任，排在最后的是对陌生人的信任。人际信任的排序说明，公众对不同类型的人际群体持有不同程度的信任，人际信任内部也存在"差序格局"。

（2）亲人获得的信任度最高，陌生人最低。通过数据可以发现受访者信任亲人的比例达到96.8%，对陌生人的信任比例不足一成，仅8.4%。可以说，受访者对家人的信任度远高于对陌生人的信任度。

以上发现说明，人际信任中"对亲人的信任"最稳定、最有效，加强家庭建设也有利于推动社会发展；同时，随着陌生人在社交网络中的占比越来越高，提高对陌生人的信任是提高我国人际信任整体水平的关键点。

2. 提高制度信任应全面加强监管力度，保证社会风气正向发展

（1）制度信任内部存在显著不同，教师获得的信任度最高、网店店主的信任度最低。在对七类制度代表的信任评估中，公众对于教师的信任度最高，达到85.6%，随后是医生（80.1%）、警察（75%）、法官（74.6%）、党政干部（63.5%）、公司企业老板（56%）和网店店主（41.1%）。

（2）公众对法官、党政干部、警察、医生的信任度有所提升。与CSS2015的相关数据相比，法官获得的信任上升了13.7个百分点；党政干部获得的信任度上升了9.7个百分点；警察获得的信任上升了6.8个百分点。法官、党政干部、警察都属于政府部门，这三类制度代表的公众信任度上升，说明近两年我国的反腐倡廉工作取得一定成效，党员干部

正不断努力为百姓干实事，做好事。不过，由于党员干部特殊的身份地位，理应为人民服务。但是仍有需要改进的地方，要努力提升在百姓心中的地位。

由此可见，为了提高我国的制度信任水平，应该全面加强监管力度。加强党员的廉政教育，保证干部为人民干实事做好事；保证人民教师的高素质、高水准，教书育人，树立正义之风；加强对企业的风气监督，整治企业的背信行为，培育良好商业氛围；加快建设社会信用终身系统，记录个人信用，为信任评估提供参考和制度依托。

3. 加强制度机构的公信力建设，营造良好的为人民服务的社会大环境

（1）民众对于中央政府信任度最高，对于区县政府和乡镇政府的信任度较低。作为政府机构，中央政府在党的领导下一直给百姓特别高的威望，老百姓信任也支持中央政府的工作。但是，区县政府和乡镇政府的表现就不尽如人意。数据显示，民众对于区县政府的信任度为73.3%，对于乡镇政府的信任度仅为67.2%。这跟近几年区县政府和乡镇政府不做实事且腐败严重有关，导致民众对其信任度越来越低。今后，应该加强对地方政府的监督力度和廉政建设，严肃纪律，净化风气，树立正确的为官思想，找准服务人民的定位，争取成为为老百姓干实事做好事的好官。

（2）慈善组织和新闻媒体的公信力下降，互联网的信任度较低。作为社会的慈善代表的慈善机构，在CSS2017年的数据中调研结果不甚令人满意，全国民众对其信任度仅达65%左右，对比银行等机构90%左右的信任度，差距较大。近些年，慈善机构被曝出各种诈捐的丑闻后，民众对其信任度急速下降。新闻媒体作为国家舆论导向，其真实性和实效性是最大特征，但是民众对其信任度仅达到67%左右。可见，某些媒体为了夺取关注度而进行的虚假报道直接影响了公众对其信任度；互联网由于包含世界范围的信息，民众对其信息的真实度和可靠性还在考察中，对其信任度较低。说明当前在逐渐开放的世界中还存在着各种信任危机，本该高信任度的慈善机构不再被信任；互联网由于其信息的过度开放也导致了人与人之间信任危机的产生。

二 社会规范意识：提高我国公众的社会规范意识在于警惕信仰缺失带来的潜在危害

（1）我国超六成国民缺乏信仰。数据显示，我国国民的信仰缺失严重。中国是目前世界上发展较快的经济体之一，且处在社会的转型时期，来自经济利益和外来文化的冲击导致国民初心出现迷失，缺乏一定信仰。我国应加强培育和践行社会主义核心价值观的力度，加快实现国民认同和建立信仰，形成一致的社会认同感。

（2）我国中青年群体对社会道德水平和社会遵纪守法水平的评价偏负面倾向。中青年群体是我国经济社会建设的中坚力量，提高我国中青年群体对社会的评价将大大提高我国的社会质量。这就需要努力提高社会道德建设和社会公众遵纪守法的监管力度，加强失信惩罚力度，将大大提升我国的社会质量。

（3）目前我国社会还没形成较高水平的对正向社会价值观的认同，尤其是在社会优先意识维度。就规范优先意识来看，有接近40%的公众倾向于"找关系"等方式来谋求私利，而不是维护现有社会规范的普遍约束力，缺乏较高的对正向社会价值观的认同，这也成为进一步提高我国社会凝聚力的一个阻力。下一步，我国应增强现有社会规范的普遍约束力，促进我国公众形成高水平的对正向社会价值观的认同。

（4）中青年群体的社会融合度较低。数据显示，50后及以前的社会融合度最高达67.69%，90后的社会融合度最低仅为62.89%。而中青年群体是未来支持国家发展的中坚力量，提高中青年群体的社会融合度势在必行。下一步，多关注中青年群体的真实想法，并实施一定的优待政策，帮助中青年群体逐渐融入社会，给国家和社会的发展贡献更多力量。

总体来看，我国民众在社会道德遵守、利益取向方面均显现出向好趋势。公众对于社会的法律法规遵守度相对较高；个人利益与国家利益冲突时，普遍自觉服从国家利益。但是，最值得注意的是，我国民众普遍缺乏信仰，数据显示出，我国超六成民众认为我国民众没有信仰，可见，我国公众还未形成一致且强大的社会认同感。而一个民族、国家、社会缺乏一致的社会认同感则会严重影响其实体的正常运转和发展。所以，加强我国民众的信仰教育是当前的重中之重，应加强培育和践行社会主义核心价值观。

三 国家认同感：普遍认同度高

经过测算，我国民众对于国家的认同度较高，占到总体的86.8%。分别来看：世代越早，对于国家的认同感越高，其中，50后及以前群体对于国家的认同感最高，达91.5%；高学历和高收入群体对于国家的认同感最高，其中大本及以上学历群体对于国家的认同度为92.9%，年收入在5万元以上的群体对于国家的认同度最高达90.8%；相比乡村地区，城乡居民对于国家的认同度较高，达89.4%。

总体来看，我国在社会信任意识、社会规范意识和社会认同方面较2015年均取得较大进步，但是，我们更不能忽视民众对于陌生人信任度低和缺乏信仰的事实。下一步，我国应加强民众对陌生人信任的引导和信仰的培养，整体提高我国国民修养，建成一个真正的具有强大社会凝聚力的社会。

第七章

社会包容报告

第一节 社会包容概念与测量

社会包容（Social Inclusion）是衡量当前社会质量状况的重要指标之一。由于社会成员占有社会财富和资源的不平等，社会不平等、社会歧视等情况长期以来一直存在于人类社会之中。随着社会文明进程的加快发展，欧洲社会越来越多的社会成员要求消灭或减少社会不公和社会歧视，提升社会包容水平。欧洲有关社会包容和社会歧视的研究最早可以追溯到 20 世纪 80 年代末，欧洲社会提出以社会包容为原则进行政策制定以解决社会排斥问题（Lou Wilson, 2006）。进入 21 世纪后，全球经济得到飞速发展，但社会建设的步伐却未跟上经济的发展脚步，政府颁布的一些社会政策难以覆盖和保障全部社会群体，社会上一些特定群体遭到社会排斥，成为社会的边缘群体，难以在主流社会生活中享有平等的社会权益。因此，社会包容日渐受到政府和学术界的广泛关注。"欧洲 2020"作为欧委会制定的一项欧洲社会发展的阶段性政策，其中一个重要的目标就是实现社会包容（European Commission, 2010a）。作为社会质量理论的重要组成部分，促进社会包容研究的初衷是为了解决 20 世纪八九十年代欧洲国家经济发展与社会发展不均衡以及社会政策实施边缘化的问题。从 20 世纪 90 年代初开始，促进社会包容就已经在指导欧洲国家的政策制定和社区实践中发挥着核心作用（Atkinson, Cantillon, Marlier & Nolan, 2002）。

国外关于社会包容的研究相对较为成熟。就社会包容的概念而言，国外尚未形成统一的学术概念。Freiler 将社会包容定义为"保证所有的社会群体拥有共同的愿望，正常的生活和财富，所有人都能成为一个有价值的社会成员"（Freiler, 2001）。2004年欧委会将社会包容定义为"确保那些遭受贫穷和社会排斥风险的人群获得参与经济、社会和文化生活的机会，并且能够享受到与他人一样的正常社会生活"（European Commission, 2004）。还有些学者认为社会包容可以被宽泛地理解为个体参与到社会中的政治、经济和社会生活的能力（Chakravarty & D'Ambrosio, 2006; Bellani & D'Ambrosio, 2011）。从促进社会包容的作用来看，Hugh提出促进社会包容不仅是实现普遍的平等和福利，而且还应当包含解决贫穷、失业以及种族歧视等问题（Hugh Collins, 2003）。Noll认为促进社会包容在构建一个更加安全、稳定和公平的社会中扮演着十分必要的角色（Noll, 2011）。而就社会包容的影响因素来看，Eurostat认为社会包容可以看作是一个受低收入、坏的劳动市场位置以及生活中非经济方面的不利条件所影响的问题（Eurostat, 2011）。Francesca Giambona等则认为社会包容实际上是对社会排斥概念的一种补充，社会包容与贫穷、物质剥夺、劳动市场以及教育这四个因素相关（Francesca Giambona & Erasmo Vassallo, 2014）。最近几年，国外关于社会包容的研究更强调过程性、动态性和可持续性，从政策制定的角度出发切实实现欧洲社会的可持续发展（European Commission, 2010b）。

　　国内学者对社会包容也进行了相关研究，蒋永福认为社会包容是指社会的制度体系对具有不同社会特征的社会成员及其所表现出的各种社会行为不加排斥的宽容对待状态（蒋永福，2010）。叶笑云认为社会包容既是指国家对于社会、公民的包容，也包括国家在体制、政策和治理等层面保证社会成员相互之间，尤其是强者对弱者的包容（叶笑云，2015）。王学川提出社会包容是指社会的制度体系对具有不同社会特征的社会成员及其所表现的各种社会行为的吸纳和认同（王学川，2011）。徐延辉等则通过问卷调查资料的定量研究发现个人收入、受教育程度、就业状况、社会信任、社区建设和户籍制度等因素对社会包容有影响作用（徐延辉、罗艳萍，2014）。崔岩认为社会包容体现的是一种社会反应，即社会作为一个整体是如何对待边缘化个体的，被排斥的个体面对以社会为主体参照系的社会空间，是如何来对社会做出反馈的（崔岩，2017）。

综上所述，我们认为社会包容是指人们对社会特定群体的社会身份和社会行为所表现出的宽容状态，这些特定群体在社会待遇上和社会资源享有上被差异化对待。从社会包容的具体测量指标来看，结合以往学者们的研究，我们主要从社会宽容、社会歧视和社会公平感三个方面进行分析。

首先，就社会宽容而言，社会宽容水平的高低在一定程度上反映出社会成员之间彼此的友善程度和接纳水平，它体现在社会、经济、政治、文化、宗教等各个领域之中。当社会的宽容水平较低时，社会整体的"柔韧性"就会相对较差，不同社会群体之间的互动处于一种僵硬、紧张的状态。占据较多社会资源的社会群体对其他相对弱势的社会群体的尊重和接纳程度不足，甚至会对这部分群体产生抵触和排斥的心理和行为，最终加剧了社会不公与社会不平等，阻碍了社会的整体发展水平。

其次，从社会歧视来看，社会成员在社会权利和社会资源占有上的不平等是产生社会歧视的重要原因之一。因此，社会歧视实际是部分社会成员或社会群体由于在社会资源占有和权利享有上处于相对弱势地位，而受到其他社会成员或社会群体的排斥和孤立。社会歧视与社会包容是此消彼长的关系，社会歧视水平越低，社会包容水平则越高。提高社会整体包容水平，促进社会成员彼此之间相互包容和理解，减少不同社会群体之间的歧视，才能实现社会的稳定与和谐。

最后，就社会公平而言，社会宽容和社会歧视均与之密切相关。具体而言，社会宽容程度越高，社会越公平；社会歧视越严重，社会越不公平。与社会宽容和社会歧视类似，社会公平状况也反映在社会各领域之中。社会不公意味着社会成员在经济权利、政治权利、社会福利享有等方面的不平等，这种不平等和不公正的状况一方面束缚了其合理的生存与发展，另一方面也导致社会矛盾和社会冲突等问题的出现。

过去40年，我国社会建设的重点任务主要放在经济建设上，在经济上取得了举世瞩目的成绩，然而社会建设的步伐却没有跟上经济建设的脚步。近年来随着社会结构进入快速转型时期，社会各阶层进入新的分化阶段，一些社会问题如贫富差距拉大、社会排斥及阶层流动壁垒等也逐渐凸显。因此，加强对当前社会包容状况的研究显得迫切而必要。

第二节　当前中国的社会宽容水平

社会宽容是衡量社会包容的重要指标之一。社会宽容反映了社会成员彼此之间对不同文化、不同背景、不同习惯和生活方式的相互理解与尊重。现代社会是一个文化多元的社会，不同的社会群体拥有自己的文化价值观念，有着自己的生活态度和行为方式，应当实现彼此尊重和相互包容。另外，对于少部分处于社会边缘的人群，例如刑满释放者、婚前同居者、同性恋者、艾滋病患者等，应当给予这部分人群更多的理解，而不应当对其进行排挤和孤立，促使他们能够更好地在社会中生存和发展。因此，社会宽容一方面是对社会中多元文化的理解和尊重，另一方面也是不同社会群体彼此之间的相互认同和包容。

（一）当前公众的整体社会宽容水平

从当前我国整体社会宽容水平来看，我国目前的社会宽容处于较低水平。从社会成员的生活方式选择来看，有83.6%的受访者表示不接纳同性恋群体；而对于婚前同居者也有46.2%的受访者表示不接纳。另外，对于社会上一些特殊群体，有68.2%的受访者表示不接纳艾滋病患者；对乞讨者表示不接纳的受访者占比为45.5%；有39.6%的受访者表示不接纳刑满释放者。此外，还有35.1%的受访者表示不接纳不同宗教信仰者。

表7—1　　　　　当前我国公众的社会宽容水平　　　　（单位：%）

	非常不能接纳	不太能接纳	比较能接纳	非常能接纳
婚前同居者	23.0	23.2	44.4	9.4
同性恋	63.3	20.3	13.5	2.9
乞讨者	16.2	29.3	46.9	7.6
刑满释放者	13.7	25.9	54.5	5.9
不同宗教信仰者	16.4	18.7	52.3	12.6
艾滋病患者	44.1	24.1	28.0	3.8

（二）不同代际的社会宽容水平

我们将受访者按照不同年龄进行分组，从不同代际出发分析各年龄组人群内部的社会宽容水平。从数据来看,整体而言,当前社会的社会宽容水平随着年龄的减小而提升。通过分析不同代际人群对社会特殊群体的不接纳比例来分析其社会宽容状况。

具体而言,在60后群体中,从社会成员的生活方式选择来看,60后群体中不接纳同性恋群体的受访者占比为90.6%,不接纳婚前同居者的受访者占比为57.3%;从对待特殊社会群体的态度上来看,不接纳艾滋病患者的受访者占比为70.8%;有45.6%的受访者对乞讨者表示不接纳,有43.8%的受访者表示不接纳不同宗教信仰者,还有39.1%的受访者对刑满释放者表示不接纳。在70后群体中,就社会成员的生活方式选择而言,70后群体中不接纳同性恋群体的受访者占比为88.8%,不接纳婚前同居者的受访者占比为52.3%;从对待特殊社会群体的态度上来看,不接纳艾滋病患者的受访者占比为68.1%;有45.9%的受访者对乞讨者表示不接纳,有38.3%的受访者表示不接纳刑满释放者,还有36.6%的受访者对不同宗教信仰者表示不接纳。在80后群体中,从社会成员的生活方式选择来看,80后群体中不接纳同性恋群体的受访者占比为80.9%,不接纳婚前同居者的受访者占比为30.3%;从对待特殊社会群体的态度上来看,不接纳艾滋病患者的受访者占比为67.9%;有45.5%的受访者对乞讨者表示不接纳,有37%的受访者表示不接纳刑满释放者,还有26.9%的受访者对不同宗教信仰者表示不接纳。而在90后群体中,就社会成员的生活方式选择而言,90后群体中不接纳同性恋群体的受访者占比为70.7%,不接纳婚前同居者的受访者占比为28.5%;从对待特殊社会群体的态度上来看,不接纳艾滋病患者的受访者占比为63.4%;有41.1%的受访者对乞讨者表示不接纳,有38.8%的受访者表示不接纳刑满释放者,还有20.8%的受访者对不同宗教信仰者表示不接纳。

表7—2　　　　　　　　不同代际的社会宽容水平　　　　　　　(单位:%)

群体	50后群体 不接纳	60后群体 不接纳	70后群体 不接纳	80后群体 不接纳	90后群体 不接纳
婚前同居者	66.4	57.3	52.3	30.3	28.5
同性恋	87.4	90.6	88.8	80.9	70.7

续表

群体	50后群体 不接纳	60后群体 不接纳	70后群体 不接纳	80后群体 不接纳	90后群体 不接纳
乞讨者	49.9	45.6	45.9	45.5	41.1
刑满释放者	46.2	39.1	38.3	37.0	38.8
不同宗教信仰者	50.5	43.8	36.6	26.9	20.8
艾滋病患者	71.6	70.8	68.1	67.9	63.4

因此，结合以上数据分析结果，可以发现，受访者的年龄与社会宽容水平成反比，也就是说受访者越年轻，其社会宽容水平越高。对于80后和90后这部分年轻人而言，他们是成长于改革开放后的新一代，其受教育程度比老一代人群更高，在其成长过程中受到更多多元现代性社会思想观念的影响，特别是在全球化和互联网快速发展的时代背景下，他们能够接触到更多社会信息和知识。所以，80后和90后这部分人群的社会宽容水平要比其他代际的社会宽容水平更高。

（三）不同受教育程度的社会宽容水平

在2017年中国社会状况综合调查（CSS2017）中，受访者的受教育程度包括：未上学、小学、初中、高中、中专、职高技校、大学专科、大学本科以及研究生。在本章中，我们将受访者的受教育程度划分为四个不同的等级，即初中及以下、高中中专技校、大专和大本及以上。

通过分析不同受教育程度人群对社会特殊群体的不接纳比例来分析其社会宽容状况。从数据来看，整体而言，受访者的社会宽容水平随着其受教育程度的提升而提高，即学历越高的受访者，其社会宽容水平越高。具体来说，在初中及以下的受访者中，从社会成员的生活方式选择来看，不接纳同性恋群体的受访者占比为84.2%，不接纳婚前同居者的受访者占比为63.2%；从对待特殊社会群体的态度上来看，不接纳艾滋病患者的受访者占比为78.2%；有55.6%的受访者表示不接纳不同宗教信仰者，有49.1%的受访者对刑满释放者表示不接纳，还有36.9%的受访者对乞讨者表示不接纳。在高中中专技校群体中，就社会成员的生活方式选择而言，不接纳同性恋群体的受访者占比为87.2%，不接纳婚前同居者的受访者占比为50%；从对待特殊社会群体的态度上来看，不接纳艾滋病患者的受访者占比为71.5%；有46%的受访者对乞讨者表示不接纳，有41.5%的受访者对刑满释放者表示不接纳，还有40.6%的受访者表示不接纳不同宗教信仰者。在大专群体中，从社会成员的生活方式选择来看，不接纳同性恋群体的受访者占比为86.5%，不接纳婚前同居者的受访者占比为45.2%；从对待特殊社会群体的态度上来看，不接纳艾滋病患者的受访者占比为68.9%；有47.9%的受访者表示不接纳乞讨者，有37.1%的受访者表示不接纳刑满释放者，还有33.4%的受访者对不同宗教信仰者表示不接纳。而在大本及以上群体中，就社会成员的生活方式选择而言，不接纳同性恋群体的受访者占比为60.1%，不接纳婚前同居者的受访者占比为26.5%；从对待特殊社会群体的态度上来看，不接纳艾滋病患者的受访者占比为48.8%；有40.3%的受访者对乞讨者表示不接纳，有36.2%的受访者表示不接纳刑满释放者，还有10.7%的受访者对不同宗教信仰者表示不接纳。

表7—3　　　　　　　　不同学历的社会宽容水平　　　　　　　　（单位：%）

	初中及以下 不接纳	高中中专技校 不接纳	大专 不接纳	大本及以上 不接纳
婚前同居者	63.2	50.0	45.2	26.5
同性恋	84.2	87.2	86.5	60.1
乞讨者	36.9	46.0	47.9	40.3
刑满释放者	49.1	41.5	37.1	36.2
不同宗教信仰者	55.6	40.6	33.4	10.7
艾滋病患者	78.2	71.5	68.9	48.8

结合以上数据可以发现，相对于受教育程度较低的受访者，受教育程度较高的受访者的社会宽容水平要更高。对于接受过中高等教育的社会群体而言，他们有较强的学习能力和接受多元事物的能力，在学习过程中能够学习和获得更多现代社会的观念，因而其社会宽容水平要高于其他受访者。

（四）不同收入群体的社会宽容水平

从不同收入群体的社会宽容水平来看，以城乡居民家庭人均年收入五等份分组，将人群划分为低收入群体、中低收入群体、中等收入群体、中高收入群体和高收入群体。通过分析不同收入人群对社会特殊群体的不接纳比例来分析其社会宽容状况。数据显示，个体收入水平与其社会宽容水平呈正比。也就是说，相对于低收入群体，高收入群体的社会宽容水平更高。

具体来看，在低收入群体中，从社会成员的生活方式选择来看，低收入人群不接纳同性恋群体的受访者占比为87.2%，不接纳婚前同居者的受访者占比为58.4%；从特殊社会群体来看，不接纳艾滋病患者的受访者占比为74.9%；有50%的受访者表示不接纳不同宗教信仰者，有43.9%的受访者对刑满释放者表示不接纳，还有42.1%的受访者对乞讨者表示不接纳。在中低收入群体中，就社会成员的生活方式选择而言，不接纳同性恋群体的受访者占比为88.3%，不接纳婚前同居者的受访者占比为51.3%；从特殊社会群体来看，不接纳艾滋病患者的受访者占比为70.7%；有44.6%的受访者对乞讨者表示不接纳，有40.8%的受访者表示不接纳不同宗教信仰者，还有38.7%的受访者对刑满释放者表示不接纳。在中等收入群体中，从社会成员的生活方式选择来看，中等收入群体中不接纳同性恋群体的受访者占比为84.6%，不接纳婚前同居者的受访者占比为45.9%；从特殊社会群体来看，不接纳艾滋病患者的受访者占比为68.4%；有45.7%的受访者表示不接纳乞讨者，有38.2%的受访者表示不接纳刑满释放者，还有34.7%的受访者对不同宗教信仰者表示不接纳。在中高收入群体中，就社会成员的生活方式选择而言，中高收入群体中不接纳同性恋群体的受访者占比为82.2%，不接纳婚前同居者的受访者占比为41.4%；从对待特殊社会群体的态度上来看，不接纳艾滋病患者的受访者占比为66.1%；有47.9%的受访者对乞讨者表示不接纳，有38.1%的受访者表示不接纳刑满释放者，还有28.8%的受访者对不同宗教信仰者表示不接纳。而在高收入群体中，就社会成员的生活方式选择而言，高收入群体中不接纳同性恋群体的受访者占比为76%，不接纳婚前同居者的受访者占比为32.6%；从对待特殊社会群体的态度上来看，不接纳艾滋病患者的受访者占比为59.9%；有48%的受访者对乞讨者表示不接纳，有37.5%的受访者表示不接纳刑满释放者，还有19.6%的受访者对不同宗教信仰者表示不接纳。

表7—4　　　　　　　不同收入群体的社会宽容水平　　　　　　（单位：%）

	低收入群体	中低收入群体	中等收入群体	中高收入群体	高收入群体
	不接纳	不接纳	不接纳	不接纳	不接纳
婚前同居者	58.4	51.3	45.9	41.4	32.6
同性恋	87.2	88.3	84.6	82.2	76.0
乞讨者	42.1	44.6	45.7	47.9	48.0
刑满释放者	43.9	38.7	38.2	38.1	37.5
不同宗教信仰者	50.0	40.8	34.7	28.8	19.6
艾滋病患者	74.9	70.7	68.4	66.1	59.9

（五）城乡社会宽容水平

从数据来看，整体而言，相对于农村居民，城镇居民的社会宽容水平更高。通过分析不同户籍人群对社会特殊群体的不接纳比例来分析其社会宽容状况。具体来看，在农村居民中，就社会成员的生活方式选择而言，农村居民中不接纳同性恋群体的受访者占比为86.4%，不接纳婚前同居者的受访者占比为48%；从对待特殊社会群体的态度上来看，不接纳艾滋病患者的农村受访者占比为71.8%；有44.1%的受访者对乞讨者表示不接纳，有40.7%的受访者表示不接纳不同宗教信仰者，还有39.8%的受访者对刑满释放者表示不接纳。

而在城镇居民中，就社会成员的生活方式选择而言，城镇居民中不接纳同性恋群体的受访者占比为78%，不接纳婚前同居者的受访者占比为42.3%；从对待特殊社会群体的态度上来看，不接纳艾滋病患者的受访者占比为61.1%；有48.3%的受访者对乞讨者表示不接纳，有39.1%的受访者表示不接纳刑满释放者，还有23.7%的受访者对不同宗教信仰者表示不接纳。

表7—5　　　　　　　　城乡社会宽容水平　　　　　　　　（单位：%）

	农村	城镇
	不接纳	不接纳
婚前同居者	48.0	42.3
同性恋	86.4	78.0

续表

	农村	城镇
	不接纳	不接纳
乞讨者	44.1	48.3
刑满释放者	39.8	39.1
不同宗教信仰者	40.7	23.7
艾滋病患者	71.8	61.1

（六）不同地区社会宽容水平

通过分析不同地区人群对社会特殊群体的不接纳比例来分析其社会宽容状况。从不同地区的社会宽容水平来看，对于婚前同居者不接纳人数占比最高的地区是西北地区，占比为55%。最低的地区是华中南地区，占比为41.5%。不接纳同性恋人数占比最高的地区是西北地区，占比为85.8%。最低的是西南地区，占比为80.6%。不接纳乞讨者人数占比最高的地区是西南地区，占比为47.8%。最低的是西北地区，占比为36.7%。不接纳刑满释放者人数占比最高的地区是华东地区，占比为41.3%。最低的是西北地区，占比为33.4%。不接纳不同宗教信仰者人数占比最高的地区是西南地区，占比为44.1%。最低的是华北地区，占比为31.6%。不接纳艾滋病患者人数占比最高的地区是西南地区，占比为73.1%。最低的是华北地区，占比为59.8%。

表7—6　　　　　　　　不同地区社会宽容水平　　　　　　　　（单位：%）

	东北	华北	华东	华中南	西南	西北	全国
	不接纳	不接纳	不接纳	不接纳	不接纳	不接纳	不接纳
婚前同居者	53.5	49.4	45.0	41.5	45.4	55.0	46.2
同性恋	84.2	85.2	84.2	83.3	80.6	85.8	83.6
乞讨者	45.5	45.2	46.0	46.1	47.8	36.7	45.5
刑满释放者	38.5	35.5	41.3	39.9	41.1	33.4	39.6
不同宗教信仰者	33.2	31.6	32.3	35.2	44.1	34.4	35.1
艾滋病患者	65.0	59.8	68.5	69.5	73.1	65.9	68.2

第三节　当前中国的社会歧视状况

社会歧视作为社会包容的指标之一，是衡量当前社会包容水平的重要标准。在人类社会发展过程中，由于社会资源和社会财富分配的不均衡，社会歧视长期存在。就社会歧视的类别而言，社会歧视包括性别歧视、种族歧视、宗教歧视、家庭背景歧视、学历歧视和年龄歧视等。社会歧视本质上体现的是由于社会财富和社会资源占有上的不平等，占优势地位的社会成员对处于相对劣势的社会成员的排斥问题。在高质量的社会中，社会歧视的发生比率应当处于较低的水平，年龄、性别、种族、宗教信仰、家庭背景或学历都不应当成为阻碍社会成员生存和发展的影响因素，社会成员不应当由于这些因素而受到社会上其他成员的差异化或不公正的待遇。在社会质量理论研究体系中，社会歧视一方面包括不同社会群体之间或社会成员之间的正向或负向的评价；另一方面还包括社会上所实行的社会政策和社会制度是否存在制度层面的群体区隔效应。通过对当前我国社会歧视现状的研究，一方面可以了解当前社会公众的社会包容水平，另一方面还能够对当前社会政策和社会制度实施的社会影响效果进行客观测量。

（一）当前公众的整体社会歧视状况

从当前我国公众的整体社会歧视状况来看，我国社会当前主要的社会歧视为家庭背景及社会关系歧视、教育歧视、年龄歧视以及职业歧视，种族/民族和宗教信仰歧视的占比相对较低。具体而言，受访者中有9.3%的人表示自己曾经受到过家庭背景及社会关系歧视，有6.8%的受访者表示自己曾经受到过教育歧视，有5.7%的受访者表示曾经受到过年龄歧视，受到职业歧视的受访者的占比为5.2%。另外受到过性格歧视的受访者占比为3.3%、受到过户口歧视的受访者占比为3.2%、受到过相貌和身体歧视的受访者占比为3.1%。而性别、政治观点、种族/民族和宗教歧视的占比相对较低，分别为2.6%、2.0%、1.0%和0.4%。

表7—7　　　　　　　　当前公众的社会歧视经历　　　　　　　（单位：%）

	没有受到过歧视	受到过歧视
年龄	94.3	5.7
性别	97.4	2.6
性格	96.7	3.3
种族/民族	99.0	1.0
相貌身体	96.9	3.1
户口	96.8	3.2
宗教	99.6	0.4
教育程度	93.2	6.8
政治观点	98.0	2.0
职业	94.8	5.2
家庭背景及社会关系	90.7	9.3

可以发现，整体而言，当前我国社会中的各项社会歧视的发生比率均在10%以下，但同时不可忽视的是，相对于其他类别的社会歧视，家庭背景及社会关系歧视和教育歧视的发生比率相对较高。多元化和高度包容性应当是当今高质量社会的重要特征，社会成员不同的家庭背景及社会关系应当只是社会家庭多元化的体现，而不应当成为被他人差异化对待的原因。教育作为人才强国的主要实现方式，更应当是惠及全社会成员的福利保障，教育资源应当实现更加合理和公正的分配，促使每一位社会成员都能够享受到公平、优质的教育，从而减少社会成员受到的教育歧视。

（二）不同代际的社会歧视状况

从不同代际来看，就年龄歧视而言，年龄越大的受访者所受到的年龄歧视的占比越高。具体来看，在50后群体中，受到年龄歧视的受访者占比为7.4%。有6.9%的60后群体表示曾经受到过年龄歧视，有5.3%的70后群体表示曾经受到过年龄歧视。80后群体和90后群体受到年龄歧视的占比相对较低，分别为4.1%和5.2%。

就性别歧视来看，80后群体和90后群体的占比相对较高，分别为3%和4%。50后、60后和70后群体表示受到性别歧视的人数占比相对较低。就性格歧视而言，受访者年龄越小，其遭受性格歧视的人数占比越高。数据显示90后群体遭遇性格歧视的占比最高，占比为5.4%。其次是70后和80后群体，占比均为2.9%。而50后和60后群体遭遇性格歧视的人数占比则较低。

从种族/民族歧视来看，在50后群体中有0.6%的受访者表示曾经遭受过种族/民族歧视。60后群体和70后群体表示曾经遭受过种族/民族歧视的占比均为0.8%。在80后群体中有0.9%的受访者表示曾经遭受过种族/民族歧视。90后群体遭遇种族/民族歧视的受访者占比最高，占比为1.9%。

从相貌身体歧视来看，50后群体和60后群体的受访者表示曾经受到过相貌身体歧视的占比均为2.5%。有2.7%的70后群体表示曾经受到相貌身体歧视。有2.6%的80后群体表示遭受过相貌身体歧视。而90后群体遭遇相貌身体歧视的人数占比最高，占比为5.2%。

就户口歧视而言，50后群体和60后群体表示曾经遭遇户口歧视的人数占比均为2.7%。有2.9%的70后群体表示曾经受到户口歧视。在80后群体中，有3.8%的受访者表示曾经遭遇过户口歧视。在90后群体中，有3.7%的受访者表示曾经遭遇过户口歧视。

就宗教信仰歧视而言，整体来看各年龄段受访者遭受宗教信仰歧视的人数占比差异并不明显。具体来看，50后群体、60后群体和70后群体表示曾经遭遇宗教信仰歧视的人数占比均为0.3%。在80后群体中，有0.4%的受访者表示曾经遭遇过宗教信仰歧视。在90后群体中，有0.6%的受访者表示曾经遭遇过宗教信仰歧视。

就教育歧视而言，青年群体经历教育歧视的受访者人数占比较高，其中80后和90后群体的占比分别为10.3%和9.4%。有6.9%的70后群体表示曾经遭遇过教育歧视。而50后和60后群体经历教育歧视的人数占比则相对较低。

就政治观点歧视而言，整体来看，年龄越小的受访者遭遇政治观点歧视的占比越高。具体来看，在50后群体中，有0.9%的受访者表示曾经遭遇过政治观点歧视。在60后群体中，有1.2%的受访者表示曾经遭遇过政治观点歧视。在70后群体中，有2.3%的受访者表示曾经遭遇过政治观点歧视。在80后群体中，有2.2%的受访者表示曾经遭遇过政治观点歧视。而在 90 后群体中，则有 2.9% 的受访者表示曾经遭遇过政治观点歧视。

就职业歧视来看，在 50 后群体中，有 2.4% 的受访者表示曾经遭遇过职业歧视。在 60 后群体中，有 3.9% 的受访者表示曾经遭遇过职业歧视。在 70 后群体中，有 5.9% 的受访者表示曾经遭遇过职业歧视。而在 80 后群体中，则有 7.5% 的受访者表示曾经遭遇过职业歧视。此外，在 90 后群体中，有 5.8% 的受访者表示曾经遭遇过职业歧视。

就家庭背景及社会关系歧视来看，整体而言，年龄越小的受访者表示曾经遭遇家庭背景及社会关系歧视的人数占比越高。具体来看，在 50 后群体中，有 8.1% 的受访者表示曾经遭遇过家庭背景及社会关系歧视。在 60 后群体中，有 7.4% 的受访者表示曾经遭遇过家庭背景及社会关系歧视。在 70 后群体中，有 9.3% 的受访者表示曾经遭遇过家庭背景及社会关系歧视。在 80 后群体中，有 10.3% 的受访者表示曾经遭遇过家庭背景及社会关系歧视。而在 90 后群体中，则有 11.6% 的受访者表示曾经遭遇过家庭背景及社会关系歧视。

表 7—8　　　　不同代际受访者的社会歧视经历　　　　（单位：%）

歧视类别	50 后群体	60 后群体	70 后群体	80 后群体	90 后群体
年龄	7.4	6.9	5.3	4.1	5.2
性别	2.0	1.9	1.8	3.0	4.0
性格	2.8	2.4	2.9	2.9	5.4
种族/民族	0.6	0.8	0.8	0.9	1.9
相貌身体	2.5	2.5	2.7	2.6	5.2
户口	2.7	2.7	2.9	3.8	3.7
宗教	0.3	0.3	0.3	0.4	0.6
教育程度	2.8	4.0	6.9	10.3	9.4
政治观点	0.9	1.2	2.3	2.2	2.9
职业	2.4	3.9	5.9	7.5	5.8
家庭背景及社会关系	8.1	7.4	9.3	10.3	11.6

（三）不同受教育程度的社会歧视状况

从不同受教育程度来看，在初中及以下学历人群中，有 8.3% 的受访者表示自己曾经受到过年龄歧视。有 3.7% 的受访者表示曾经受到过性别歧视。表示曾经遭受性格歧视的受访者有4.4%。有1.4%的受访者表示曾经遭受种族/民族歧视。有3.2%的受访者表示曾经受到过相貌身体歧视。有5.3%的受访者表示曾经受到过户口歧视。有0.4%的受访者表示曾经受到过宗教信仰歧视。有6.2%的受访者表示曾经受到过教育歧视。有1.1%的受访者表示曾经受到过政治观点歧视。有3.1%的受访者表示曾经受到过职业歧视。此外，未上学人群中表示曾经受到家庭背景歧视的占比为11.8%。

在高中中专技校学历人群中，有5.7%的受访者表示自己曾经受到过年龄歧视。有2.0%的受访者表示曾经受到过性别歧视。表示曾经遭受性格歧视的受访者有3.2%。有1%的受访者表示曾经遭受种族/民族歧视。有2.9%的受访者表示曾经受到过相貌身体歧视。有2.7%的受访者表示曾经受到过户口歧视。有0.3%的受访者表示曾经受到过宗教信仰歧视。有6.9%的受访者表示曾经受到过教育歧视。有1.5%的受访者表示曾经受到过政治观点歧视。有5.2%的受访者表示曾经受到过职业歧视。此外，表示曾经受到家庭背景歧视的占比为9.5%。

在大专学历人群中，有5.3%的受访者表示自己曾经受到过年龄歧视。有1.7%的受访者表示曾经受到过性别歧视。表示曾经遭受性格歧视的受访者有2.9%。有1%的受访者表示曾经遭受种族/民族歧视。有2.8%的受访者表示曾经受到过相貌身体歧视。有3.1%的受访者表示曾经受到过户口歧视。有0.4%的受访者表示曾经受到过宗教信仰歧视。有7.5%的受访者表示曾经受到过教育歧视。有2.4%的受访者表示曾经受到过政治观点歧视。有5.7%的受访者表示曾经受到过职业歧视。另外，有8.7%的大专学历人群表示曾经受到家庭背景歧视。

在大本及以上学历人群中，有5.5%的受访者表示自己曾经受到过年龄歧视。有6.9%的受访者表示曾经受到过性别歧视。表示曾经遭受性格歧视的受访者有4.3%。有0.9%的受访者表示曾经遭受种族/民族歧视。有4.7%的受访者表示曾经受到过相貌身体歧视。有4.3%的受访者表示曾经受到过户口歧视。有0.4%的受访者表示曾经受到过宗教信仰歧视。有4.6%的受访者表示曾经受到过教育歧视。有2.2%的受访者表示曾经受到过政治观点歧视。有4.5%的受访者表示曾经受到过职业歧视。还有9.3%的大本及以上学历人群表示曾经受到家庭背景歧视。

表7—9　　　　不同受教育程度受访者的社会歧视经历　　　　（单位：%）

歧视类别	初中及以下	高中中专技校	大专	大本及以上
年龄	8.3	5.7	5.3	5.5
性别	3.7	2.0	1.7	6.9
性格	4.4	3.2	2.9	4.3
种族/民族	1.4	1.0	1.0	0.9
相貌身体	3.2	2.9	2.8	4.7
户口	5.3	2.7	3.1	4.3
宗教	0.4	0.3	0.4	0.4
教育程度	6.2	6.9	7.5	4.6
政治观点	1.1	1.5	2.4	2.2
职业	3.1	5.2	5.7	4.5
家庭背景及社会关系	11.8	9.5	8.7	9.3

（四）不同收入群体的社会歧视状况

从不同收入群体来看，在低收入人群中，有6.7%的受访者表示自己曾经受到过年龄歧视。有2.9%的受访者表示曾经受到过性别歧视。表示曾经遭受性格歧视的受访者有3.9%。有1.6%的受访者表示曾经遭受种族/民族歧视。有3.5%的受访者表示曾经受到过相貌身体歧视。有3.6%的受访者表示曾经受到过户口歧视。有0.5%的受访者表示曾经受到过宗教信仰歧视。有6%的受访者表示曾经受到过教育歧视。有2.1%的受访者表示曾经受到过政治观点歧视。有5.1%的受访者表示曾经受到过职业歧视。此外，低收入人群中表示曾经受到家庭背景歧视的占比为11.3%。

在中低收入人群中，有5.8%的受访者表示自己曾经受到过年龄歧视。有1.7%的受访者表示曾经受到过性别歧视。表示曾经遭受性格歧视的受访者有3.2%。有0.6%的受访者表示曾经遭受种族/民族歧视。有3.1%的受访者表示曾经受到过相貌身体歧视。有2.5%的受访者表示曾经受到过户口歧视。有0.4%的受访者表示曾经受到过宗教信仰歧视。有7%的受访者表示曾经受到过教育歧视。有2.2%的受访者表示曾经受到过政治观点歧视。有4.5%的受访者表示曾经受到过职业歧视。此外，在中低收入人群中，表示曾经受到家庭背景歧视的占比达10%。

在中等收入人群中，有 6.1% 的受访者表示自己曾经受到过年龄歧视。有 2.6% 的受访者表示曾经受到过性别歧视。表示曾经遭受性格歧视的受访者有 3.7%。有 1.6% 的受访者表示曾经遭受种族/民族歧视。有 3.1% 的受访者表示曾经受到过相貌身体歧视。有 3.6% 的受访者表示曾经受到过户口歧视。有 0.3% 的受访者表示曾经受到过宗教信仰歧视。有 8.5% 的受访者表示曾经受到过教育歧视。有 1.6% 的受访者表示曾经受到过政治观点歧视。有 5.8% 的受访者表示曾经受到过职业歧视。另外，有 8.7% 的中等收入人群表示曾经受到家庭背景歧视。

在中高收入人群中，有 4.9% 的受访者表示自己曾经受到过年龄歧视。有 2.3% 的受访者表示曾经受到过性别歧视。表示曾经遭受性格歧视的受访者有 2.9%。有 1.2% 的受访者表示曾经遭受种族/民族歧视。有 2.8% 的受访者表示曾经受到过相貌身体歧视。有 3.2% 的受访者表示曾经受到过户口歧视。有 0.4% 的受访者表示曾经受到过宗教信仰歧视。有 7.3% 的受访者表示曾经受到过教育歧视。有 2.0% 的受访者表示曾经受到过政治观点歧视。有 5.6% 的受访者表示曾经受到过职业歧视。还有 9.4% 的中高收入人群表示曾经受到家庭背景歧视。

在高收入人群中，有 5.3% 的受访者表示自己曾经受到过年龄歧视。有 3.3% 的受访者表示曾经受到过性别歧视。表示曾经遭受性格歧视的受访者有 2.6%。有 0.3% 的受访者表示曾经遭受种族/民族歧视。有 2.5% 的受访者表示曾经受到过相貌身体歧视。有 3.4% 的受访者表示曾经受到过户口歧视。有 0.3% 的受访者表示曾经受到过宗教信仰歧视。有 6.6% 的受访者表示曾经受到过教育歧视。有 1.5% 的受访者表示曾经受到过政治观点歧视。有 6.1% 的受访者表示曾经受到过职业歧视。此外，高收入人群中有 6.8% 的受访者表示曾经受到家庭背景歧视。

表7—10　　　　不同收入群体受访者的社会歧视经历　　　　（单位：%）

歧视类别	低收入群体	中低收入群体	中等收入群体	中高收入群体	高收入群体
年龄	6.7	5.8	6.1	4.9	5.3
性别	2.9	1.7	2.6	2.3	3.3

续表

歧视类别	低收入群体	中低收入群体	中等收入群体	中高收入群体	高收入群体
性格	3.9	3.2	3.7	2.9	2.6
种族/民族	1.6	0.6	1.6	1.2	0.3
相貌身体	3.5	3.1	3.1	2.8	2.5
户口	3.6	2.5	3.6	3.2	3.4
宗教	0.5	0.4	0.3	0.4	0.3
教育程度	6.0	7.0	8.5	7.3	6.6
政治观点	2.1	2.2	1.6	2.0	1.5
职业	5.1	4.5	5.8	5.6	6.1
家庭背景及社会关系	11.3	10.0	8.7	9.4	6.8

（五）城乡社会歧视状况

结合数据结果可以发现，整体而言，相对于城镇居民，农村居民遭受各类社会歧视的人数占比要更高。农村居民中曾经受到年龄歧视的受访者占比为5.6%，受到性别歧视的受访者占比为2.4%，受到性格歧视的受访者占比为3.7%，受到种族/民族歧视的受访者占比为1.2%，受到相貌身体歧视的受访者占比为3.3%，受到户口歧视的受访者占比为3.6%，受到宗教歧视的受访者占比为0.4%，受到教育程度歧视的受访者占比为7.7%，受到政治观点歧视的受访者占比为2.1%，受到职业歧视的受访者占比为5.4%，受到家庭背景及社会关系歧视的受访者占比为10.2%。

而在城镇居民中，曾经受到年龄歧视的受访者占比为5.9%，受到性别歧视的受访者占比为3.0%，受到性格歧视的受访者占比为2.3%，受到种族/民族歧视的受访者占比为0.6%，受到相貌身体歧视的受访者占比为2.7%，受到户口歧视的受访者占比为2.2%，受到宗教歧视的受访者占比为0.3%，受到教育程度歧视的受访者占比为5%，受到政治观点歧视的受访者占比为1.7%，受到职业歧视的受访者占比为5%，受到家庭背景及社会关系歧视的受访者占比为7.4%。

表7—11　　　　　　城乡受访者的社会歧视经历　　　　　（单位：%）

歧视类别	农村	城镇
年龄	5.6	5.9
性别	2.4	3.0
性格	3.7	2.3
种族/民族	1.2	0.6
相貌身体	3.3	2.7
户口	3.6	2.2
宗教	0.4	0.3
教育程度	7.7	5.0
政治观点	2.1	1.7
职业	5.4	5.0
家庭背景及社会关系	10.2	7.4

（六）不同地区社会歧视状况

从不同地区的社会歧视状况来看，受到年龄歧视人数占比最高的地区为西南地区，占比为7.1%。最低为东北地区，占比为4.9%。受到性别歧视人数占比最高的地区为西南地区，占比3.6%。最低为东北地区，占比为1.6%。受到性格歧视人数占比最高的地区为西北地区，占比为6.2%。最低为华北地区，占比为1.1%。受到种族/民族歧视人数占比最高的地区为西南地区，占比为2.3%。最低为华北和华东地区，占比均为0.4%。受到相貌身体歧视人数占比最高的地区为西南地区，占比为4.4%。最低为华北地区，占比为2.1%。受到户口歧视人数占比最高的地区为西南地区，占比为4.1%。最低为华北地区，占比为2.5%。受到宗教歧视人数占比最高的地区为华北地区，占比为0.7%。最低为东北和华中南地区，占比均为0.2%。受到教育程度歧视人数占比最高的地区为华中南和西北地区，占比均为7.9%。最低为华北地区，占比为4.4%。受到政治观点歧视人数占比最高的地区为西南地区，占比为2.6%。最低为华北地区，占比为0.5%。受到职业歧视人数占比最高的地区为西北地区，占比为8.2%。最低为华北地区，占比为4%。受到家庭背景及社会关系歧视人数占比最高的地区为华中南地区，占比为10.8%。最低为华北地区，占比为7%。

表7—12　　　　　　不同地区受访者的社会歧视经历　　　　　（单位：%）

歧视类别	东北	华北	华东	华中南	西南	西北
年龄	4.9	6.3	5.1	5.9	7.1	5.3
性别	1.6	2.1	2.4	2.9	3.6	2.0
性格	2.8	1.1	2.3	3.5	4.9	6.2
种族/民族	1.3	0.4	0.4	0.9	2.3	1.6
相貌身体	2.9	2.1	2.4	3.5	4.4	2.3
户口	3.2	2.5	3.5	2.8	4.1	2.6
宗教	0.2	0.7	0.4	0.2	0.5	0.6
教育程度	6.0	4.4	6.1	7.9	7.5	7.9
政治观点	2.1	0.5	1.8	2.1	2.6	1.9
职业	4.5	4.0	4.8	5.3	5.6	8.2
家庭背景及社会关系	9.8	7.0	7.5	10.8	10.7	9.2

社会歧视存在于社会中的各个领域之中，有制度性和非制度性的歧视，也有外显的和内隐的歧视。在一个拥有较高社会质量的社会中，各种社会歧视都应当被控制在较低的发生比率。处于较低社会歧视和高度包容的社会中，社会成员彼此之间更能够相互尊重和理解，实现良好的沟通互动，从而使个体能够在社会中更好地生存和发展。从当前我国社会歧视的数据分析结果来看，整体而言，当前社会歧视的发生比率相对较低。但不可忽视的，少部分社会歧视的发生比率依旧较高，如家庭背景和社会关系歧视、教育歧视和年龄歧视。在当今社会，随着互联网和自媒体的快速发展，网络上各种形式的炫富、"拼爹"等现象层出不穷，对社会公众的心理造成负面影响，提高了大众的相对剥夺感，进一步加深了不同社会群体之间的隔阂，成为影响社会稳定的不利因素。此外，家庭背景及社会关系作为个体在社会中生存和发展的先赋性因素，不应当成为影响其获得社会资源的主要原因，更不应当阻碍社会资源公正合理地分配。

从教育歧视来看，随着近些年国家在教育方面投入力度的不断加大，社会成员的整体受教育水平有所提升。然而，由于当前社会教育资源分配尚不够均衡，教育资源的分配呈现明显的地域差异和城乡差异，导致社会成员无法享有平等的教育权利，占据优势地位的社会群体对身处劣势的部分社会成员在一定程度上存在教育歧视。教育体制的不完善影响部分社会成员的受教育水平，导致其在社会就业市场中处于劣势地位，进一步加剧了社会阶层的固化，从而导致社会矛盾和社会冲突的产生。

另外，就年龄歧视而言，当前我国人口老龄化问题凸显，人口结构正发生着改变。对于部分中老年人群体而言，他们在就业、生活和娱乐等方面可能会遭遇到年龄歧视问题。在现代如此快节奏的工作生活下，中老年人由于年龄相对较大，因而会被贴上身体素质差、创新能力弱等标签，往往被认为难以跟上社会发展速度和时代步伐。因此，政府应当从政策层面给予中老年群体以保障，如对于难以实现充分就业的中老年人给予职业培训，帮助他们实现就业，保障其在社会生活中的基本权益。

第四节　当前中国公众的社会公平感

社会公平感是社会成员对当前社会现象、社会财富和资源分配等问题的认知体验。当前我国社会正处于社会结构转型和体制转轨的关键时期，随着社会结构的变动和利益主体的多元化，众多社会问题日益凸显，社会各领域中均一定程度上存在不公平的情况。在社会质量理论中，社会公平是影响社会成员对当前社会质量判断的重要因素。社会成员社会公平感评价的影响因子众多，经济公平、政治公平、制度公平、资源分配公平均会对其公平感产生影响。在一个高质量的社会中，社会财富和资源的分配更为公正合理，社会公众拥有较高的社会公平感，每一个社会成员均可以享有平等的社会权利，个体与社会处于良性的互动过程之中，能够通过自身努力实现自我更好的生存和发展。社会成员或不同社会群体之间的互动是基于公正平等的基础之上，彼此之间的排斥对立状况减少。因此，公众的社会公平感是衡量当前社会公平正义状况以及社会是否良性运行的重要标准。提升公众的社会公平感，减少社会不公平现象的产生，对于促进社会和谐发展具有重要意义。

一 当前公众的整体社会公平感

从公众的整体公平感来看，当前我国公众在社会各领域中的公平感评价水平较高。具体而言，从高考制度来看，认为高考制度非常不公平的受访者占比为7.3%，认为不太公平的受访者占比为15%，认为比较公平的受访者占比达52.1%，还有25.7%的受访者认为当前高考制度非常公平。就公共医疗而言，仅有5.5%的受访者认为当前公共医疗非常不公平，有20.3%的受访者认为不太公平，认为比较公平的受访者占比达59.9%。此外，还有14.3%的受访者认为公共医疗非常公平。从司法执法来看，认为司法执法非常不公平的受访者占比为7.3%，认为不太公平的受访者占比为24.2%，认为比较公平的受访者占比达53.6%，还有14.9%的受访者认为当前司法执法非常公平。从养老等社会保障待遇来看，认为养老等社会保障待遇非常不公平的受访者占比为8.2%，认为不太公平的受访者占比为24.2%，认为比较公平的受访者占比达54.9%，有12.6%的受访者认为当前养老等社会保障待遇非常公平。就政治权利而言，仅有9%的受访者认为当前政治权利非常不公平，有25.5%的受访者认为不太公平，认为比较公平的受访者占比达51.3%。此外，还有14.2%的受访者认为政治权利非常公平。从工作与就业机会来看，认为工作与就业机会非常不公平的受访者占比为7.4%，认为不太公平的受访者占比为30.5%，认为比较公平的受访者占比达52.8%，还有9.3%的受访者认为当前工作与就业机会非常公平。就财富及收入分配而言，有14.0%的受访者认为当前财富及收入分配非常不公平，有34.3%的受访者认为不太公平，认为比较公平的受访者占比达43.9%。此外，还有7.8%的受访者认为财富及收入分配非常公平。就城乡之间的权利、待遇而言，有15.6%的受访者认为当前城乡之间的权利、待遇非常不公平，有37.1%的受访者认为不太公平，认为比较公平的受访者占比达40.9%。此外，有6.4%的受访者认为城乡之间的权利、待遇非常公平。

从总体上的社会公平状况来看，受访者中有4.5%的人表示当前社会总体上非常不公平，有25.4%的受访者表示不太公平，而认为比较公平的受访者达62.8%，此外，还有7.3%的受访者表示当前社会总体上非常公平。

表7—13　　　　当前我国公众的整体社会公平感状况　　　　　（单位：%）

	非常不公平	不太公平	比较公平	非常公平
高考制度	7.3	15.0	52.1	25.7
公共医疗	5.5	20.3	59.9	14.3
司法与执法	7.3	24.2	53.6	14.9
养老等社会保障待遇	8.2	24.2	54.9	12.6
政治权利	9.0	25.5	51.3	14.2
工作与就业机会	7.4	30.5	52.8	9.3
财富及收入分配	14.0	34.3	43.9	7.8
城乡之间的权利、待遇	15.6	37.1	40.9	6.4
总体上的社会公平状况	4.5	25.4	62.8	7.3

从数据来看，整体而言当前我国社会处于较公平的状态。然而，不可忽视的是，部分社会领域中的不公平状况依旧相对突出，如财富及收入分配以及城乡之间的权利、待遇。因此，一方面需要进一步调节社会收入分配机制，保障社会财富及收入分配的公正合理。另一方面需要进一步统筹城乡发展，促进城乡居民享有平等的权利和待遇。

二　不同代际的社会公平感

数据显示，从不同代际人群来看，各代际群体的社会公平感评价存在一定差异。通过分析不同代际人群对各社会领域的社会不公平感评价占比来分析其社会公平感状况。具体来看，在50后群体中，认为高考制度不公平的受访者占比为13.6%。认为政治权利不公平的受访者占比为23.9%。认为司法与执法不公平的受访者占比为23.6%。认为公共医疗不公平的受访者占比为22.8%。认为工作与就业机会不公平的受访者占比为33%。认为财富及收入分配不公平的受访者占比为46.3%。认为养老等社会保障待遇不公平的受访者占比为29.1%。认为城乡之间的权利、待遇不公平的受访者占比为48.1%。而50后群体中，认为当前社会总体上是不公平的受访者占比为21.8%。

在60后群体中，认为高考制度不公平的受访者占比为19.3%。认为政治权利不公平的受访者占比为31.5%。认为司法与执法不公平的受访者占比为28.9%。认为公共医疗不公平的受访者占比为25.9%。认为工作与就业机会不公平的受访者占比为39.5%。认为财富及收入分配不公平的受访者占比为49.4%。认为养老等社会保障待遇不公平的受访者占比为34.2%。认为城乡之间的权利、待遇不公平的受访者占比为55.9%。此外，60后群体中，认为当前社会总体上是不公平的受访者占比为29.4%。

在70后群体中，认为高考制度不公平的受访者占比为27.9%。认为政治权利不公平的受访者占比为37.2%。认为司法与执法不公平的受访者占比为34.6%。认为公共医疗不公平的受访者占比为28.3%。认为工作与就业机会不公平的受访者占比为38.4%。认为财富及收入分配不公平的受访者占比为49.1%。认为养老等社会保障待遇不公平的受访者占比为35.1%。认为城乡之间的权利、待遇不公平的受访者占比为54.4%。另外，70后群体中，认为当前社会总体上是不公平的受访者占比为32.3%。

在80后群体中，认为高考制度不公平的受访者占比为29.1%。认为政治权利不公平的受访者占比为42.6%。认为司法与执法不公平的受访者占比为38.4%。认为公共医疗不公平的受访者占比为29%。认为工作与就业机会不公平的受访者占比为37.4%。认为财富及收入分配不公平的受访者占比为50.9%。认为养老等社会保障待遇不公平的受访者占比为36.5%。认为城乡之间的权利、待遇不公平的受访者占比为54.5%。而80后群体中，认为当前社会总体上是不公平的受访者占比为34.4%。

在90后群体中，认为高考制度不公平的受访者占比为17.7%。认为政治权利不公平的受访者占比为34.5%。认为司法与执法不公平的受访者占比为28.9%。认为公共医疗不公平的受访者占比为21.3%。认为工作与就业机会不公平的受访者占比为40%。认为财富及收入分配不公平的受访者占比为45.1%。认为养老等社会保障待遇不公平的受访者占比为25.9%。认为城乡之间的权利、待遇不公平的受访者占比为49.4%。此外，90后群体中，认为当前社会总体上是不公平的受访者占比为29.7%。

表 7—14　　　　　　　不同代际的社会公平感状况　　　　　　（单位：%）

	50 后群体 不公平	60 后群体 不公平	70 后群体 不公平	80 后群体 不公平	90 后群体 不公平
高考制度	13.6	19.3	27.9	29.1	17.7
政治权利	23.9	31.5	37.2	42.6	34.5
司法与执法	23.6	28.9	34.6	38.4	28.9
公共医疗	22.8	25.9	28.3	29.0	21.3
工作与就业机会	33.0	39.5	38.4	37.4	40.0
财富及收入分配	46.3	49.4	49.1	50.9	45.1
养老等社会保障待遇	29.1	34.2	35.1	36.5	25.9
城乡之间的权利、待遇	48.1	55.9	54.4	54.5	49.4
总体上的社会公平状况	21.8	29.4	32.3	34.4	29.7

结合数据可以发现，整体而言，相对于晚近世代的受访者而言，世代越早的受访者其社会公平感评价越高。

三　不同受教育程度的社会公平感

通过分析不同受教育程度人群对各社会领域的社会不公平感评价占比来分析其社会公平感状况。从不同受教育程度来看，数据显示，在初中及以下学历的受访者中，认为高考制度不公平的占比为 15.6%。认为政治权利不公平的占比为 26.3%。认为司法与执法不公平的占比为 24.2%。认为公共医疗不公平的占比为 20.9%。认为工作与就业机会不公平的占比为 29.9%。认为财富及收入分配不公平的占比为 38.5%。认为养老等社会保障待遇不公平的占比为 25%。认为城乡之间的权利、待遇不公平的占比为 49.6%。此外，在初中及以下学历的受访者中认为当前社会总体上不公平的人数占比为 25.5%。

在高中中专技校学历的受访者中，认为高考制度不公平的占比为 22%。认为政治权利不公平的占比为 33.6%。认为司法与执法不公平的占比为 30.3%。认为公共医疗不公平的占比为 26.3%。认为工作与就业机会不公平的占比为 38.2%。认为财富及收入分配不公平的占比为 48.4%。认为养老等社会保障待遇不公平的占比为 31.8%。认为城乡之间的权利、待遇不公平的占比为53.3%。另外，认为当前社会总体上不公平的人数占比为30%。

在大专学历的受访者中，认为高考制度不公平的占比为24.7%。认为政治权利不公平的占比为36.7%。认为司法与执法不公平的占比为35.2%。认为公共医疗不公平的占比为26.8%。认为工作与就业机会不公平的占比为38.7%。认为财富及收入分配不公平的占比为48.3%。认为养老等社会保障待遇不公平的占比为34.8%。认为城乡之间的权利、待遇不公平的占比为53.6%。而大专学历的受访者中认为当前社会总体上不公平的人数占比为31.2%。

在大本及以上学历的受访者中，认为高考制度不公平的占比为18.3%。认为政治权利不公平的占比为34.5%。认为司法与执法不公平的占比为25.7%。认为公共医疗不公平的占比为23.3%。认为工作与就业机会不公平的占比为38.9%。认为财富及收入分配不公平的占比为53%。认为养老等社会保障待遇不公平的占比为30.4%。认为城乡之间的权利、待遇不公平的占比为49.5%。另外，在大本及以上学历的受访者中认为当前社会总体上不公平的人数占比为27.9%。

表7—15　　　不同受教育程度的社会公平感状况　　　（单位：%）

	初中及以下 不公平	高中中专技校 不公平	大专 不公平	大本及以上 不公平
高考制度	15.6	22.0	24.7	18.3
政治权利	26.3	33.6	36.7	34.5
司法与执法	24.2	30.3	35.2	25.7
公共医疗	20.9	26.3	26.8	23.3
工作与就业机会	29.9	38.2	38.7	38.9
财富及收入分配	38.5	48.4	48.3	53.0
养老等社会保障待遇	25.0	31.8	34.8	30.4
城乡之间的权利、待遇	49.6	53.3	53.6	49.5
总体上的社会公平状况	25.5	30.0	31.2	27.9

从数据分析结果来看，不同受教育水平的社会群体在社会公平感评

价上存在一定差异。相对于初中及以下学历的受访者而言，高中学历以上的受访者认为当前社会总体上是不公平的人数占比要偏高。

四　不同收入群体的社会公平感

通过分析不同收入人群对各社会领域的社会不公平感评价占比来分析其社会公平感状况。从不同收入群体来看，在低收入群体中，认为高考制度不公平的占比为18.9%。认为政治权利不公平的占比为31.9%。认为司法与执法不公平的占比为27.4%。认为公共医疗不公平的占比为24.3%。认为工作与就业机会不公平的占比为37.4%。认为财富及收入分配不公平的占比为46.5%。认为养老等社会保障待遇不公平的占比为31.8%。认为城乡之间的权利、待遇不公平的占比为56.6%。另外，低收入群体的受访者中认为当前社会总体上不公平的人数占比为30.4%。

在中低收入群体中，认为高考制度不公平的占比为22.7%。认为政治权利不公平的占比为35.9%。认为司法与执法不公平的占比为32.1%。认为公共医疗不公平的占比为26.3%。认为工作与就业机会不公平的占比为42.9%。认为财富及收入分配不公平的占比为50.4%。认为养老等社会保障待遇不公平的占比为34.9%。认为城乡之间的权利、待遇不公平的占比为55.5%。此外，中低收入群体的受访者中认为当前社会总体上不公平的人数占比为32.7%。

在中等收入群体中，认为高考制度不公平的占比为21.5%。认为政治权利不公平的占比为35.7%。认为司法与执法不公平的占比为32.6%。认为公共医疗不公平的占比为26.3%。认为工作与就业机会不公平的占比为39%。认为财富及收入分配不公平的占比为46.6%。认为养老等社会保障待遇不公平的占比为32.2%。认为城乡之间的权利、待遇不公平的占比为52.6%。另外，中等收入群体的受访者中认为当前社会总体上不公平的人数占比为31.4%。

在中高收入群体中，认为高考制度不公平的占比为23.7%。认为政治权利不公平的占比为35.4%。认为司法与执法不公平的占比为33%。认为公共医疗不公平的占比为26.4%。认为工作与就业机会不公平的占比为36%。认为财富及收入分配不公平的占比为48.1%。认为养老等社会保障待遇不公平的占比为31.4%。认为城乡之间的权利、待遇不公平的占比为51.8%。而中高收入群体的受访者中认为当前社会总体上不公平的人数占比为28.9%。

在高收入群体中，认为高考制度不公平的占比为24.8%。认为政治权利不公平的占比为34.6%。认为司法与执法不公平的占比为33.7%。认为公共医疗不公平的占比为26.3%。认为工作与就业机会不公平的占比为35.5%。认为财富及收入分配不公平的占比为50%。认为养老等社会保障待遇不公平的占比为31.6%。认为城乡之间的权利、待遇不公平的占比为47.8%。而高收入群体的受访者中认为当前社会总体上不公平的人数占比为27%。

表7—16　　　　　　　不同收入群体的社会公平感状况　　　　　（单位：%）

	低收入群体	中低收入群体	中等收入群体	中高收入群体	高收入群体
	不公平	不公平	不公平	不公平	不公平
高考制度	18.9	22.7	21.5	23.7	24.8
政治权利	31.9	35.9	35.7	35.4	34.6
司法与执法	27.4	32.1	32.6	33.0	33.7
公共医疗	24.3	26.3	26.3	26.4	26.3
工作与就业机会	37.4	42.9	39.0	36.0	35.5
财富及收入分配	46.5	50.4	46.6	48.1	50.0
养老等社会保障待遇	31.8	34.9	32.2	31.4	31.6
城乡之间的权利、待遇	56.6	55.5	52.6	51.8	47.8
总体上的社会公平状况	30.4	32.7	31.4	28.9	27.0

结合数据可以发现，与低收入群体相比较，高收入群体在高考制度、政治权利、司法与执法、公共医疗、财富及收入分配方面的不公平感人数占比要更高。低收入群体则在工作与就业机会、城乡之间的权利、待遇方面的不公平感人数占比更高。因此，对于低收入群体来说，经济收入依旧是其当前生活中关心的重点。对于高收入群体而言，他们在经济上已经拥有较强的满足感，因此他们对政治参与、政治权利有着更强的渴望。

五 城乡社会公平感

通过分析不同户籍人群对各社会领域的社会不公平感评价占比来分析其社会公平感状况。从城乡居民的社会公平感状况来看，在农村居民中，认为高考制度不公平的占比为21.4%。认为政治权利不公平的占比为34.9%。认为司法与执法不公平的占比为31.1%。认为公共医疗不公平的占比为25.2%。认为工作与就业机会不公平的占比为36.8%。认为财富及收入分配不公平的占比为45.6%。认为养老等社会保障待遇不公平的占比为32%。认为城乡之间的权利、待遇不公平的占比相对较高，占比为55%。另外，农村居民受访者中认为当前社会总体上不公平的人数占比为30.9%。

而在城镇居民中，认为高考制度不公平的占比为24.2%。认为政治权利不公平的占比为34%。认为司法与执法不公平的占比为32.2%。认为公共医疗不公平的占比为27.1%。认为工作与就业机会不公平的占比为40.1%。认为财富及收入分配不公平的占比为53.6%。认为养老等社会保障待遇不公平的占比为33.4%。认为城乡之间的权利、待遇不公平的占比为48.1%。有51.9%的受访者认为城乡之间的权利、待遇公平。而城镇居民受访者中认为当前社会总体上不公平的人数占比为28.1%。

表7—17　　　　　　　　城乡社会公平感状况　　　　　　（单位：%）

	农村		城镇	
	不公平	公平	不公平	公平
高考制度	21.4	78.6	24.2	75.8
政治权利	34.9	65.1	34.0	66.0
司法与执法	31.1	68.9	32.2	67.8
公共医疗	25.2	74.8	27.1	72.9
工作与就业机会	36.8	63.2	40.1	59.9
财富及收入分配	45.6	54.4	53.6	46.4
养老等社会保障待遇	32.0	68.0	33.4	66.6
城乡之间的权利、待遇	55.0	45.0	48.1	51.9
总体上的社会公平状况	30.9	69.1	28.1	71.9

可以发现，除城乡之间的权利、待遇及政治权利外，城镇居民认为高考制度、司法与执法、公共医疗、工作与就业机会等方面的不公平人数占比均要高于农村居民。但从总体上的社会公平状况来看，农村居民受访者认为不公平的人数占比要略高于城镇居民。

（六）不同地区社会公平感

从全国不同地区人群的社会公平感来看，各地区在对当前社会各领域的社会公平感评价方面存在一定差异。通过分析不同地区人群对各社会领域的社会不公平感评价占比来分析其社会公平感状况。具体来看，华东地区认为高考制度不公平的人数占比最高，占比为 24.3%。认为高考制度不公平人数占比最低的是西北地区，占比为 16.6%。认为政治权利不公平人数占比最高的地区是华中南地区，占比为 38.1%。认为政治权利不公平人数占比最低的地区是西南地区，占比为 28.5%。认为司法与执法不公平人数占比最高的地区是华北地区，占比为 37.7%，最低的地区是西南地区，占比为 23.7%。认为公共医疗不公平人数占比最高的地区是华中南地区，占比为 29.4%，占比最低的是西北地区，为 20.2%。认为工作与就业机会不公平人数占比最高的地区是东北地区，占比为 46.8%。最低的是西南地区，占比为 31.5%。认为财富及收入分配不公平人数占比最高的地区是东北地区，占比为 53.9%，占比最低的地区是西南地区，为 41.4%。认为养老等社会保障待遇不公平人数占比最高的地区是华北地区，占比为 39.2%。最低的地区是西南地区，占比为 25.4%。认为城乡之间的权利、待遇不公平人数占比最高的地区是华中南地区，占比为 56.7%。最低的地区是西北地区，占比为 48.6%。此外，总体上认为社会不公平人数占比最高的地区是东北地区，占比为 33%。最低的是西北地区，占比为 25.1%。

表 7—18　　　　　　　　不同地区的社会公平感状况　　　　　（单位：%）

	东北	华北	华东	华中南	西南	西北
	不公平	不公平	不公平	不公平	不公平	不公平
高考制度	23.8	17.8	24.3	24.1	17.6	16.6
政治权利	36.3	33.8	34.3	38.1	28.5	30.9

续表

	东北	华北	华东	华中南	西南	西北
司法与执法	35.0	37.7	29.4	34.6	23.7	30.0
公共医疗	27.4	28.8	24.8	29.4	20.4	20.2
工作与就业机会	46.8	40.4	35.8	39.1	31.5	36.3
财富及收入分配	53.9	48.6	48.6	49.2	41.4	45.9
养老等社会保障待遇	34.8	39.2	30.5	36.8	25.4	25.9
城乡之间的权利、待遇	55.4	49.2	50.9	56.7	49.7	48.6
总体上的社会公平状况	33.0	31.6	29.2	32.4	25.2	25.1

可以发现，不同地区的受访者在对社会不同领域的公平感评价上存在一定差异。与其他地区相比，东北地区在工作与就业机会、财富及收入分配两个方面的不公平感人数占比要更高。华北地区则在司法与执法、养老等社会保障待遇两个方面的不公平感人数占比高于其他地区。华东地区在高考制度方面的不公平感人数占比更高。华中南地区在政治权利、公共医疗和城乡之间的权利、待遇三个方面的不公平感人数占比更高。而西南和西北地区，与其他地区相比，在社会各领域中的不公平感的人数占比均相对较低。

第五节 小结

众所周知，国家的经济发展与社会发展紧密相连，改革开放40年来，我国经济飞速发展，人均GDP显著提升。在一个高质量的社会中，高速发展的社会经济应当与较高的社会包容水平相匹配。在人们物质经济生活有所保障的基础上，需要进一步提升全社会包容水平，构建包容性社会。从当前我国社会包容情况来看，社会包容水平需要进一步提高，当前社会宽容程度相对偏低，各类社会歧视还在一定程度上存在，部分领域的社会公平感评价还不高。

就社会宽容而言，社会成员对社会上少部分边缘群体如刑满释放者、同性恋群体等的宽容程度偏低，部分社会成员对这些人群表示排斥，对他们有污名化和标签化倾向。这说明当前部分社会成员的现代性水平还不高。在现代社会,每一个社会成员都应当有选择自己多元生活方式的权利,社会成员彼此之间应当相互理解和包容,对于不同的群体文化和生活方式应当互相尊重。这种不宽容的社会心态和排斥行为,不仅会对社会少数人群造成心理伤害,而且会导致不同社会群体之间的对立和冲突。提高社会整体宽容水平,有利于促进不同社会群体之间的团结,提高社会凝聚力,推动多元现代社会的建立。

从社会歧视来看,家庭背景及社会关系歧视、教育歧视、职业歧视以及户籍歧视等依旧占据一定比例。家庭背景及社会关系在当前社会财富分配、社会流动过程中发挥着重要影响作用,这种影响一方面造成社会不平等和不公正,给社会成员带来相对剥夺感。另一方面也导致社会阶层的进一步固化,降低社会结构中各阶层人员的互相流动性。最终导致不同社会群体或社会阶层之间的矛盾和冲突加剧。教育作为提高全社会成员基本素质,促进国家长远发展的重要手段,不应当成为部分社会成员歧视其他成员的原因。应当促进教育平等,推动教育资源无差异分配到社会各地区,保障每位社会成员平等享有教育资源。而就职业歧视而言,职业仅有种类不同而并无高低贵贱之分,各行各业的劳动者都是社会成员的一分子,每一位社会成员无论从事何种职业都是实现社会良性运行的保障。从户籍歧视来看,城乡二元的户籍制度导致城乡差距进一步拉大,城镇居民和农村居民在社会福利保障待遇上享有的差距也导致农村居民产生不公平的情绪体验,此外户籍制度在一定程度上限制了农村劳动力的流动性,阻碍了社会整体劳动力资源的优化配置。

社会歧视作为衡量社会包容水平的重要指标之一,与社会包容是此消彼长的关系。如果社会中的歧视现象长期处于较高的发生比率,则会导致社会成员之间的对立和冲突,降低社会内在凝聚力,使得不同社会群体之间的矛盾加剧。因此,要提高社会包容水平,减少社会歧视,需要在政策制定层面减少具有制度性歧视的政策,实现社会资源分配的公正公平,保障社会成员享有平等的社会权利。只有这样才能加强个体与社会的良性互动,提升个体对社会的认同感,从而提高社会整体发展水平。

而就社会公平感而言,社会成员对部分社会领域的公平感评价相对偏低,特别是收入分配及城乡权利、待遇方面。财富及收入分配是社会成员基本生存的保障，但当前社会资源和财富分配在一定程度上依旧存在不平等、不公正的情况，如娱乐圈明星的天价片酬等。长此以往，社会财富越来越向少部分社会群体手中汇集。这种收入分配上的巨大差距给社会中下层群体带来强烈的相对剥夺感，进而导致其对当前社会财富及收入分配公平程度产生质疑，降低其对财富及收入分配公平状况的评价。而城乡之间权利和待遇的不平等长期存在于我国社会之中，户籍制度本应当只是用来统计社会群体人数及人员管理的工具，不应当与社会群体的福利待遇和权利享有相挂钩。在当前城乡二元户籍制度之下，乡村居民的权利及福利待遇与城市居民相比还存在一些差距，因此需要尽快实现户籍制度改革，促进城乡居民享有平等的权利。社会公平是衡量社会发展质量的重要标准，正如前文所说，社会宽容和社会歧视与社会公平有着密切的联系。社会越公平，社会宽容水平越高，社会歧视发生率越低。社会成员的社会公平感评价在一定程度上反映了其对当前社会的认可程度。在一个公正公平的社会，个体能够凭借自身能力在社会中更好地生存和发展。此外，社会各领域中的公平状况会影响整个社会的良性运行和健康发展。

　　西方国家的发展经验表明，在社会结构快速转型时期，不能单纯把目光集中于经济发展上，社会建设同样需要引起足够的重视。只有实现经济与社会的同步发展，才能真正提高社会整体发展水平，提高社会成员的生存质量。社会质量理论认为一个社会的包容程度是衡量其社会发展水平的重要标志之一。只有通过提高社会宽容水平，减少社会歧视，提高社会成员的社会公平感评价，才能提升社会整体包容度，建设更加多元、更加包容的现代社会。

第八章

社会赋权报告

第一节 社会赋权概念与测量

随着经济的发展和社会的进步，经济发展程度已不是衡量社会质量的唯一指标。关于高质量社会的评判标准，人们越来越不仅仅局限于经济和物质发展水平，而是将目光转向社会发展的各个方面。社会作为一个公共领域，最重要的是要充分表现在社会结构之下的个体能动性。在现代社会治理模式之下，一个高质量的社会应该表现为公共领域与个体之间的有效互动；一个高质量的社会，应该是能够充分调动个体能动性，赋予每一个个体参与社会的能力，每个人都有参与社会的机会与畅通渠道。社会赋权强调个体有能力在社会、经济、政治生活等方面有效参与且最大限度地发挥个体的能力和尊严，它与社会发展息息相关，是测量社会质量的重要维度之一。

社会赋权作为一个借鉴社会工作和社区发展原则的广泛实践领域，近年来得到了学者们的广泛关注。社会赋权通常在以下四个层面执行：（1）个人层面；（2）家庭层面；（3）社区层面；（4）社会政策层面。社会赋权强调个体的能动性，个体在一个高质量、高活力的社会中，往往具有丰富的社会资源和参与社会政治生活的通畅渠道，以实现自己的潜能，发挥自己解决问题的力量。赋权理论提出了一个社会与个人之间新型关系的切入点。赋予社会个体应有的社会权利是提升其生活质量的必要条件，这既是一个持续不断的过程，也是一个社会高质量发展的结果。

近年来，中国一直走在改革的前列，从政府职能转变到社会组织的发展，再到个人意识的觉醒，无一不是走向社会赋权的具体表现。在社会赋权的理念下，人们正在通过组织化、制度化的行为方式与社会进行良性的互动，提升个人的社会参与意识与社会治理水平，具体体现在社会参与、政治参与以及政治效能感三个方面。

一 社会参与

随着我国经济和社会的发展，尤其是在城市社区中，由于社会治理结构、治理方式的变化以及公民意识的觉醒，越来越多的人通过各种各样的渠道参与到社会事务当中。近年来，我国公民社会参与率在不断提高，人们热情于放下手中工作，走出家门、学校、单位，参与到社会活动当中来。民众广泛的社会参与是推动我国现代化建设与社会进步的重要力量，更是推动我国社会管理创新的主要手段。

社会参与作为社会赋权的一个重要途径与组成部分，其对个体的主观精神健康和社会良性运作起到的积极作用得到了学者越来越广泛的关注。现今社会，随着人们交往范围的逐渐扩大，人们往往会在社会活动中建构"自己人"的内涵，从而在人际之间形成"边界"，由此社会参与可以建构多样化的个体特殊信任。不仅如此，近年来我国公民通过各种社会参与活动影响公共事务已经成为一个重要的变化，如"厦门PX项目事件"、"一个鸡蛋的暴走"公益活动等给人们的社会生活带来了显著的影响。由此，社会参与不仅会给个体自身带来影响，如扩大社会支持网络、增加社会资本以及广泛的参与动力提高等，长远来看还会影响到社会的整体发展与运行，良好的社会参与将使社会收益无穷。

多主体、多层次、多面向、多维度的社会参与是社会建设的基础力量，也是衡量现代化进程的一个重要指标。近年来，学者们针对社会参与的研究层出不穷，尤其是对弱势社会群体如老年人、残疾人的社会参与尤为关注。段世江和张辉（2008）曾对老年人的社会参与进行研究，认为可以从以下四个维度进行分析：（1）介入角度，即人们对各种社会活动、社会团体的介入程度；（2）角色角度，即考察社会参与中建构的正式与非正式的社会角色；（3）活动角度，即个人与他人参加的社会活动；(4) 资源角度，即在社会层面对个人资源的分享，① 其分析维度可作参考。胡安宁（2014）曾在测量社会参与时，将社会参与水平主要划分为几个活动，分别是"健身、娱乐、能力提升活动""同学、同乡、同行联谊活动""宗教信仰活动""公益活动"和"政治参与"。②

不容忽视的是，社会参与首先强调参与的主体是公民个体而非社会组织，个体或是单独开展公民活动、或是发起或参与到其他个体所发起的公民活动，抑或是参与社会组织所开展的公民活动。基于此，本报告主要从三个维度来考察个体的社会参与水平，分别是：(1) 社会组织参与水平。这主要是用来衡量被调查个体参与各种社会团体的情况。(2) 自上而下的社会公益活动参与水平。这主要是考察被调查个体参与政府、单位、学校等组织发起的社会公益活动情况，这些活动的发起人往往是更高一个层面的社会个体，具有自上而下的特征。(3) 自下而上的社会公益活动参与情况。这主要是考察被调查个体参与自发组织的社会公益活动情况。由于考虑到社会参与感会受到多种因素的影响，如受教育水平、社会经济地位、年龄等，为进一步考察影响社会参与的深层原因，本报告将分代际、受教育程度、个人年收入水平、职业和城乡五个方面来研究当前我国居民的社会参与情况，并试图找出背后的作用机制。

二 政治参与

政治参与主要指的是公民以合法的方式参加政治生活，并影响政治体系的构成、运行方式、运行规则和政策过程的行为。政治参与作为社会主义民主的重要内容，一直以来是我国政治体制改革的重中之重。随着经济社会的发展，我国的政治参与也发生了深刻的变化。改革开放以来，市场经济的不断发展和民主政治改革的不断深入，我国公民的政治参与日趋活跃，形式也由革命型、动员型转向自主型和建设型。

2000年10月11日，中共十五届五中全会在党的文献中第一次明确

---

① 段世江、张辉：《老年人社会参与的概念与理论基础的研究》，《河北大学成人教育学院报》2008年第3期。

② 胡安宁：《社会参与、信任类型与精神健康：基于CGSS2005的考察》，《社会科学》2014年第4期。

提出"扩大公民有序的政治参与"的命题,其后"扩大公民有序的政治参与"成为党中央以及各级政府密切关注的工作重心。党和政府的密切关注也促进了公民政治参与热情高涨,尤其随着互联网的快速发展,公民网络政治参与逐渐兴起,民众政治参与的诉求不断扩大,我国民众的政治参与也呈现出多样化的形式。

可见,政治参与的主体主要是公民个人,在我国既包括公民依法行使自己的选举权与被选举权,也包括在日常生活中参与政治活动的行为。基于此,本报告主要基于社区、村委会选举参选和日常政治行为两个维度来测量我国居民当前的政治参与水平。由于考虑到政治参与会受到多种因素的影响,如受教育水平、社会经济地位、年龄等,为进一步考察影响政治参与的深层原因,本报告将分代际、受教育程度、个人年收入水平、职业和城乡五个方面来研究当前我国居民的政治参与情况,并试图找出背后的作用机制。

三 政治效能感

政治效能感主要是指公民认为自己对于政治所具有的影响的信念,是一种"政治和社会变迁是可能的以及公民个体能够促使这一变迁发生的感觉"[1]。学者们通常将政治效能感分为内在效能感和外在效能感,其中内在效能感也可以被理解为个体效能感,主要表现为个人认为自己有能力和知识对政治进行评论和参加政治活动,因而个体效能感往往会对个体的政治参与行为产生直接的鼓动力量,内在效能感高的人往往也会表现为活跃的政治参与者与投票者。外在效能感主要指的是个体认为政府对其诉求做出反应的程度和可能,主要是和政府在多大程度上关心个人需要、满足个人需求有关,外在效能感低的个体常常表现为政治冷漠,对政府的信任水平较低,进而对政治不感兴趣,不愿花时间和精力在这上面,表现出明显的政治疏离。

一般来说,具有较高政治效能感的公民,即对自己具有影响政府决策的知识和能力有信心(内在效能感),也对政府对自己的诉求做出反应

---

[1] Campbell, A., Gurin, G. & W. E. Miller 1954, The Voter Decides. Evanston, IL: Row, Peterson and Company.

有信心（外在效能感），① 他们更可能对政府和社会具有较高的信任度。政治效能感往往与政治参与具有密切联系，政治效能感高的个体常常会表现出积极的政治参与，因而政治效能感也是社会赋权的一个重要组成部分。本报告主要从基层自治组织效能感、个体效能感、政治冷漠和政府效能感四个维度来衡量政治效能感。

政治效能感并非是与生俱来的，往往以一定的信息和经验为基础，是个体对自己与政治环境发生相互作用的效果检验而逐渐建立起来的主观判断。一般来说，在社会、经济上处于优势地位的人往往掌握更多信息，有用更广泛的政治参与渠道和较强的政治参与能力，因而其政治参与感也相对较高。② 因此，政治效能感会受到多种因素的影响，如受教育水平、社会经济地位、年龄等，为进一步考察影响政治效能感的深层原因，本报告将分代际、受教育程度、个人年收入水平、职业和城乡五个方面来研究当前我国居民政治效能感，并试图找出背后的作用机制。

综上可知，社会参与、政治参与以及政治效能感是测量社会赋权水平的重要维度。基于此，本报告结合社会赋权的相关概念，并考虑到个人与社会政治生活互动的特征，从社会参与、政治参与以及政治效能感三个维度来分析当前我国公众的社会赋权水平。本报告将采用2017年CSS调查数据分析我国社会赋权现状及其影响因素。

第二节 当前中国的社会参与水平

一 社会组织参与水平

近年来，中国社会组织如雨后春笋般涌现出来，社会组织作为衡量人们社会参与的重要指标，在人与社会之间起到了联络和纽带的作用，是人们社会参与的重要方式。

超过六成的居民没有参与任何社会团体。CSS2017调查了受访者是否参与了宗教团体、宗亲会、同乡会、校友会、联谊组织、民间社团、职

---

① 胡荣:《中国人的政治效能感、政治参与和警察信任》,《社会学研究》2015年第10期。
② 裴志军:《农村和城市居民政治效能感的比较研究》,《政治学研究》2014年第4期。

业团体等七类社会团体的情况,数据结果显示,有62.4%的受访者没有参加其中任何一类社会团体。可见,我国居民的社会团体参与率还有很大的提升空间。

各类社会团体中,参与率最高的社会团体是校友会。数据显示,受访者参与各类社会团体的比例,由高到低的排序为:校友会,同乡会,联谊组织,民间团体,职业团体,宗教组织,宗亲会。其中,校友会的参与率远高于其他社会组织的参与率,达到26%,而位居第二位的同乡会参与率仅6.4%,两者相差了近20个百分点。而其他社会团体的参与率更低,均不足10%。

考虑到社会组织的参与受精力、物力、知识水平甚至社会组织的分布状况等因素的影响。因此,本报告分代际、受教育程度、收入、职业以及城乡对我国当前社会组织参与水平进一步考察。结果显示,我国当前社会组织参与呈现出明显的代际、受教育程度、收入职业以及城乡特征。随着代际越近、受教育程度、收入和职业水平的提升,及城镇居民在社会组织参与方面表现出更多的积极性。就具体的社会组织参与而言,校友会的参与率始终最高。

(一)分代际社会团体参与情况

表8—1　　各代际群体社会组织参与率(N=10043)　　(单位:个,%)

	50后及之前	60后	70后	80后	90后	合计
个案总数 N	1631	2101	2241	2141	1929	10043
参与社会组织个案数 n	323	549	808	968	1128	3776
参与社会组织个案所占比例 n/N	19.8	26.1	36.0	45.0	58.5	37.6
宗教团体	4.3	4.1	3.3	3.9	3.0	3.7
宗亲会	2.1	3.5	3.7	3.8	2.4	3.2
同乡会	2.1	3.8	5.4	8.4	11.8	6.4
校友会	8.5	15.1	23.6	33.8	46.9	26.0
联谊组织	4.4	3.8	4.3	4.3	13.5	6.0

续表

	50后及之前	60后	70后	80后	90后	合计
民间社团	2.5	3.6	5.3	6.0	12.0	5.9
职业团体	1.5	3.2	6.0	8.3	9.0	5.7

代际越近,社会组织的参与水平越高。根据调查对象的出生年代特征,将调查对象划分为50后及之前、60后、70后、80后、90后五个代际。根据数据显示,五个代际中未参加过任何社团的比例依次为80.2%、73.9%、64%、55%和41.5%,由此可知,从各个代际的社会团体参与率来看,90后的社会团体参与率最高。随着年龄的增长、代际的久远,各代际参加社会组织的水平依次降低。考虑主要与90后精力充沛有关,在社会组织参与方面表现更活跃。

校友会是当前各代际,尤其是90后最受欢迎的社会组织。就具体的社会团体参与情况来看,在所有的代际中,校友会的社会参与水平最高,尤其是90后的参与率将近一半;而宗亲会的参与水平最低,其中参与率最高的代际均低于4%。值得注意的是,各代际在参与宗教团体方面的统计数据不呈显著。

(二)分教育程度社会团体参与情况

表8—2　　　各学历群体社会组织参与率（N=10037）　　　（单位:个,%）

	初中及以下	高中中专技校	大专	大本及以上	合计
个案总数 N	6087	1940	885	1125	10037
参与社会组织个案数 n	1611	904	499	756	3770
参与社会组织个案所占比例 n/N	26.50	46.60	56.40	62.70	37.60
宗教团体	4.80	2.40	1.70	2.00	3.70
宗亲会	3.30	3.70	3.30	1.50	3.20
同乡会	5.10	7.60	7.80	10.50	6.40
校友会	14.30	37.00	44.80	55.60	26.00

续表

	初中及以下	高中中专技校	大专	大本及以上	合计
联谊组织	3.10	7.00	11.00	15.80	6.00
民间社团	2.90	6.70	12.00	16.20	5.90
职业团体	3.60	6.30	9.70	12.70	5.70

受教育程度越高，社会组织参与水平越高。根据调查对象的受教育水平特征，将调查对象划分为初中以下学历（包括未上学、小学和初中）、高中中专技校、大专和大本及以上四个学历群。根据数据显示，初中及以下、高中中专技校、大专和大本以上学历群未参加过任何团体的比例依次为73.5%、53.4%、43.6%和36.3%，由此可知，受教育程度越高，参加社会组织的水平越高，受教育程度和社会组织的参与水平成正比，受教育程度高的群体更容易胜任参与社会组织的条件要求。

校友会是当前各学历群，尤其是大本及以上学历群体最受欢迎的社会组织。就具体的社会团体参与情况来看，在所有的学历群体中，校友会的社会参与水平最高，尤其是大本及以上学历群体的参与率超过一半，主要考虑越是教育层次高的学校和人们，校友文化和意识越强；而宗亲会和宗教团体的参与水平最低，在这两项社会团体中，参与率最高的学历群体均低于5%。

（三）分收入社会团体参与情况

表8—3　　　各收入群体社会组织参与率（N=10046）　　（单位：个，%）

	5000元以下	5000元—1.8万元	1.8万—3万元	3万—5万元	5万元以上	合计
个案数 N	3583	1690	1839	1548	1386	10046
参与社会组织个案数 n	1152	511	641	689	783	3776
参与社会组织个案所占比例 n/N	32.10	30.20	35.00	45.00	56.50	37.60
宗教团体	3.90	4.90	3.60	2.50	3.20	3.70
宗亲会	2.50	3.40	3.00	3.80	4.20	3.20

续表

	5000元以下	5000元—1.8万元	1.8万—3万元	3万—5万元	5万元以上	合计
同乡会	6.30	5.00	5.50	6.80	9.20	6.40
校友会	21.30	18.20	23.70	31.90	44.00	26.00
联谊组织	6.30	4.90	4.70	5.40	8.90	6.00
民间社团	5.00	4.70	5.50	6.10	10.20	5.90
职业团体	2.50	4.80	4.40	8.30	14.30	5.80

收入水平与社会组织的参与水平基本成正比。根据调查对象的收入水平特征，将调查对象划分为5000元以下、5000元—1.8万元、1.8万—3万元、3万—5万元和5万元以上五个收入群体。根据数据显示，五个收入群体中未参加过任何团体的比例依次为67.9%、69.8%、65%、55%和43.5%，由此可知，除5000元以下收入群的社会参与水平略高于5000元—1.8万元收入群以外，整体来看，收入水平越高、社会组织的参与水平相对越高，收入水平和社会组织的参与水平成正比，主要考虑与收入水平高的群体可以提供更多的物力支持有关。

校友会是当前各收入群，尤其是5万元以上收入群体最受欢迎的社会组织。就具体的社会团体参与情况来看，在所有的收入群中，校友会的社会参与水平最高，尤其是5万元以上收入群的参与率将近一半，主要考虑与收入越高的群体其受教育水平也越高有关；而宗亲会和宗教团体的参与水平最低，在这两项社会团体中，参与率最高的收入群体均低于5%。

（四）分职业社会团体参与情况

表8—4　　　　各职业群体社会组织参与率（N=6415）　　（单位：个，%）

	白领	灰领	蓝领	不便分类人员	合计
个案总数 N	1431	1669	2912	403	6415
参与社会组织个案数 n	788	757	821	132	2498

续表

	白领	灰领	蓝领	不便分类人员	合计
参与社会组织个案所占比例 n/N	55.1	45.4	28.2	32.8	38.9
宗教团体	2.4	3.8	4.3	4.0	3.7
宗亲会	3.4	3.8	3.7	4.0	3.7
同乡会	6.8	7.0	5.5	8.4	6.4
校友会	42.6	32.9	15.7	22.9	26.6
联谊组织	8.8	6.3	3.2	3.2	5.3
民间社团	12.2	6.1	3.4	5.7	6.2
职业团体	12.2	10.0	4.4	4.7	7.6

白领社会组织参与水平最高。CSS2017根据调查对象的职业特征，将调查对象划分为白领、灰领、蓝领和不便分类人员四个职业群体。根据数据结果显示，四个职业群体中社会组织参与比例依次为55.1%、45.4%、28.2%、32.8%和38.9%，由此可知，白领的社会组织参与水平最高，第二为灰领，不便分类人员排第三。白领多为社会中产阶层，在参与社会组织方面更具优势，因而参与率相应也高。

校友会是当前各职业群体，尤其是白领最受欢迎的社会组织。就具体的社会团体参与情况来看，在所有的职业群体中，校友会的社会参与水平最高，尤其是白领的参与率超过了50%；总体来说宗亲会的参与水平最低，其中参与率最高的职业群体也低于5%。值得注意的是，各职业群体在宗亲会参与方面数据统计不呈显著。

（五）分城乡社会团体参与情况

表8—5　　　各城乡群体社会组织参与率（N=10046）　（单位：个，%）

	城镇	农村	合计
个案数 N	5875	4171	10046
参与社会组织个案数 n	2332	1443	3775
参与社会组织个案所占比例 n/N	39.70	34.60	37.60

续表

	城镇	农村	合计
宗教团体	3.40	4.10	3.70
宗亲会	2.70	3.80	3.20
同乡会	5.70	7.00	6.40
校友会	28.80	22.10	26.00
联谊组织	6.20	5.60	6.00
民间社团	6.00	5.50	5.90
职业团体	6.10	5.20	5.70
合计	100.00	100.00	100.00

城镇居民更爱参加社会组织。根据调查对象的城乡特征，将调查对象划分为城镇和乡村两个不同的群体。根据数据显示，城镇和乡村群体未参加社会组织的比例分别为60.3%和65.4%。主要考虑与城镇居民能接触到社会组织的机会多有关。

校友会是当前城乡居民，尤其是城镇居民最受欢迎的社会组织。就具体的社会团体参与情况来看，在所有的城乡群体中，校友会的社会参与水平最高，城乡的参与率分别为28.8%和22.1%，二者相差不大，远远超过其他社会组织的参与水平，主要考虑与当前教育普及的程度高、覆盖面广有关，尤其是农村教育的发展，使得越来越多地人们接受到了较好的教育。值得注意的是，城乡居民在宗教团体、联谊组织、民间社团以及职业团体参与方面数据统计不呈显著。

二 日常社区志愿行为

我国自古以来就提倡邻里互助的传统助人服务。随着经济发展以及住房的商品化改革，人们由过去"守望相助"的邻里关系，转变为单位制社区，直至现代社区，传统的社区助人服务也发生了一些变化。但受我国传统文化的影响，以及传统助人服务本身具有便捷性、增进邻里情感等方面的优势，传统助人服务仍是当前居民提供志愿行为的主要方式。

表 8—6　　　　　　　传统助人服务情况　　　　　（单位：个，%）

	个案数	个案百分比 （N = 10040）
没有过任何助人行为	2432	24.2
参与过其中一项	1378	13.7
参与过其中两项	1578	15.7
参与过其中三项	1519	15.1
参与过其中四项	1049	10.5
参与过其中五项	715	7.1
参与过其中六项	518	5.2
参与过其中七项	380	3.8
八项都参与过	471	4.7

将近八成居民都有过传统的助人行为。CSS2017 测量了受访者是否有过帮助邻居照看孩子、帮陪邻里老人、帮陪邻里残疾人、帮邻居买菜/修理物品、收取快递、为邻里提供生活信息、调节邻里关系、维护社区卫生环境等八类传统的助人行为情况，数据结果显示，仅有 24.2% 的受访者没有过其中任何一类行为，在有过助人行为的受访者中，参与其中一项、两项、三项、四项的比例均超过总受访者的 10%，其中参与两项传统助人服务的比例最高，为 15.7%。可见，我国大部分居民在日常生活中都倾向于提供传统助人服务，且参与过其中一至四项助人活动的比例高一些。

（一）分代际社区日常志愿行为情况

表 8—7　近一年各代际群体传统助人服务参与率（N = 10039）（单位：个，%）

	50后及之前	60后	70后	80后	90后	合计
个案数 N	1631	2096	2240	2145	1927	10039
传统助人服务行为个案数 n	1095	1575	1771	1666	1500	7607
传统助人服务行为个案所占比例 n/N	67.10	75.10	79.10	77.70	77.80	75.80

续表

	50后及之前	60后	70后	80后	90后	合计
没有过任何助人行为	32.90	24.90	20.90	22.30	22.20	24.20
参与过其中一项	14.50	12.70	12.80	11.90	17.20	13.70
参与过其中两项	13.30	13.50	14.80	17.10	19.80	15.70
参与过其中三项	12.10	13.40	15.40	16.60	17.60	15.10
参与过其中四项	8.50	10.20	10.80	11.90	10.40	10.40
参与过其中五项	6.70	8.00	8.10	7.60	4.90	7.10
参与过其中六项	4.80	6.30	6.00	4.70	3.70	5.20
参与过其中七项	3.40	4.40	5.40	3.50	1.90	3.80
八项都参与过	3.70	6.6	5.80	4.50	2.30	4.70
合计	100	100	100	100	100	100

70后更倾向提供传统助人服务。CSS2017根据调查对象的出生年代特征，将调查对象划分为50后及之前、60后、70后、80后、90后五个代际，并调查了受访者是否有过帮助邻居照看孩子、帮陪邻里老人、帮陪邻里残疾人、帮邻居买菜/修理物品、收取快递、为邻里提供生活信息、调节邻里关系、维护社区卫生环境等八类传统的助人行为情况。数据显示，70后参与传统助人服务的比例最高，为79.1%。就平均参与的传统助人服务项目数而言，50后及之前的群体参与其中一项传统助人服务的比例最高，为14.5%；60后参与其中两项传统助人服务的比例最高，为13.5%；70后参与其中三项传统助人服务的比例最高，为15.4%；80后参与其中两项传统助人服务的比例最高，为17.1%；90后参与其中两项传统助人服务的比例最高，为19.8%。可见，不管是总体还是具体项目数的参与而言，70后更倾向提供传统助人服务。

传统助人服务虽对参与者的要求不高，但也呈现出一些明显的代际、学历、收入、职业和城乡特征。

（二）分教育程度社区日常志愿行为情况

表8—8　近一年各学历群体传统助人服务参与率（N=10031）（单位：个，%）

	初中及以下	高中中专技校	大专	大本及以上	合计
个案数 N	6084	1937	887	1123	10031
传统助人服务行为个案数 n	4536	1529	668	869	7602
传统助人服务行为个案所占比例 n/N	74.60	78.90	75.30	77.40	75.80
没有过任何助人行为	25.40	21.10	24.70	22.60	24.20
参与过其中一项	13.30	13.30	12.50	17.90	13.70
参与过其中两项	14.10	16.80	17.70	20.60	15.70
参与过其中三项	14.20	16.40	17.20	16.50	15.10
参与过其中四项	10.40	10.50	11.40	9.90	10.40
参与过其中五项	7.40	7.70	6.50	5.30	7.10
参与过其中六项	5.30	5.60	4.40	4.00	5.20
参与过其中七项	4.60	3.30	2.40	1.70	3.80
八项都参与过	5.20	5.50	3.20	1.60	4.70
合计	100	100	100	100	100

除初中及以下学历群体外，其余学历群体平均最多提供二项传统助人服务。CSS2017 根据调查对象的受教育水平特征，将调查对象划分为初中及以下学历（包括未上学、小学和初中）、高中中专技校、大专和大本及以上四个学历群，并调查了受访者是否有过帮助邻居照看孩子、帮陪邻里老人、帮陪邻里残疾人、帮邻居买菜/修理物品、收取快递、为邻里提供生活信息、调节邻里关系、维护社区卫生环境等八类传统的助人行为情况。数据结果显示，高中中专技校学历群体参与传统助人服务的比例最高，为78.9%。就平均参与的传统助人服务项目数而言，初中及以下学历群体参与其中三项传统助人服务的比例最高，为14.2%；高中中专技校、大专、大本及以上三个学历群体参与其中两项传统助人服务的比例最高，分别为16.8%、17.7%和20.6%。可见，初中及以下学历群

体平均提供传统助人服务的项目更多一些。

（三）分收入社区日常志愿行为情况

表8—9　　近一年各收入群体传统助人服务参与率　　（单位：个，%）

	5000元以下	5000元—1.8万元	1.8万—3万元	3万—5万元	5万元以上	合计
个案数 N	3580	1690	1838	1546	1386	10040
传统助人服务行为个案数 n	2663	1282	1365	1202	1096	7608
传统助人服务行为个案所占比例 n/N	74.40	75.90	74.30	77.70	79.10	75.80
没有过任何助人行为	25.60	24.10	25.70	22.30	20.90	24.20
参与过其中一项	13.90	13.70	13.80	14.70	12.00	13.70
参与过其中两项	16.20	14.40	14.70	15.10	18.00	15.70
参与过其中三项	14.30	14.90	14.40	16.00	17.70	15.10
参与过其中四项	9.90	10.30	10.20	11.60	11.00	10.40
参与过其中五项	7.50	7.40	6.30	7.20	6.70	7.10
参与过其中六项	5.00	5.40	6.00	4.50	5.10	5.20
参与过其中七项	3.40	4.70	4.20	3.30	3.60	3.80
八项都参与过	4.10	5.10	4.70	5.30	5.00	4.70
合计	100	100	100	100	100	100

个人年收入5000元以下、1.8万—3万元及5万元以上收入群体平均参与其中两项传统助人服务最多，其余收入群体则参与其中三项传统助人服务最多。CSS2017根据调查对象的收入水平特征，将调查对象划分为5000元以下、5000元—1.8万元、1.8万—3万元、3万—5万元和5万元以上五个收入群，并调查了受访者是否有过帮助邻居照看孩子、帮陪邻里老人、帮陪邻里残疾人、帮邻居买菜/修理物品、收取快递、为邻里提供生活信息、调节邻里关系、维护社区卫生环境等八类传统的助人行为情况。数据结果显示，个人年收入5万元以上收入群体参与传统助人服务的比例最高，为79.1%。就平均参与的传统助人服务项目数而言，个人年收入5000元以下、1.8万—3万元及5万元以上收入群体平均参加其中两项传统助人服务的比例最高，分别为16.20%、14.7%和18%，而

个人年收入为5000元—1.8万元、3万—5万元收入群体中，平均参加其中三项传统助人服务的比例最高，分别为14.90%和16%。

（四）分职业社区日常志愿行为情况

表8—10　　近一年各职业群体传统助人服务参与情况　　（单位：个，%）

	白领	灰领	蓝领	不便分类人员	合计
个案数 N	1431	1667	2908	401	6407
传统助人服务行为个案数 n	1121	1313	2245	299	4978
传统助人服务行为个案所占比例 n/N	78.3	78.8	77.2	74.6	77.7
没有过任何助人行为	21.7	21.2	22.8	25.4	22.3
参与过其中一项	14.7	12.1	12.5	11.5	12.8
参与过其中两项	16.7	18.1	13.7	15.2	15.6
参与过其中三项	15.7	16.3	15.3	15.5	15.7
参与过其中四项	10.4	11.8	11.6	11.5	11.3
参与过其中五项	7.6	6.7	8.1	6.2	7.5
参与过其中六项	5.1	5.1	5.4	5.0	5.2
参与过其中七项	2.8	4.3	4.9	5.5	4.3
八项都参与过	5.2	4.6	5.7	4.2	5.2
合计	100.0	100.0	100.0	100.0	100.0

白领和灰领平均参与两项传统助人服务的比例最多，而蓝领和不便分类的人员参与其中三项传统助人服务的比例最多。CSS2017根据调查对象的职业特征，将调查对象划分为白领、灰领、蓝领和不便分类人员四个职业群体，并调查了受访者是否有过帮助邻居照看孩子、帮陪邻里老人、帮陪邻里残疾人、帮邻居买菜/修理物品、收取快递、为邻里提供生活信息、调节邻里关系、维护社区卫生环境等八类传统的助人行为情况。数据结果显示，灰领参与传统助人服务的比例最高，为78.8%。就平均参与的传统助人服务项目数而言，白领和灰领平均提供两项传统助人服务的比例最高，分别为16.7%和18.1%；蓝领和不便分类人员平均提供三项传统助人服务的比例最高，分别为15.3%和15.5%。由此可知，灰

领和不便分类人员平均参与的传统助人服务项目更多。

（五）分城乡社区日常志愿行为情况

表8—11　　　近一年各城乡群体传统助人服务参与率　　　（单位：个，%）

	城镇	乡村	合计
个案数 N	5870	4170	10040
传统助人服务行为个案数 n	4336	3273	7609
传统助人服务行为个案所占比例 n/N	73.90	78.50	75.80
没有过任何助人行为	26.10	21.50	24.20
参与过其中一项	13.90	13.50	13.70
参与过其中两项	16.40	14.80	15.70
参与过其中三项	15.10	15.10	15.10
参与过其中四项	9.70	11.60	10.40
参与过其中五项	6.70	7.80	7.10
参与过其中六项	4.80	5.60	5.20
参与过其中七项	3.20	4.60	3.80
八项都参与过	4.10	5.50	4.70
合计	100.00	100.00	100.00

城镇居民平均参与其中两项传统助人服务的比例最多，农村居民参与其中三项传统助人服务的比例最多。CSS2017根据调查对象的城乡特征，将调查对象划分为城镇居民和农村居民两类，并测量了受访者是否有过帮助邻居照看孩子、帮陪邻里老人、帮陪邻里残疾人、帮邻居买菜/修理物品、收取快递、为邻里提供生活信息、调节邻里关系、维护社区卫生环境等八类传统的助人行为情况。数据结果显示，农村居民参与传统助人服务的比例最高，为78.5%。就平均参与的传统助人服务项目数而言，城镇居民平均参加其中两项传统助人服务的比例最高，为16.40%，农村居民平均参加其中三项传统助人服务的比例最高，为15.10%。

三 近一年来不同服务内容的志愿服务参与情况

表8—12　　　近一年来不同服务内容的志愿服务参与率　　（单位：个，%）

	个案数	个案百分比（N=10037）
参与总人数	2809	27.9
老年关怀	1094	10.9
环境保护	1057	10.5
儿童关爱	872	8.7
扶贫济困服务	586	5.8
扶助残障	512	5.1
青少年辅导	428	4.3
抢险救灾	375	3.7
治安防范	349	3.5
科普宣传	307	3.1
教育助学	268	2.7
大型社会活动	202	2.0
心理咨询	180	1.8
医疗护理	185	1.8
拥军优属	173	1.7
妇女维权保护	164	1.6
法律援助	111	1.1
其他	36	0.4
国际援助	7	0.1

随着我国政府职能的转变，各种利好政策为社会组织的发展提供了沃土，不同服务内容的志愿服务也逐渐发展起来，引起越来越多人的参与和关注。但就总体来说，当前我国的志愿服务参与水平还有待提升。

超过七成的居民没有参与过任何志愿服务。CSS2017调查了受访者是否参与了老年关怀、环境保护、儿童关爱、扶贫济困服务、扶助残障、青少年辅导、抢险救灾、治安防范、科普宣传、教育助学、大型社会活动、心理咨询、医疗护理、拥军优属、妇女维权保护、法律援助、国际援助等十七类不同服务内容的志愿服务参与情况,数据结果显示,仅有27.9%的受访者参加其中至少一类志愿服务。可见,我国居民的志愿服务参与率还有很大的提升空间。

各类志愿服务中,参与率最高的志愿服务是老年关怀。数据显示,受访者参与各种不同服务内容的志愿服务的比例,由高到低的排序为:老年关怀、环境保护、儿童关爱、扶贫济困服务、扶助残障、青少年辅导、抢险救灾、治安防范、科普宣传、教育助学、大型社会活动、心理咨询、医疗护理、拥军优属、妇女维权保护、法律援助、国际援助。其中,老年关怀的参与率最高,达到10.9%,与位居第二的儿童关爱参与率相差0.4%,相差不大,国际援助的参与率最低,仅为0.1%。可见我国当前各种志愿服务的内部发展存在一定的不平衡现象。

(一)分教育程度近一年来不同服务内容的志愿服务参与情况

表8—13　近一年各个学历群体不同服务内容的志愿服务参与率(N=10037)　(单位:%)

	初中及以下	高中中专技校	大专	大本及以上	合计
老年关怀	14.70	20.00	24.00	27.80	18.00
环境保护	12.40	21.50	26.50	28.90	17.30
儿童关爱	11.10	14.60	20.20	20.70	13.60
扶贫济困服务	6.60	11.60	16.50	19.00	9.80
扶助残障	7.80	10.70	13.70	14.10	9.60
青少年辅导	3.10	6.60	10.50	21.90	6.50
抢险救灾	7.50	8.10	9.10	6.20	7.60
治安防范	4.80	8.70	7.70	6.50	6.00
科普宣传	2.00	6.40	11.50	16.60	5.30
教育助学	3.00	5.00	8.70	18.40	5.60
大型社会活动	1.60	4.10	8.40	10.20	3.70
心理咨询	1.90	3.40	6.80	8.40	3.30
医疗护理	2.30	3.20	5.00	7.90	3.30
拥军优属	2.30	5.00	5.80	4.50	3.40
法律援助	1.10	1.90	3.80	5.10	1.90
志愿服务参与率	30.90	47.50	58.60	72.40	41.20

初中及以下学历群体更愿意参与老年关怀服务，而高中中专技校、大专和大本及以上学历群体是环境保护的主力军。数据结果显示，初中及以下学历群体参与的老年关怀服务最多，占比为14.7%，高中中专技校、大专和大本及以上学历群体更倾向于参加环境保护服务，所占比例分别为21.50%、26.50%和28.90%，成为环境保护志愿服务的主力军。值得注意的是，各学历群体在抢险救灾参与方面统计数据不呈显著。

（二）分收入近一年来不同服务内容的志愿服务参与情况

表8—14　　近一年各收入群体不同服务内容的志愿服务参与率（N=10037）　　（单位：%）

	5000元以下	5000元—1.8万元	1.8万—3万元	3万—5万元	5万元以上	合计
老年关怀	16.90	17.00	17.70	20.00	20.50	18.00
环境保护	15.40	16.50	16.00	19.10	22.80	17.30
儿童关爱	12.50	12.20	12.60	15.60	17.50	13.60
扶贫济困服务	5.70	6.50	10.60	12.90	20.10	9.80
扶助残障	7.50	9.10	11.50	9.90	12.60	9.60
青少年辅导	6.60	4.40	4.90	8.10	9.40	6.50
抢险救灾	4.60	7.60	8.30	10.20	11.90	7.70
治安防范	3.00	6.20	6.50	8.10	10.50	6.00
科普宣传	3.80	4.60	4.20	7.60	8.90	5.30
教育助学	3.60	4.70	4.60	7.20	11.50	5.60
大型社会活动	2.60	2.70	3.60	4.70	6.30	3.60
心理咨询	3.20	2.90	2.50	3.90	4.80	3.30
医疗护理	2.80	3.10	2.90	3.70	5.10	3.30
拥军优属	1.80	3.30	3.20	5.40	5.30	3.40
法律援助	0.90	1.80	2.20	2.70	3.50	1.90
志愿服务参与率	36.60	35.60	40.30	45.90	56.10	41.20

5万元以上收入群体更愿参与环境保护服务，其余收入群体更倾向于提供老年关怀。由调查数据可以看出，在个人年收入5万元以上收入群体中，参加环境保护的所占的比例最高，为22.8%，而在5000元以下、5000元—

1.8万元、1.8万—3万元以及3万—5万元收入群体中,均为参加老年关怀所占的比例最高,分别为16.9%、17%、17.7%和20%。

(三) 分职业类型近一年来不同服务内容的志愿服务参与情况

表8—15　　近一年各职业群体不同服务内容的志愿服务参与率 (N = 10037)　　(单位:%)

	白领	灰领	蓝领	不便分类人员	合计
老年关怀	26.0	17.0	15.9	16.3	18.5
环境保护	27.8	17.7	13.9	14.8	18.0
儿童关爱	20.4	14.0	10.7	11.5	13.7
扶贫济困服务	25.3	10.1	5.8	9.3	11.5
扶助残障	16.9	9.6	8.1	10.0	10.6
青少年辅导	13.4	4.9	3.9	4.5	6.3
抢险救灾	12.3	8.4	9.5	6.8	9.7
治安防范	13.2	6.4	5.7	4.5	7.5
科普宣传	14.9	4.8	2.3	2.3	5.8
教育助学	14.3	5.1	3.4	5.3	6.4
大型社会活动	8.9	4.2	1.5	2.3	3.9
心理咨询	6.1	3.2	2.0	3.3	3.3
医疗护理	8.0	2.3	2.5	2.3	3.7
拥军优属	8.1	2.9	3.2	4.3	4.3
法律援助	5.5	1.4	1.2	1.0	2.2
志愿服务参与率	64.9	42.5	32.5	37	42.6

白领和灰领更愿意参与环境保护活动,而蓝领和不便分类人员更倾向于提供老年关怀。CSS2017根据调查对象的职业特征,将调查对象划分为白领、灰领、蓝领和不便分类人员四个职业群体,并测量了受访者不同服务内容的志愿服务参与情况。数据结果显示,白领和灰领在环境保护活动中的参与比例最高,分别为27.8%和17.7%;而蓝领和不便分类人员则在老年关怀中的参与比例最高,分别为15.9%和16.3%。

综上所述,在考虑学历、收入以及职业水平后可以发现,学历、收入以及职业等级较高的人倾向于参与环境保护服务,而反之则更愿意参与老年关怀服务。

白领大多属于社会的中产阶层，相较于其他群体，这部分人员通常拥有较高的学历和收入水平，对与切身利益密切相关的环境保护服务关注度更高。近两年来，中产阶层在环境保护方面的力量凸显，一方面表现在各种环境保护活动方面，还有很多的环保组织、环保事件中都能看到他们的身影，并对我国环保事业产生重要影响。

另一方面，随着我国老龄化程度的增加，老年关怀志愿服务需要大量的社会力量参与，逐渐成为我国志愿服务的重要内容。

另外，本报告也分析了各代际、城乡群体的志愿服务参与情况，但统计结果不显著，故不做过多分析。

四　自下而上的公益活动参与水平

表8—16　　　近一年自下而上的社会公益活动参与率　　（单位：个，%）

	个案数 N	参与个案数 n	参与个案数所占百分比 n\ N
自发组织的社会公益活动	10042	1630	16.20

近两年只有不到两成的人参加过自下而上的社会公益活动。CSS2017调查了受访者近一年是否参加了自下而上的社会公益活动，数据结果显示，近两年参加自下而上的社会公益活动的个案数有1630个，占总调查人数的16.2%，意味着近两年只有不到两成的人参加过自下而上的社会公益活动，参与率较低，自发的社会公益活动还有待发展。

（一）分代际

表8—17　　　近两年各代际群体自下而上的社会公益活动参与率　　（单位：个，%）

	个案数	参与个案数	参与个案数占比
50后及之前	1630	144	8.80
60后	2101	299	14.20
70后	2242	377	16.80

续表

	个案数	参与个案数	参与个案数占比
80后	2141	384	17.90
90后	1930	426	22.10
合计	10042	1630	16.20

代际越近，近两年自下而上的社会公益活动参与水平越高。根据调查对象的出生年代特征，将调查对象划分为50后及之前、60后、70后、80后、90后五个代际。数据显示，五个代际中近两年参与过自下而上的社会公益活动比例依次为8.8%、14.2%、16.8%、17.9%和22.1%。由此可知，从各个代际近两年自下而上的社会公益活动参与率来看，90后的参与率最高。随着年龄的增长、代际的久远，近两年各代际参加自下而上的社会公益活动水平依次降低。

（二）分教育程度

表8—18　近两年各学历群体自下而上的社会公益活动参与率　（单位：个，%）

	个案数	参与个案数	参与个案数占比
初中及以下	6082	670	11.00
高中中专技校	1941	352	19.30
大专	886	242	17.30
大本及以上	1125	366	32.50
合计	10034	1630	16.20

大本及以上学历群体在自下而上的社会公益活动中参与率最高。根据调查对象的学历特征，将调查对象分为初中及以下学历组、高中中专技校学历组、大专学历组、大本及以上学历组四个学历群体。根据数据显示，四个学历组中近两年参与过自下而上的社会公益活动比例依次为11%、19.3%、17.3%和32.5%。由此可知，从各个学历群体近两年自下而上的社会公益活动参与率来看，大本及以上学历群体的参与率最高。

(三) 分收入水平

表8—19　近两年各收入群体自下而上的社会公益活动参与率　（单位：个，%）

	个案数	参与个案数	参与个案数占比
5000元以下	3583	457	12.80
5000元—1.8万元	1689	238	14.10
1.8万—3万元	1838	289	15.70
3万—5万元	1547	315	20.40
5万元以上	1385	330	23.80
合计	10042	1629	16.20

个人年收入越高，近两年自下而上的社会公益活动参与水平越高。根据调查对象的个人年收入特征，将调查对象划分为5000元以下，5000元—1.8万元，1.8万—3万元，3万—5万元，5万元以上五个收入群体。数据显示，五个收入群体中近两年参与自下而上的社会公益活动比例依次为12.8%、14.1%、15.7%、20.4%和23.8%。由此可知，从各个收入群体近两年自下而上的社会公益活动参与率来看，个人年收入5万元以上群体参与率最高。随着个人年收入的增长，各收入群体近两年自下而上的社会公益活动参与率依次增高。

(四) 分职业类型

表8—20　近两年各职业群体自下而上的社会公益活动参与率　（单位：个，%）

	个案数	参与个案数	参与个案数占比
白领	1431	434	30.3
灰领	1666	303	18.2
蓝领	2912	367	12.6
不便分类人员	402	54	13.4
合计	6411	1158	18.1

近两年，白领在自下而上的社会公益活动中参与水平最高。CSS2017

根据调查对象的职业特征,将调查对象划分为白领、灰领、蓝领和不便分类人员四个职业群体,并测量了各职业群体近两年参与自下而上的社会公益活动情况。数据结果显示四个职业群体中近两年参与自下而上的社会公益活动比例依次为30.3%、18.2%、12.6%和13.4%。由此可知,在近两年自下而上的社会公益活动中,白领参与水平最高,其次为灰领,不便分类人员排第三。

综上所述,近两年我国公众自下而上的社会公益活动参与率与代际、学历、收入以及职业呈现一定的规律特征。代际越近,学历、收入和职业等级越高,其在自下而上的社会公益活动参与方面表现得更积极。自下而上的社会公益活动参与不仅需要较高的社会参与意识,且对时间、精力、物力、学历甚至获取社会资源的能力都有一定要求。因此,在这些方面具有优势的群体,其自下而上的社会公益活动参与率也相应越高。

此外,本报告也考察了近两年城乡居民在自下而上的社会公益活动方面的参与情况,但统计结果不显著,故不在此做过多分析。

五 自上而下的社会公益活动参与水平

表8—21 近两年自上而下的社会公益活动参与率 (单位:个,%)

	个案数 N	参与个案数 n	参与个案数所占比例
学校、单位、政府组织的公益活动	10042	1057	10.50

近两年只有一成的人参加过自上而下的社会公益活动。CSS2017测量了受访者近两年是否参与了学校、单位、政府组织的公益活动,即自上而下的社会公益活动参与情况,数据结果显示,近两年参加自上而下的社会公益活动的个案数有1057个,占总调查人数的10.5%,可见,近两年只有大约一成的人参加过自上而下的社会公益活动,参与率很低,自上而下的社会公益活动还有待发展。

(一) 分代际

表 8—22　近两年各代际群体自上而下的社会公益活动参与率　（单位：个，%）

	个案数	参与个案数	参与个案数占比
50 后及之前	1630	58	3.60
60 后	2100	131	6.20
70 后	2242	194	8.70
80 后	2141	236	11.00
90 后	1930	438	22.70
合计	10043	1057	10.50

代际越近，近两年自上而下的社会公益活动的参与水平越高。根据调查对象的出生年代特征，将调查对象划分为 50 后及之前、60 后、70 后、80 后、90 后五个代际，计算各代际近两年参与自上而下的社会公益活动占比情况。根据数据显示，近两年五个代际中参与自上而下的社会公益活动的比例依次为 3.6%、6.2%、8.7%、11% 和 22.7%。由此可知，从各个代际近两年自上而下的社会公益活动参与率来看，90 后近两年自上而下的社会公益活动参与率最高。随着年龄的增长、代际的久远，各代际近两年参加自上而下的社会公益活动水平依次降低。

(二) 分教育程度

表 8—23　近两年各学历群体自上而下的社会公益活动参与率　（单位：个，%）

	个案数	参与个案数	愿意参与个案数占比
初中及以下	6081	245	4.00
高中中专技校	1940	226	11.60
大专	886	194	21.90
大本及以上	1125	392	34.80
合计	10032	1057	10.50

学历越高，近两年自上而下的社会公益活动的参与水平越高。根据调查对象的学历特征，将调查对象分为初中及以下学历组、高中中专技校学历组、大专学历组、大本及以上学历组四个学历群体。数据显示，

四个学历组中近两年参与过自上而下的社会公益活动比例依次为 4%、11.6%、21.9%、34.8%。由此可知，从各个学历组近两年自上而下的社会公益活动参与率来看，大本及以上学历群体近两年自上而下的社会公益活动参与率最高。随着学历的增加，各个学历群体近两年参加自上而下的社会公益活动水平依次升高。

（三）分收入

表 8—24　近两年各收入群体自上而下的社会公益活动参与率　（单位：个，%）

	个案数	参与个案数	参与个案数占比
5000 元以下	3583	372	10.40
5000 元—1.8 万元	1689	107	6.30
1.8 万—3 万元	1838	152	8.30
3 万—5 万元	1548	200	12.90
5 万元以上	1385	226	16.30
合计	10043	1057	10.50

近两年个人 5 万元以上收入群体在自上而下社会公益活动中参与率最高。根据调查对象的个人年收入特征，将调查对象划分为 5000 元以下，5000 元—1.8 万元，1.8 万—3 万元，3 万—5 万元，5 万元以上五个收入群体。根据数据显示，五个收入群体中近两年参与自上而下的社会公益活动比例依次为 10.4%、6.3%、8.3%、12.9%、16.3%。由此可知，从各个收入群体近两年自上而下的社会公益活动参与率来看，个人年收入 5 万元以上群体参与率最高。

（四）分职业

表 8—25　近两年各职业群体自上而下的社会公益活动参与率　（单位：个，%）

	个案数	参与个案数	参与个案数占比
白领	1431	363	25.40
灰领	1666	161	9.70
蓝领	2911	109	3.70

续表

	个案数	参与个案数	参与个案数占比
不便分类人员	402	22	5.50
合计	6410	402	10.20

近两年白领在自上而下社会公益活动中参与率最高。CSS2017 根据调查对象的职业特征，将调查对象划分为白领、灰领、蓝领和不便分类人员四个职业群体，并测量了受访者近两年自上而下的社会公益活动参与情况。数据结果显示，四个职业群体中近两年参与自上而下的社会公益活动比例依次为 25.4%、9.7%、3.7% 和 5.5%。由此可知，从各职业群体近两年自上而下的社会公益活动参与率来看，白领参与率最高，其次是灰领，蓝领排第三。

（五）分城乡

表8—26　近两年各城乡群体自上而下的社会公益活动参与率　（单位：个，%）

	个案数	参与个案数	参与个案数占比
城镇	5872	679	11.60
乡村	4170	378	9.10
合计	10042	1057	10.50

近两年城镇居民自上而下社会公益活动的参与率略高于乡村居民。把调查对象按照城镇和乡村分组，分别计算城乡居民近两年参与自上而下的社会公益活动占比情况，数据显示：在城镇组里，参与自上而下的社会公益活动占比为 11.6%；在农村组里，参与自上而下的社会公益活动占比为 9.1%。城乡居民近两年自上而下的社会公益活动参与率相差不多，城镇居民要略高于乡村居民。

第三节　当前中国的政治参与

一　社区/村委会选举参选率

近两年不到三成的居民参与了村（居）选举。CSS2017 测量了受访者近两年是否参与了村（居）选举的情况，数据显示，有29%的受访者近两年参与了村（居）选举。可见，我国居民的村（居）选举参与率并不是很高，还有很大的提升空间。

表8—27　　　　近两年总体社区/村居政治参与率　　　（单位：个，%）

	个案数 N	参与个案数 n	参与个案数所占比例 n/N
村（居）选举参与率	10042	2921	29.00
所在村居、单位重大决策讨论参与率	10042	728	7.20

近两年仅有不到一成的居民参与了所在村居、单位重大决策的讨论。CSS2017测量了受访者近两年是否参与了所在村居、单位重大决策讨论的情况，数据显示，仅有7.2%的受访者参与了所在村居、单位重大决策的讨论。可见，我国居民参与所在村居、单位重大决策讨论意愿不高，还有很大提升空间。

（一）分城乡

由于我国的城乡二元行政体制的差别，选举具有明显的城乡差异，故在此分析了城乡因素在此方面的影响。

表8—28　　近两年各城乡群体社区/村居政治参与率（N=10042）　（单位：%）

	村（居）选举参与率	所在村居、单位重大决策讨论参与率
城镇	25.40	5.50
乡村	34.30	9.70
合计	29.10	7.20

近两年乡村居民在村（居）选举中的参与率最高。根据调查对象的城乡特征，将调查对象分为城镇居民和乡村居民两个城乡群体。数据显示，城、乡群体近两年参与村（居）选举的比例依次为25.4%和34.3%。由此可知，从各城乡群体近两年村（居）选举参与率来看，乡村居民参与率最高。

近两年乡村居民在所在村居、单位重大决策讨论的参与率最高。数据显示，两个城乡群体近两年参与所在村居、单位重大决策讨论的比例依次为 5.5% 和 9.7%。由此可知，从各城乡群体近两年所在村居、单位重大决策讨论参与率来看，乡村居民参与率最高。

（二）分代际

表 8—29　　近两年各代际群体社区/村居政治参与率（N=10042）　　（单位：%）

	村（居）选举参与率	所在村居、单位重大决策讨论参与率
50 后及之前	40.80	9.00
60 后	39.00	9.50
70 后	31.30	8.20
80 后	22.00	6.10
90 后	13.90	3.40
合计	29.10	7.20

代际越远，近两年村（居）选举的参与水平越高。根据调查对象的出生年代特征，将调查对象划分为 50 后及之前、60 后、70 后、80 后、90 后五个代际。根据数据显示，五个代际中近两年参与过村（居）选举的比例依次为 40.8%、39%、31.3%、22% 和 13.9%。由此可知，从各个代际近两年村（居）选举参与率来看，50 后及之前的村（居）选举参与率最高。随着年龄的增长、代际的久远，各代际近两年参加村（居）的水平依次升高。

近两年 60 后在所在村居、单位重大决策讨论中的参与率最高。数据显示，五个代际中近两年参与所在村居、单位重大决策讨论的比例依次为 9%、9.5%、8.2%、6.1% 和 3.4%。由此可知，从各个代际近两年在所在村居、单位重大决策讨论参与率来看，60 后在所在村居、单位重大决策讨论中参与率最高。

（三）分受教育程度

表8—30　近两年各学历群体社区/村居政治参与率（N=10042）　（单位：%）

	村（居）选举参与率	所在村居、单位重大决策讨论参与率
初中及以下	33.20	8.00
高中中专技校	27.50	6.30
大专	19.80	4.70
大本及以上	16.80	6.70
合计	29.10	7.20

受教育程度越低，近两年村（居）选举参与率越高。根据调查对象的学历特征，将调查对象分为初中及以下学历组、高中中专技校学历组、大专学历组、大本及以上学历组四个学历群体。数据显示，四个学历组中近两年参与过村（居）选举比例依次为33.2%、27.5%、19.8%和16.8%。由此可知，从各个学历群体近两年村（居）选举参与率来看，初中及以下学历群体的参与率最高。随着受教育程度的增长，各学历群体近两年参与村（居）选举的比例依次降低。

初中及以下学历近两年在所在村居、单位重大决策讨论中参与率最高。数据显示，四个学历组中近两年参与过村（居）选举比例依次为8%、6.3%、4.7%和6.7%。由此可知，从各个学历群体近两年的所在村居、单位重大决策讨论参与率来看，初中及以下学历群体的参与率最高。

（四）分收入

表8—31　近两年各收入群体社区/村居政治参与率（N=10042）　（单位：%）

	村（居）选举参与率	所在村居、单位重大决策讨论参与率
5000元以下	29.10	6.10
5000元—1.8万元	35.60	9.70
1.8万—3万元	27.80	7.30
3万—5万元	26.60	6.90
5万元以上	25.60	7.70
合计	29.10	7.20

近两年个人年收入在 5000 元—1.8 万元之间的收入群体村（居）选举参与率最高。根据调查对象的个人年收入特征，将调查对象划分为 5000 元以下，5000 元—1.8 万元，1.8 万—3 万元，3 万—5 万元，5 万元以上五个收入群体。数据显示，五个收入群体中近两年参与村（居）选举比例依次为 29.1%、35.6%、27.8%、26.6% 和 25.6%。由此可知，从各个收入群体近两年村（居）选举参与率来看，个人年收入在 5000 元—1.8 万元之间的收入群体参与率最高。

近两年个人年收入在 5000 元—1.8 万元之间的收入群体在所在村居、单位重大决策讨论中的参与率最高。数据显示，五个收入群体中近两年参与所在村居、单位重大决策讨论的比例依次为 6.1%、9.7%、7.3%、6.9%、7.7%。由此可知，从各个收入群体近两年在所在村居、单位重大决策讨论中的参与率来看，个人年收入在 5000 元—1.8 万元之间的收入群体参与率最高。

（五）分职业

表 8—32　　近两年各职业群体社区/村居政治参与率（N = 10042）　（单位：%）

	村（居）选举参与率	所在村居、单位重大决策讨论参与率
白领	27.40	11.30
灰领	22.30	4.70
蓝领	40.50	10.70
不便分类人员	29.10	5.70
合计	32.10	9.00

近两年蓝领的村（居）选举参与率最高。CSS2017 根据调查对象的职业特征，将调查对象划分为白领、灰领、蓝领和不便分类人员四个职业群体，并测量了受访者近两年社区/村居选举参与率，数据结果显示，四个职业群体中近两年参与村（居）选举比例依次为 27.40%、22.3%、40.5% 和 29.1%。由此可知，从各个职业群体近两年村（居）选举参与率来看，蓝领的参与率最高，其次是白领，灰领排第三。

近两年白领在所在村居、单位重大决策讨论中的参与率最高。数据结果显示，四个职业群体中近两年参与所在村居、单位重大决策讨论的比例依次11.3%、4.7%、10.7%和5.7%。由此可知，从各个职业群体近两年所在村居、单位重大决策讨论参与率来看，白领参与率最高，其次是蓝领，不便分类人员排第三。

二 日常政治参与行为

除村（居）选举及重大决策外，我国公众还可以通过日常生活进行各种政治参与。在各类日常政治行为中，近两年参与率最高的是"与他人或网友讨论政治问题"。数据显示，受访者近两年参与各类日常政治行为的比例，由高到低的排序为：与他人或网友讨论政治问题，向政府部门反映意见，向报刊、电台、网络论坛等媒体反映社会问题，罢工/罢市/罢课/静坐/示威/游行等行动。其中，"与他人或网友讨论政治问题"的参与率远高于其他日常政治行为的参与率，达到14.9%，而位居第二的"向政府部门反映意见"仅7.2%，两者相差了近8个百分点。而其他日常政治行为的参与率更低，均不足5%。可见，当前人们仍会采取理智的行为方式来进行日常政治行为的参与。

表8—33　　　　　近两年日常政治行为参与率　　　　　（单位：个，%）

日常政治参与行为类型	个案数	个案数占比（N=10042）
与他人或网友讨论政治问题	1498	14.90
向政府部门反映意见	720	7.20
向报刊、电台、网络论坛等媒体反映社会问题	304	3.00
罢工/罢市/罢课/静坐/示威/游行等行动	55	0.50

（一）分代际

表8—34　　近两年各代际群体日常政治行为参与率（N=10042）　　（单位：%）

日常政治行为类型	50后及之前	60后	70后	80后	90后	合计
与他人或网友讨论政治问题	8.20	8.60	12.20	17.50	27.80	14.90
向报刊、电台、网络论坛等媒体反映社会问题	1.80	1.90	2.20	4.00	5.10	3.00

续表

日常政治行为类型	50后及之前	60后	70后	80后	90后	合计
向政府部门反映意见	8.30	8.40	8.30	6.90	3.90	7.20
罢工/罢市/罢课/静坐/示威/游行等行动	2.00	0.20	0.70	0.40	1.10	0.50

"与他人讨论日常政治问题"是当前各代际、尤其是90后最受欢迎的日常政治行为。根据调查对象的出生年代特征，将调查对象划分为50后及之前、60后、70后、80后、90后五个代际。数据显示，在所有的代际中"与他人讨论日常政治问题"参与水平最高。五个代际中参与"与他人讨论日常政治问题"的比例依次为8.2%、8.6%、12.2%、17.5%和27.8%。由此可知，从各个代际"与他人讨论日常政治问题"的参与率来看，90后的参与率最高。在所有的代际中，参与"罢工/罢市/罢课/静坐/示威/游行等行动"的水平最低，其中参与率最高的代际均不超过2%。

（二）分受教育程度

表8—35　近两年各学历群体日常政治行为参与率（N=10042）　　（单位：%）

日常政治行为类型	初中及以下	高中中专技校	大专	大本及以上	合计
与他人或网友讨论政治问题	8.00	17.90	25.40	38.10	14.90
向报刊、电台、网络论坛等媒体反映社会问题	1.80	3.60	5.30	6.80	3.00
向政府部门反映意见	7.40	6.50	8.10	5.90	7.10
罢工/罢市/罢课/静坐/示威/游行等行动	0.50	0.80	0.60	0.40	0.50

"与他人讨论日常政治问题"是当前各学历群体，尤其是大本及以上学历群体最受欢迎的日常政治行为。根据调查对象的学历特征，将调查

对象分为初中及以下学历组、高中中专技校学历组、大专学历组、大本及以上学历组四个学历群体。数据显示，在所有的学历群体中"与他人讨论日常政治问题"参与水平最高。四个学历群体中参与"与他人讨论日常政治问题"的比例依次为8%、17.9%、25.4%和38.1%，由此可知，从各个学历群体"与他人讨论日常政治问题"的参与率来看，大本及以上学历群体的参与率最高。在所有的学历群体中参与"罢工/罢市/罢课/静坐/示威/游行等行动"的水平最低，其中参与率最高的学历群体均不超过1%。

（三）分收入

"与他人讨论日常政治问题"是当前各收入群体，尤其是个人年收入在5万元以上的收入群体最受欢迎的日常政治行为。根据调查对象的个人年收入特征，将调查对象划分为5000元以下、5000元—1.8万元、1.8万—3万元、3万—5万元、5万元以上五个收入群体。根据数据显示，在所有的收入群体中"与他人讨论日常政治问题"参与水平最高。五个收入群体中参与"与他人讨论日常政治问题"的比例依次为12.8%、9.4%、12.2%、17.4%和28.1%。由此可知，从各个收入群体"与他人讨论日常政治问题"的参与率来看，个人年收入5万元以上收入群体的参与率最高。

表8—36　近两年各收入群体日常政治行为参与率（N=10042）　（单位：%）

日常政治行为类型	5000元以下	5000元—1.8万元	1.8万—3万元	3万—5万元	5万元以上	合计
与他人或网友讨论政治问题	12.80	9.40	12.20	17.40	28.10	14.90
向报刊、电台、网络论坛等媒体反映社会问题	2.50	2.30	2.40	4.30	4.70	3.00
向政府部门反映意见	6.40	7.80	7.10	7.50	8.20	7.20
罢工/罢市/罢课/静坐/示威/游行等行动	0.40	0.50	0.90	0.40	0.60	0.50

另外，各收入群体在"向政府部门反映意见"以及"罢工/罢市/罢课/静坐/示威/游行等行动"方面未表现出明显的统计差异。

（四）分职业

表8—37　近两年各职业群体日常政治行为参与率（N=10042）　　（单位：%）

日常政治行为类型	白领	灰领	蓝领	不便分类人员	合计
与他人或网友讨论政治问题	26.5	16.3	10.4	9.7	15.5
向报刊、电台、网络论坛等媒体反映社会问题	4.3	4.3	2.0	3.5	3.2
向政府部门反映意见	7.8	7.4	8.2	6.5	7.8
罢工/罢市/罢课/静坐/示威/游行等行动	0.8	0.4	0.4	0.2	0.5

"与他人讨论日常政治问题"是各职业群体，尤其是白领最受欢迎的日常政治行为。CSS2017根据调查对象的职业特征，将调查对象划分为白领、灰领、蓝领和不便分类人员四个职业群体，并测量了受访者日常政治行为类型。数据结果显示，各职业群体在"与他人讨论日常政治问题"中的参与水平均最高，分别为26.5%、16.3%、10.4%和9.7%。由此可知，从各个职业群体"与他人讨论日常政治问题"的参与率来看，白领参与率最高，其次是灰领，蓝领排第三。

另外，各职业群体在"向政府部门反映意见"以及"罢工/罢市/罢课/静坐/示威/游行等行动"方面未表现出明显的统计差异。

（五）分城乡

表8—38　近两年各城乡群体日常政治行为参与率（N=10042）　　（单位：%）

日常政治行为类型	城镇	农村	合计
与他人或网友讨论政治问题	15.90	13.50	14.90
向报刊、电台、网络论坛等媒体反映社会问题	3.20	2.90	3.00
向政府部门反映意见	7.00	7.40	7.20
罢工/罢市/罢课/静坐/示威/游行等行动	0.40	0.70	0.50

"与他人讨论日常政治问题"是当前城乡群体,尤其是城镇居民最受欢迎的日常政治行为。根据调查对象的城乡特征,将调查对象分为城镇和居民两个城乡群体。根据数据显示,在所有的城乡群体中"与他人讨论日常政治问题"参与水平最高。两个收入群体中参与"与他人讨论日常政治问题"的比例依次为15.9%和13.5%。由此可知,从各个城乡群体"与他人讨论日常政治问题"的参与率来看,城镇居民的参与率最高。

另外,城乡居民在"向政府部门反映意见"以及"罢工/罢市/罢课/静坐/示威/游行等行动"方面未表现出明显的统计差异。

第四节 当前中国公众的政治效能感

一 个体效能感

超过一半的人认为"我有能力和知识对政治进行评论和参加政治活动"。CSS2017测量了受访者关于"我有能力和知识对政治进行评论和参加政治活动"的看法,数据结果显示,对"我有能力和知识对政治进行评论和参加政治活动"的看法表示同意、不同意和不清楚的调查对象在总调查对象中的占比分别50.8%、46.5%和2.7%。

表8—39 我有能力和知识对政治进行评论和参加政治活动 (单位:个,%)

	个案数	个案百分比(N=9652)
同意	4848	50.80
不同意	4492	46.50
不清楚	259	2.70

由此可知,当前我国居民具有一定的政治效能感,超过一半的人认为有能力和知识对政治进行评论和参与政治活动。随着我国公众受教育程度的提升,个体效能感与之前相比较,有一定提升。

（一）分代际

表8—40　分代际——我有能力和知识对政治进行评论和参加政治活动（N=9652）　（单位：个，%）

	个案总数	同意	不同意	不清楚	合计
50后及之前	1518	44.7	50.7	4.5	100.0
60后	2013	48.2	48.6	3.2	100.0
70后	2168	48.4	48.9	2.7	100.0
80后	2058	53.1	45.4	1.5	100.0
90后	1895	58.6	39.4	2.0	100.0
合计	9652	50.8	46.5	2.7	100.0

80后和90后的个体效能感相对较高。CSS2017根据调查对象的出生年代特征，将调查对象划分为50后及之前、60后、70后、80后、90后五个代际。数据结果显示，在50后及之前群体组里，不同意该说法的占比最高，为50.7%；在60后群体组里，同意和不同意该说法的占比分别为48.2%和48.6%，无明显差异；在70后群体组里，同意和不同意该说法的占比分别为48.4%和48.9%，无明显差异；在80后群体组里，同意该说法的占比最高，为53.1%；在90后群体组里，同意该说法的占比最高，为58.6%。由此可知，从各个代际对"我有能力和知识对政治进行评论和参加政治活动"的看法来看，50后及之前大多不同意，80后和90后大多同意，而在60后和70后内部则无明显差异。

（二）分教育程度

表8—41　分教育程度——我有能力和知识对政治进行评论和参加政治活动　（单位：个，%）

	个案总数	同意	不同意	不清楚	合计
初中及以下	5780	46.3	50.4	3.3	100.0
高中中专技校	1896	54.0	44.2	1.8	100.0
大专	863	59.8	38.7	1.5	100.0

续表

	个案总数	同意	不同意	不清楚	合计
大本及以上	1103	61.8	36.4	1.8	100.0
合计	9642	50.8	46.5	2.7	100.0

高中及以上学历群体政治效能感较高。CSS2017 根据调查对象的学历特征，将调查对象分为初中及以下学历组、高中中专技校学历组、大专学历组、大本及以上学历组四个学历群体。根据数据显示，在初中及以下学历组里，不同意的占比最高为 50.4%；在高中中专技校学历组里，同意的占比最高为 54%；在大专学历组里，同意的占比最高为 59.8%；在大本及以上学历组里，同意的占比最高为 61.8%。由此可知，从各个受教育群体对"我有能力和知识对政治进行评论和参加政治活动"的看法来看，除初中及以下学历群体外，其余各学历群体均大多都比较同意该看法。

（三）分收入

表 8—42 分收入——我有能力和知识对政治进行评论和参加政治活动

（单位：个，%）

	个案总数	同意	不同意	不清楚	合计
5000 元以下	3401	49.4	47.5	3.1	100.0
5000 元—1.8 万元	1612	46.5	50.2	3.2	100.0
1.8 万—3 万元	1787	50.4	46.9	2.7	100.0
3 万—5 万元	1497	52.6	45.7	1.7	100.0
5 万元以上	1353	57.9	40.2	1.9	100.0
合计	9650	50.8	46.5	2.7	100.0

个人年收入 1.8 万元以上的收入群体个体效能感较高。根据调查对象的个人年收入特征，将调查对象划分为 5000 元以下、5000 元—1.8 万元、1.8 万—3 万元、3 万—5 万元、5 万元以上五个收入群体。数据显示，在个人年收入在 5000 元以下的群体组里，同意和不同意的占比分别为 49.4% 和 47.5%，没有明显差异；在个人年收入在 5000 元—1.8 万元的群体组里，不同意的占比最高，为 50.2%；在个人年收入在 1.8 万—3 万

元的群体组里,同意的占比最高,为50.4%;在个人年收入在3万—5万元的群体组里,同意的占比最高,为52.6%;在个人年收入5万元以上的群体组里,同意的占比最高为57.9%。由此可知,从各个收入群体对"我有能力和知识对政治进行评论和参加政治活动"的看法来看,个人年收入在1.8万元以上的群体大多比较同意该看法。

(四)分职业

表8—43　分职业——我有能力和知识对政治进行评论和参加政治活动

(单位:个,%)

	个案总数	同意	不同意	不清楚
白领	1395	59.0	39.6	1.4
灰领	1606	51.9	45.6	2.5
蓝领	2796	47.2	49.6	3.3
不便分类人员	387	49.6	47.8	2.6
合计	6184	51.2	46.2	2.6

白领和灰领的个体效能感较高。CSS2017根据调查对象的职业特征,将调查对象划分为白领、灰领、蓝领和不便分类人员四个职业群体。数据结果显示,在白领和灰领中,同意该说法的占比最高,分别为59%和51.9%;在蓝领群体组里,同意该说法的占比为47.2%,不同意的占比为49.6%;在不便分类人员组里,同意该说法的占比为49.6%,不同意的占比为47.8%。由此可知,除蓝领和不便分类人员无明显差异外,其余各职业群体大多同意"我有能力和知识对政治进行评论和参加政治活动"的看法。

综上可知,我国公众当前的个体效能感具有一定的代际、学历、收入和职业特征。其中80后和90后、高中及以上学历、个人年收入1.8万元以上和白领或灰领的个体效能感相对较高。这部分群体通常受过较好的教育、具有一定的社会地位,对问题能够有自己独特的见解,相对其他群体,其个体效能感也更高。

此外,本报告也考察了我国公众当前个体效能感在城乡方面的特征,但统计不显著,故不在此做过多的分析。

二 政治冷漠

表8—44 我对政治不感兴趣，不愿花时间和精力在这上面 （单位：个，%）

	个案数	个案百分比（N=9652）
同意	4954	50.8
不同意	4641	47.6
不清楚	152	1.6

一个有趣的现象是，当前我国公众超过一半的人具有较高的政治效能感，但却表现对政治冷漠，不愿花时间和精力在政治参与上。

超过一半的人认为"我对政治不感兴趣，不愿花时间和精力在这上面"。CSS2017调查了受访者关于"我有能力和知识对政治进行评论和参加政治活动"的看法，数据结果显示，对"我对政治不感兴趣，不愿花时间和精力在这上面"的看法表示同意、不同意和不清楚的调查对象在总调查对象中的占比分别为50.8%、47.6%和1.6%。

（一）分代际

表8—45 我对政治不感兴趣，不愿花时间和精力在这上面（N=9748）

（单位：个，%）

	个案总数	同意	不同意	不清楚	合计
50后及之前	1540	52.0	44.8	3.2	100.0
60后	2027	56.7	41.0	2.1	100.0
70后	2188	55.5	43.0	1.4	100.0
80后	2093	50.5	48.6	0.9	100.0
90后	1900	38.5	61.0	1.0	100.0
合计	9748	50.9	47.7	1.6	100.0

除90后外，其余各代际群体大多具有政治冷漠感。根据调查对象的出生年代特征，将调查对象划分为50后及之前、60后、70后、80后、90后五个代际。数据显示，在50后及之前代际群体里，同意该说法的占比最高，为52%；在60后群体组里，同意该说法的占比最高，为

56.7%；在 70 后年龄组里，同意该说法的占比最高，为 55.5%；在 80 后群体组里，同意该说法的占比最高，为 50.5%；在 90 后群体组里，不同意该说法的占比最高，为 61%。由此可知，从各个代际对"我对政治不感兴趣，不愿花时间和精力在这上面"的看法来看，除 90 后群体外，其余各代际群体均大多同意该看法。

（二）分教育程度

表 8—46　　我对政治不感兴趣，不愿花时间和精力在这上面　（单位：个，%）

	个案总数	同意	不同意	不清楚	合计
初中及以下	5859	55.1	42.9	2.1	100.0
高中中专技校	1900	48.9	50.3	0.8	100.0
大专	867	45.4	53.6	0.9	100.0
大本及以上	1110	35.9	63.5	0.6	100.0
合计	9736	50.8	47.6	1.6	100.0

初中及以下学历群体大多具有政治冷漠感。CSS2017 根据调查对象的学历特征，将调查对象分为初中及以下学历组、高中中专技校学历组、大专学历组、大本及以上学历组四个学历群体。数据结果显示，在初中及以下学历组里，同意的占比最高，为 55.1%；在高中中专技校学历组里，不同意的占比最高，为 50.3%；在大专学历组里，不同意的占比最高，为 53.6%；在大本以上学历组里，不同意的占比最高，为 63.5%。由此可知，从各个受教育群体对"我对政治不感兴趣，不愿花时间和精力在这上面"的看法来看，除初中及以下学历群体外，其余各学历群体均大多都不同意该看法。

（三）分收入

表 8—47　　我对政治不感兴趣，不愿花时间和精力在这上面　（单位：个，%）

	个案总数	同意	不同意	不清楚	合计
5000 元以下	3436	49.0	49.2	1.8	100.0
5000 元—1.8 万元	1631	51.1	46.8	2.1	100.0

续表

	个案总数	同意	不同意	不清楚	合计
1.8万—3万元	1797	54.4	44.1	1.4	100.0
3万—5万元	1516	52.8	45.9	1.3	100.0
5万元以上	1367	48.2	51.0	0.8	100.0
合计	9747	50.8	47.6	1.6	100.0

除个人年收入5000元以下及5万元以上收入群体外，其余各收入群体大多具有政治冷漠感。CSS2017根据调查对象的个人年收入特征，将调查对象划分为5000元以下、5000元—1.8万元、1.8万—3万元、3万—5万元、5万元以上五个收入群体。根据数据结果显示，在个人年收入在5000元以下的群体组里，不同意的占比最高，为49.2%；在个人年收入在5000元—1.8万元的群体组里，同意的占比最高，为51.1%；在个人年收入在1.8万—3万元的群体组里，同意的占比最高，为54.4%；在个人年收入在3万—5万元的群体组里，同意的占比最高，为52.8%；在个人年收入5万元以上的群体组里，不同意的占比最高，为51%。由此可知，从各个收入群体对"我对政治不感兴趣，不愿花时间和精力在这上面"的看法来看，除个人年收入在5000元以下及5万元以上的收入群体，其余各收入群体大多同意。

（四）分职业

表8—48　　我对政治不感兴趣，不愿花时间和精力在这上面　（单位：个，%）

	个案总数	同意	不同意	不清楚	合计
白领	1405	44.7	54.2	1.1	100.0
灰领	1630	55.7	43.1	1.2	100.0
蓝领	2825	54.1	44.0	1.9	100.0
不便分类人员	394	52.8	45.2	2.0	100.0
合计	6254	52.3	46.1	1.6	100.0

除白领外，其余各职业群体大多具有政治冷漠感。CSS2017 根据调查对象的职业特征，将调查对象划分为白领、灰领、蓝领和不便分类人员四个职业群体。根据数据结果显示，在白领群体组里，不同意该说法的占比最高，为 54.2%；在灰领群体组里，同意该说法的占比最高，为 55.7%；在蓝领群体组里，同意该说法的占比最高，为 54.1%；在不便分类人员组里，同意该说法的占比最高，为 52.8%。由此可知，除白领外，其余各职业群体大多都同意"我对政治不感兴趣，不愿花时间和精力在这上面"的看法。

（五）分城乡

表 8—49　　我对政治不感兴趣，不愿花时间和精力在这上面　（单位：个，%）

	个案总数	同意	不同意	不清楚	合计
城镇	5721	52.0	46.7	1.3	100.0
乡村	4026	49.7	49.0	1.9	100.0
合计	9747	50.8	47.6	1.6	100.0

城镇居民大多具有政治冷漠感。根据调查对象的城乡特征，将调查对象分为城镇和乡村两组城乡群体。根据数据显示，在城镇组里，同意占比最高，为 52%；在乡村组里，同意不同意的差异不显著。由此可知，从各个城乡群体对"我对政治不感兴趣，不愿花时间和精力在这上面"的看法来看，城镇居民比较同意。

综上可知，当前我国居民的政治冷漠感也呈现一定的代际、学历、收入、职业和城乡特征。其中 80 后及之前的代际、初中及以下学历、个人年收入在 5000 元以上、5 万元以下，且除白领职业外的城镇居民，相对于其他群体政治冷漠感更强。政治冷漠感会严重损害个体的政治参与热情，其背后的深层原因应给予重视，对此我们可以从政府和基层自治组织方面给予探究。

三 政府效能感

表 8—50　参与政治活动没有用处，对政府部门不能产生什么根本性的影响　　（单位：个，%）

	个案数	个案百分比（N=9573）
同意	4949	51.70
不同意	4377	45.70
不清楚	247	2.60

超过一半的人认为"参与政治活动没有用处，对政府部门不能产生什么根本性的影响"。CSS2017 调查了受访者关于"参与政治活动没有用处，对政府部门不能产生什么根本性的影响"的看法，数据结果显示，对此看法表示同意、不同意和不清楚的调查对象在总调查对象中的占比分别为 51.7%、45.7% 和 2.6%。由此可知，同意该说法的占比最高。

表 8—51　我的言论自由会受到来自政府部门的限制　　（单位：个，%）

	个案数	个案百分比（N=9573）
同意	3835	39.80
不同意	5545	57.60
不清楚	252	2.60

超过一半的人不认为"我的言论自由会受到来自政府部门的限制"。CSS2017 调查了受访者关于"我的言论自由会受到来自政府部门的限制"的看法，数据结果显示，对此看法表示同意、不同意和不清楚的调查对象在总调查对象中的占比分别为 39.8%、57.6% 和 2.6%。由此可知，不同意该说法的占比最高，高于同意该说法的比例约 18%。

(一) 分代际

表8—52　参与政治活动没有用处，对政府部门不能产生
什么根本性的影响（N=9573）　　　　（单位：个，%）

	个案总数	同意	不同意	不清楚	合计
50后及之前	1491	55.7	39.0	5.3	100.0
60后	1965	59.1	37.3	3.7	100.0
70后	2148	54.6	42.9	2.5	100.0
80后	2073	50.5	47.9	1.6	100.0
90后	1896	39.0	60.5	0.5	100.0
合计	9573	51.7	45.7	2.6	100.0

除90后群体外，其余各代际群体大多同意"参与政治活动没有用处，对政府部门不能产生什么根本性的影响"的看法。根据调查对象的出生年代特征，将调查对象划分为50后及之前、60后、70后、80后、90后五个代际。数据显示，在50后及之前代际群体里，同意该说法的占比最高为55.7%；在60后群体组里，同意该说法的占比最高为59.1%；在70后年龄组里，同意该说法的占比最高，为54.6%；在80后群体组里，同意该说法的占比最高为50.5%；在90后群体组里，不同意该说法的占比最高为60.5%。由此可知，从各个代际对"参与政治活动没有用处，对政府部门不能产生什么根本性的影响"的看法来看，除90后以外，其余代际大多同意该看法。

表8—53　我的言论自由会受到来自政府部门的限制（N=9632）

（单位：个，%）

	个案总数	同意	不同意	不清楚	合计
50后及之前	1518	33.9	61.2	4.9	100.0
60后	1981	38.3	58.2	3.5	100.0
70后	2160	39.9	57.5	2.6	100.0
80后	2075	42.5	55.8	1.8	100.0
90后	1898	43.1	56.0	0.9	100.0
合计	9632	39.8	57.6	2.6	100.0

各代际群体大多不同意"我的言论自由会受到来自政府部门的限制"的看法。数据显示，在50后及之前代际群体里，不同意该说法的占比最高，为61.2%；在60后群体组里，不同意该说法的占比最高，为58.2%；在70后年龄组里，不同意该说法的占比最高，为57.5%；在80后群体组里，不同意该说法的占比最高，为55.8%；在90后群体组里，不同意该说法的占比最高，为56%。由此可知，从各个代际对"我的言论自由会受到来自政府部门的限制"的看法来看，各代际群体大多不同意该看法。

（二）分教育程度

表8—54　　　参与政治活动没有用处，对政府部门不能产生
什么根本性的影响　　　　　　　（单位：个，%）

	个案总数	同意	不同意	不清楚	合计
初中及以下	5700	56.5	39.9	3.6	100.0
高中中专技校	1883	51.1	47.6	1.3	100.0
大专	868	44.0	55.0	1.0	100.0
大本及以上	1112	34.2	65.4	0.4	100.0
合计	9563	51.7	45.7	2.6	100.0

初中及以下、高中中专技校学历群体大多同意"参与政治活动没有用处，对政府部门不能产生什么根本性的影响"的看法，而大专、大本以上学历群体大多不同意。根据调查对象的学历特征，将调查对象分为初中及以下学历组、高中中专技校学历组、大专学历组、大本及以上学历组四个学历群体。数据显示，在初中及以下学历组里，同意的占比最高，为56.5%；在高中中专技校学历组里，同意的占比最高，为51.1%；在大专学历组里，不同意的占比最高，为55%；在大本及以上学历组里，不同意的占比最高为65.4%。由此可知，从各个受教育群体对"参与政治活动没有用处，对政府部门不能产生什么根本性的影响"的看法来看，初中及以下、高中中专技校学历群体大多同意，而大专、大本及以上学历群体大多不同意该看法。

表 8—55　　我的言论自由会受到来自政府部门的限制　　（单位：个，%）

	个案总数	同意	不同意	不清楚	合计
初中及以下	5761	38.3	58.1	3.7	100.0
高中中专技校	1887	40.0	58.3	1.7	100.0
大专	868	43.7	55.8	0.6	100.0
大本及以上	1106	44.8	55.0	0.3	100.0
合计	9622	39.8	57.6	2.6	100.0

各学历群体大多都不同意"我的言论自由会受到来自政府部门的限制"的看法。数据显示，在初中及以下学历组里，不同意的占比最高，为58.1%；在高中中专技校学历组里，不同意的占比最高，为58.3%；在大专学历组里，不同意的占比最高，为55.8%；在大本及以上学历组里，不同意的占比最高，为55%。由此可知，从各个受教育群体对"我的言论自由会受到来自政府部门的限制"的看法来看，各学历群体大多不同意该看法。

（三）分收入

表 8—56　　参与政治活动没有用处，对政府部门不能产生
什么根本性的影响　　（单位：个，%）

	个案总数	同意	不同意	不清楚	合计
5000元以下	3359	50.3	46.5	3.2	100.0
5000元—1.8万元	1586	51.6	45.1	3.3	100.0
1.8万—3万元	1766	57.2	40.0	2.8	100.0
3万—5万元	1505	51.4	47.0	1.7	100.0
5万元以上	1359	48.3	50.6	1.1	100.0
合计	9575	51.7	45.7	2.6	100.0

除个人年收入在5万元以上收入群体外，其余各收入群体大多同意"参与政治活动没有用处，对政府部门不能产生什么根本性的影响"的看法。根据调查对象的个人年收入特征，将调查对象划分为5000元以下、

5000元—1.8万元、1.8万—3万元、3万—5万元、5万元以上五个收入群体。根据数据显示，在个人年收入在5000元以下的群体组里，同意的占比最高，为50.3%；在个人年收入在5000元—1.8万元的群体组里，同意的占比最高，为51.6%；在个人年收入在1.8万—3万元的群体组里，同意的占比最高，为57.2%；在个人年收入在3万—5万元的群体组里，同意的占比最高，为51.4%；在个人年收入5万元以上的群体组里，不太同意的占比最高，为50.6%。由此可知，从各个收入群体对"参与政治活动没有用处，对政府部门不能产生什么根本性的影响"的看法来看，除个人年收入5万元以上群体外，其余各收入群体大多都同意该看法。

表8—57　　　　我的言论自由会受到来自政府部门的限制　　　（单位：个，%）

	个案总数	同意	不同意	不清楚	合计
5000元以下	3386	37.7	59.1	3.3	100.0
5000元—1.8万元	1608	37.6	58.8	3.6	100.0
1.8万—3万元	1772	39.6	57.8	2.5	100.0
3万—5万元	1502	42.8	55.9	1.3	100.0
5万元以上	1364	44.8	53.9	1.3	100.0
合计	9632	39.8	57.6	2.6	100.0

各收入群体大多都不同意"我的言论自由会受到来自政府部门的限制"的看法。数据显示，在个人年收入在5000元以下的群体组里，不同意的占比最高，为59.1%；在个人年收入在5000元—1.8万元的群体组里，不同意的占比最高，为58.8%；在个人年收入在1.8万—3万元的群体组里，不同意的占比最高，为57.8%；在个人年收入在3万—5万元的群体组里，不同意的占比最高，为55.9%；在个人年收入5万元以上的群体组里，不同意的占比最高，为53.9%。由此可知，从各个收入群体对"我的言论自由会受到来自政府部门的限制"的看法来看，各收入群体大多都不同意该看法。

（四）分职业

表 8—58　参与政治活动没有用处，对政府部门不能产生什么根本性的影响　　（单位：个，%）

	个案总数	同意	不同意	不清楚
白领	1406	42.7	56.8	0.5
灰领	1604	56.2	41.8	2.0
蓝领	2743	56.0	40.6	3.5
不便分类人员	381	53.8	43.6	2.6
合计	6134	52.9	44.8	2.3

除白领外，其余各群体大多都同意"参与政治活动没有用处，对政府部门不能产生什么根本性的影响"的看法。根据调查对象的职业特征，将调查对象划分为白领、灰领、蓝领和不便分类人员四个职业群体。根据数据结果显示，在白领群体组里，不同意该说法的占比最高，为56.8%；在灰领群体组里，同意该说法的占比最高，为56.2%；在蓝领群体组里，同意该说法的占比最高，为56%；在不便分类人员组里，同意该说法的占比最高，为53.8%。由此可知，除白领外，其余各职业群体大多都同意"参与政治活动没有用处，对政府部门不能产生什么根本性的影响"的看法。

表 8—59　我的言论会受到来自政府部门的限制　　（单位：个，%）

	个案总数	同意	不同意	不清楚
白领	1407	41.2	57.9	0.9
灰领	1613	45.7	52.5	1.8
蓝领	2772	37.3	59.5	3.2
不便分类人员	385	40.3	55.1	4.7
合计	6177	40.6	57.0	2.4

各群体大多都不大同意"我的言论自由会受到来自政府部门的限制"的看法。数据结果显示，在白领群体组里，不同意该说法的占比最高，为57.9%；在灰领群体组里，不同意该说法的占比最高，为52.5%；在

蓝领群体组里,不同意该说法的占比最高,为59.5%;在不便分类人员组里,不同意该说法的占比最高,为55.1%。由此可知,各职业群体大多都不太同意"我的言论自由会受到来自政府部门的限制"的看法。

(五) 分城乡

表8—60　　我的言论自由会受到来自政府部门的限制　　(单位:个,%)

	个案总数	同意	不同意	不清楚	合计
城镇	5655	41.2	56.6	2.2	100.0
乡村	3976	37.9	58.9	3.2	100.0
合计	9631	39.8	57.6	2.6	100.0

城乡居民大多都不大同意"我的言论自由会受到来自政府部门的限制"的看法。根据调查对象的城乡特征,将调查对象分为城镇和乡村两个城乡群体。根据数据显示,在城镇组里,不同意占比最高为56.6%;在农村组里,不同意占比最高为58.9%。由此可知,从城乡居民对"我的言论自由会受到来自政府部门的限制"的看法来看,城乡居民均大多不大同意该看法。

此外,本文也考察了城乡居民关于"参与政治活动没有用处,对政府部门不能产生什么根本性的影响"的看法,但未呈现明显的统计差异,故不做过多分析。

四　基层自治组织效能感

表8—61　　在村(居)委会的选举中,选民的投票对
　　　　　　最后的选举结果没有影响　　(单位:个,%)

	个案数	个案百分比(N=9716)
同意	5453	56.1
不同意	3996	39.7
不清楚	266	2.6
合计	9716	100.0

超过一半的居民认为"在村（居）委会的选举中，选民的投票对最后的选举结果没有影响"。CSS2017测量了受访者关于"在村（居）委会的选举中，选民的投票对最后的选举结果没有影响"的看法。数据结果显示，对"在村（居）委会的选举中，选民的投票对最后的选举结果没有影响"的看法，表示同意、不同意和不清楚的调查对象在总调查对象中的占比分别为56.1%、39.7%和2.6%。

表8—62　村（居）委会根本不会在乎和我一样的普通村（居）民的想法　（单位：个，%）

	个案数	个案百分比（N=9716）
同意	4972	51.4
不同意	4416	45.7
不清楚	279	2.9
合计	9668	100.0

接近一半的居民认为"村（居）委会根本不会在乎和我一样的普通村（居）民的想法"。CSS2017测量了受访者关于"村（居）委会根本不会在乎和我一样的普通村（居）民的想法"的看法。数据结果显示，对"村（居）委会根本不会在乎和我一样的普通村（居）民的想法"的看法表示同意、不同意和不清楚的调查对象在总调查对象中的占比分别为51.4%、45.7%和2.9%。

（一）分代际

表8—63　在村（居）委会的选举中，选民的投票对最后的选举结果没有影响（N=9716）　（单位：个，%）

	个案总数	同意	不同意	不清楚	合计
50后及之前	1535	65.3	29.6	5.0	100.0
60后	2023	61.6	34.7	3.7	100.0
70后	2176	56.3	41.3	2.4	100.0
80后	2081	53.9	44.6	1.5	100.0
90后	1901	45.1	53.3	1.6	100.0
合计	9716	56.1	41.1	2.7	100.0

除 90 后以外，其余代际大多同意"在村（居）委会的选举中，选民的投票对最后的选举结果没有影响"的看法。CSS2017 根据调查对象的出生年代特征，将调查对象划分为 50 后及之前、60 后、70 后、80 后、90 后五个代际。数据显示，在 50 后及之前代际群体里，同意该说法的占比最高，为 65.3%；在 60 后里，同意该说法的占比最高，为 61.6%；在 70 后里，同意该说法的占比最高，为 56.3%；在 80 后里，同意该说法的占比最高，为 53.9%；在 90 后里，不同意该说法的占比最高，为 53.3%。由此可知，从各个代际对"在村（居）委会的选举中，选民的投票对最后的选举结果没有影响"的看法来看，除 90 后以外，其余代际大多同意该看法。

表 8—64　　　村（居）委会根本不会在乎和我一样的普通村（居）民的想法（N=9670）　　　　（单位：个，%）

	个案总数	同意	不同意	不清楚	合计
50 后及之前	1525	53.2	41.6	5.1	100.0
60 后	2005	54.2	42.3	3.5	100.0
70 后	2171	51.8	45.6	2.6	100.0
80 后	2076	52.0	45.9	2.1	100.0
90 后	1893	46.0	52.4	1.6	100.0
合计	9670	51.4	45.7	2.9	100.0

除 90 后以外，其余各代际群体大多比较同意"村（居）委会根本不会在乎和我一样的普通村（居）民的想法"的看法。数据显示，在 50 后及之前代际群体里，同意该说法的占比最高，为 53.2%；在 60 后群体组里，同意该说法的占比最高，为 54.2%；在 70 后年龄组里，同意该说法的占比最高，为 51.8%；在 80 后群体组里，同意该说法的占比最高，为 52%；在 90 后群体组里，不同意该说法的占比最高，为 52.4%。由此可知，从各个代际对"在村（居）委会的选举中，选民的投票对最后的选举结果没有影响"的看法来看，除 90 后以外，其余代际大多比较同意该看法。

（二）分教育程度

表 8—65　在村（居）委会的选举中，选民的投票对最后的选举结果没有影响　（单位：个，%）

	个案总数	同意	不同意	不清楚
初中及以下	5856	62.8	34.1	3.2
高中中专技校	1877	51.9	46.1	2.0
大专	862	45.5	52.4	2.1
大本及以上	1111	36.5	61.3	2.3
合计	9706	56.1	41.1	2.7

高中中专技校及以下学历群体大多同意"在村（居）委会的选举中，选民的投票对最后的选举结果没有影响"，而大专及以上学历群体大多不同意。CSS2017 根据调查对象的学历特征，将调查对象分为初中及以下学历组、高中中专技校学历组、大专学历组、大本及以上学历组四个学历群体。根据数据显示，在初中及以下学历组里，同意的占比最高，为62.8%；在高中中专技校学历组里，同意的占比最高为51.9%；在大专学历组里，不同意的占比最高为52.4%；在大本及以上学历组里，不同意的占比最高为61.3%。由此可知，从各个受教育群体对"在村（居）委会的选举中，选民的投票对最后的选举结果没有影响"的看法来看，高中中专技校及以下学历群体大多同意，而大专及以上学历群体大多不同意。

表 8—66　村（居）委会根本不会在乎和我一样的普通村（居）民的想法　（单位：个，%）

	个案总数	同意	不同意	不清楚	合计
初中及以下	5814	54.3	42.1	3.6	100.0
高中中专技校	1887	53.2	44.9	2.0	100.0
大专	854	45.6	52.6	1.9	100.0
大本及以上	1105	37.7	60.5	1.8	100.0
合计	9660	51.4	45.7	2.9	100.0

高中中专技校及以下学历群体大多同意"村（居）委会根本不会在乎和我一样的普通村（居）民的想法"，而大专及以上学历群体则大多不同意。数据结果显示，在初中及以下学历组里，同意的占比最高，为54.3%；在高中中专技校学历组里，同意的占比最高，为53.2%；在大专学历组里，不同意的占比最高，为52.6%；在大本及以上学历组里，不同意的占比最高，为60.5%。由此可知，从各个受教育群体对"村（居）委会根本不会在乎和我一样的普通村（居）民的想法"的看法来看，高中中专技校及以下学历群体大多同意，而大专及以上学历群体则大多不太同意。

（三）分收入

表8—67　在村（居）委会的选举中，选民的投票对最后的选举结果没有影响　（单位：个，%）

	个案总数	同意	不同意	不清楚
5000元以下	3430	56.6	40.6	2.8
5000元—1.8万元	1631	59.8	37.1	3.1
1.8万—3万元	1795	59.3	37.5	3.2
3万—5万元	1500	53.1	44.3	2.5
5万元以上	1358	49.6	48.5	1.8
合计	9714	56.1	41.1	2.7

除个人年收入5万元以上的收入群体外，其余各收入群体大多同意"在村（居）委会的选举中，选民的投票对最后的选举结果没有影响"的看法。CSS2017根据调查对象的个人年收入特征，将调查对象划分为5000元以下，5000元—1.8万元，1.8万—3万元，3万—5万元，5万元以上五个收入群体。数据显示，在个人年收入在5000元以下的群体组里，同意的占比最高为56.6%；在个人年收入在5000元—1.8万元的群体组里，同意的占比最高为59.8%；在个人年收入在1.8万—3万元的群体组里，同意的占比最高为59.3%；在个人年收入在3万—5万元的群体组里，同意的占比最高为53.1%；在个人年收入5万元以上的群体组里，同意和不同意该看法的占比分别为49.6%和48.5%，内部无明显差异。由此可知，除个人年收入5万元以上的收入群体外，其余各收入群体大多同意"在村（居）委会的选举中，选民的投票对最后的选举结果没有影响"的看法。

表 8—68　　　村（居）委会根本不会在乎和我一样的普通村
　　　　　　　　（居）民的想法　　　　　　　　　（单位：个，%）

	个案总数	同意	不同意	不清楚	合计
5000 元以下	3410	50.9	46.0	3.1	100.0
5000 元—1.8 万元	1618	50.4	46.3	3.3	100.0
1.8 万—3 万元	1779	55.5	41.7	2.8	100.0
3 万—5 万元	1504	50.1	46.9	3.0	100.0
5 万元以上	1356	50.1	47.9	2.0	100.0
合计	9667	51.4	45.7	2.9	100.0

各收入群体大多同意"村（居）委会根本不会在乎和我一样的普通村（居）民的想法"的看法。数据显示，在个人年收入在 5000 元以下的群体组里，同意的占比最高为 50.9%；在个人年收入在 5000 元—1.8 万元的群体组里，同意的占比最高为 50.4%；在个人年收入在 1.8 万—3 万元的群体组里，同意的占比最高为 55.5%；在个人年收入在 3 万—5 万元的群体组里，同意的占比最高为 50.1%；在个人年收入 5 万元以上的群体组里，同意的占比最高为 50.1%。由此可知，各收入群体大多同意"村（居）委会根本不会在乎和我一样的普通村（居）民的想法"的看法。

（四）分职业

表 8—69　　　在村（居）委会的选举中，选民的投票对最后的
　　　　　　　　选举结果没有影响　　　　　　　　（单位：个，%）

	个案总数	同意	不同意	不清楚
白领	1403	43.4	54.2	2.4
灰领	1634	57.0	40.2	2.8
蓝领	2820	62.8	34.3	2.8
不便分类人员	388	57.2	41.0	1.8
合计	6245	56.6	40.8	2.6

除白领外，各职业群体大多同意"在村（居）委会的选举中，选民的投票对最后的选举结果没有影响"。CSS2017 根据调查对象的职业特征，将调查对象划分为白领、灰领、蓝领和不便分类人员四个职业群体。数

据结果显示,在白领群体组里,不同意该说法的占比最高,为54.2%;在灰领群体组里,同意该说法的占比最高,为57%;在蓝领群体组里,同意该说法的占比最高,为62.8%;在不便分类人员组里,同意该说法的占比最高,为57.2%。由此可知,除白领外,其余各职业群体大多都同意"在村(居)委会的选举中,选民的投票对最后的选举结果没有影响"的看法。

表8—70　　村(居)委会根本不会在乎和我一样的普通村(居)民的想法　　(单位:个,%)

	个案总数	同意	不同意	不清楚
白领	1398	44.3	53.4	2.3
灰领	1613	56.9	40.5	2.6
蓝领	2800	62.8	34.3	2.7
不便分类人员	386	57.2	41.0	2.8
合计	6197	56.6	40.8	2.6

除白领外,各职业群体大多同意"村(居)委会根本不会在乎和我一样的普通村(居)民的想法"。数据结果显示,在白领群体组里,不同意该说法的占比最高,为53.4%;在灰领群体组里,同意该说法的占比最高,为56.9%;在蓝领群体组里,同意该说法的占比最高,为62.8%;在不便分类人员组里,同意该说法的占比最高,为57.2%。由此可知,除白领外,其余各职业群体大多都同意"村(居)委会根本不会在乎和我一样的普通村(居)民的想法"的看法。

(五) 分城乡

表8—71　　在村(居)委会的选举中,选民的投票对最后的选举结果没有影响　　(单位:个,%)

	个案总数	同意	不同意	不清楚
城镇	5678	54.6	42.3	3.0
乡村	4038	58.2	39.4	2.4
合计	9716	56.1	41.1	2.7

城乡居民大多比较同意"在村（居）委会的选举中，选民的投票对最后的选举结果没有影响"的看法。根据调查对象的城乡特征，将调查对象分为城镇和乡村两个城乡群体。根据数据显示，在城镇组里，同意占比最高为54.6%；在乡村组里，同意占比最高为58.2%。由此可知，从城乡居民对"在村（居）委会的选举中，选民的投票对最后的选举结果没有影响"的看法来看，城乡居民均大多比较同意。

另外，本报告也调查了城乡居民关于"村（居）委会根本不会在乎和我一样的普通村（居）民的想法"的看法，但未呈现出明显的统计特征，故不做过多分析。

第五节　小结

本报告主要基于当前中国的社会参与、政治参与水平和公众的政治效能感三个方面来考察我国社会赋权状况。

我国居民当前的社会参与水平整体不高。社会组织发展存在不平衡，校友会最受欢迎。当前我国居民社会组织参与率存在较大差别，存在内部发展不平衡的态势，不管是分代际、受教育程度、个人年收入水平、职业还是城乡，校友会成为普遍最受欢迎的社会组织。大多数人们会进行传统的助人服务。近八成居民均在社区日常生活中提供过传统的助人服务，多以力所能及的服务为主。志愿服务整体参与率不高，参与率最高的是老年关怀、环境保护和儿童关爱。近一年来调查对象的志愿服务参与率整体不高，排在第一位的老年关怀也仅仅刚突破10%，志愿服务还有待发展，任重道远。自下而上的社会公益活动参与率较低。近两年调查对象参加自发组织的社会公益活动率较低，整体来看不到两成，自发的公益意识还有待培养。自上而下的社会公益活动参与率较低。近两年调查对象参加由政府、学校、单位组织的社会公益活动率较低，整体来看只有一成，政府、学校、单位等拥有大量的社会志愿者，应该积极组织人们参与到公益活动中来。

我国居民当前的政治参与水平整体不高。村（居）选举参与率不高。本报告数据显示，近两年调查对象参与村（居）选举率较低，整体来看不到三成，选举权作为我国公民的一项基本政治权利，应该重视起来。

所在村居、单位重大决策讨论参与率很低。近两年调查对象的所在村居、单位重大决策讨论参与率很低，整体只有7.2%，居民作为所在村居、单位的主人应该积极参与到重大决策的讨论中，意识还有待培养。我国居民大多能采取理性的政治参与方式，其中通过网络讨论政治问题最受欢迎。调查显示我国居民在日常政治行为参与中大多能保持理性，网络的便利带来的网络议政最受欢迎。

我国居民当前的内在效能感偏高，外在效能感不高。大多数居民的基层组织效能感较低。本报告数据显示，整体来看，超过一半的人认为"在村（居）委会的选举中，选民的投票对最后的选举结果没有影响"以及"村（居）委会根本不会在乎和我一样的普通村（居）民的想法"。大多数居民的自我效能感较高。超过一半的人认为"我有能力和知识对政治进行评论和参加政治活动"。大多数居民具有政治冷漠感。超过一半的人认为"我对政治不感兴趣，不愿花时间和精力在这上面"。大多数居民认为政治参与无用，但不认为言论自由会受限。超过一半的人认为"参与政治活动没有用处，对政府部门不能产生什么根本性的影响"，而不认为"我的言论自由会受到来自政府部门的限制"。

综上所述，我国当前的社会赋权水平整体不高。要想发挥个体效能，提高社会质量，就必须提升我国当前的社会赋权水平。较高的社会赋权具有诸多益处，从个体层面来说，较高的社会赋权水平可以提升个人活力，有助于形成信任的人际关系，建构个体的社会支持网络，使个体具备较好的应对社会问题的知识与能力，从而在社会中完善自我，快乐生活；从社会层面来说，较高的社会赋权水平可以形成良好的社会风气，使个体与社会形成良性互动，促进社会有序健康发展；从政治层面来说，较高的社会赋权水平有助于基层管理方式与政府职能的转变，助力民主政治的发展，有利于政府形成科学民主的决策，提高党的执政水平。

因此，鉴于社会赋权在社会质量评价体系中占有的重要地位，这要求我们重视提升社会活动、增强个体能动性、提升社会赋权水平。

首先，政府应加快转变执政方式，积极培育社会组织的力量。政府应该加快"小政府、大社会"的执政转型，将政府权力下放到社会，政府尽到监管、协调的作用，将传统体制向社会开放，为公众社会参与提供良好的制度环境。近几年，社会组织在社会发展过程中所起到的作用逐渐显现，增加社会赋权水平，离不开社会组织的力量。政府应该加快推进对社会组织发展的利好政策建设，通过社会组织带动公众的社会参与，为公众的社会参与提供一个良好的平台。

其次，政府应塑造良好的政治参与环境，加强廉政建设。公正、透明的政治参与环境会有效促进公众的政治参与，为此政府应该加强廉政建设，杜绝任何损害公众政治参与的行为。

最后，培养公众的政治参与热情，提升公众的政治参与所具备的知识与能力。政府应该通过知识技能的培训，提升公众的政治参与意识，让每一个个体能够切身体会到自己是社会的主人，激发公众的政治参与热情。

第 九 章

社会质量的综合评估

社会质量理论最为核心的内涵，就是强调社会发展的整体质量。改革开放40年来，我国的经济建设取得举世瞩目的成绩，国内生产总值从54万亿元增长到80万亿元，稳居世界第二，对世界经济增长贡献率超过30%。但是，经济的快速发展并不代表社会整体高质量的发展，我们也要认识到我国的社会发展面临着许多困难和挑战，环境污染、资源消耗、收入差距过大、社会信任危机等问题，成了较为普遍的社会现象，影响了社会整体发展质量的提高。党的十九大报告进一步指出："中国特色社会主义进入新时代，我国社会主要矛盾已经转化为人民日益增长的美好生活需要和不平衡不充分的发展之间的矛盾。"这就要求我们要重视社会质量的发展，通过个体有效的社会融入与社会参与，促进社会的公正建设，减少社会排斥与社会不平等，形成公平、和谐的社会关系及社会结构，实现社会整合和社会团结。

本章根据社会质量的发展评价体系，从社会经济保障、社会凝聚、社会包容、社会赋权四个方面综合评估社会整体发展质量。

第一节 我国社会经济保障水平评估

社会质量理论中，首先被提出的就是社会经济保障，只有个体在物质上具有安全感，才有可能会对社会认同和参与社会建设。目前我国覆盖城乡居民的社会保障体系基本建立，人民健康和医疗卫生水平大幅提高，保障性住房建设也在稳步推进。但是，通过数据我们也可以看出，当前我国的社会保障也存在着一些问题，对整个社会质量的提升构成了一定的负面影响。

一 收入与消费评估

在家庭收入水平上,当前我国六大区存在一定的差异。我国华东地区因为拥有优越的地理条件和发达的民营经济等原因,所以其整体发展水平最高,家庭收入在各地区中也独领风骚;而西北和西南地区由于基础设施落后,资源开发利用率低等种种原因致使经济上长期垫底;值得注意的是东北地区由于人口流失,家庭规模萎缩等原因,致使其人均收入尚处在中等水平而家庭总体收入已经很低了。

在家庭收入来源上,各地区略有不同。全国范围内工资性收入在各项收入中占据绝对优势,经营性收入虽然家庭覆盖面小,但此项来源要比工资性收入多近 2 万元。华北尤其是京津地区由于国企资源集中,房价高企等原因,其财产性收入和转移性收入显著高于全国其余地区;东北由于自然条件比较特殊,广大农村地区分布着林地和农场,所以东北地区的经济效益优势明显。

城乡收入差距进一步扩大。总体来说,城镇收入要显著高于农村地区。分地区来看,华东地区城镇一体化进程已经比较成熟,其城乡家庭总收入和人均收入水平最高,发展也更为均衡;中南地区城乡人均收入方面也相对比较均衡。但西北地区农村经济基础依然薄弱,华北"环京津贫困带"的现状仍然没有得到较大改善,所以华北、西北地区在城乡发展方面相当不均衡,尤其广大农村地区依然落后。

总体来说,我国的收入差距进一步扩大,地区、城乡之间收入分配的结构性问题日益显露。东北地区无论是家庭总收入还是人均收入,其收入状况在六大区中最为良好,其贫富分化程度也最轻,而西北和西南地区收入差距却相对突出。

家庭消费水平上,我国不同地区间消费差异明显。各地区中东北人均支出较高,而总支出却最少,这可能与东北人口流失严重,家庭规模萎缩有关;华东地区拥有雄厚的经济基础,所以其家庭消费水准领先其他地区。城乡差异上,华东和华北地区的城乡间居民家庭总支出消费水平差异最为明显,东北地区无论是总支出还是人均支出,其城乡间的消费水平最为接近;人均支出方面,西北地区由于农村消费水平显著低下,所以此地区城乡间消费差异巨大。消费结构方面,衣着和居住领域的消费,城乡间差异最为显著,而医疗保健领域城乡之间最为接近;东北农村地区在食品、衣着、居住和交通通信领域的消费十分有限,所以东北农村地区的消费意愿和能力在某种程度上可能被压抑着。

消费结构上,食品消费占首要地位,其次为医疗保健和文教娱乐。根据各地区的恩格尔系数,我国已经普遍进入富裕层次,但各地区差异显著,中南地区的恩格尔系数最高,西北地区最低,因这一系数会受到饮食习惯等各种因素影响,所以并不能完全如实反映具体情况。东北地区由于老龄化严重等原因,其医疗费用花销最为突出。消费平等情况上,华东地区在家庭总支出方面消费分化程度最为严重,但其人均消费就比较均衡;西北地区在家庭总支出方面分化程度最为厉害,而西南地区的人均消费不同收入等级间差异巨大。恩格尔系数在中等收入群体中比较高,在低、高收入群体中反而比较小,这与不同收入群体的消费理念可能有关联;此外低收入群体在医疗保健领域投入比较多。

从家庭收支来看,我国华东地区收支盈余空间比较大,收支情况更加平衡,而东北地区家庭收支更为不平衡,家庭盈余能力比较弱。我国城镇地区家庭盈余状况显著好于农村地区,且东北农村家庭盈余能力明显不足。收入水平越高,其家庭盈余状况越好,盈余能力越强,而低收入者其家庭"入不敷出"情况比较严重,扶贫攻坚任重道远。对于造成家庭经济问题的原因方面,统计结果显示物价上涨过快而家庭收入水平低且增长缓慢的经济发展态势,是造成我国地区间、城乡间、不同收入等级群体间经济困扰的关键原因,东北地区除了上述原因,因其医疗支出重,所以看病贵也是限制东北家庭经济改善的重要原因。

总体来说,我国民众对于自身经济现状普遍感到满意,但满意程度比较一般,所以需要让更多民众享受到改革开放过程中经济发展的红利,切实改善民众生活水平,来进一步提升民众对自身生活水平的乐观程度,进而也为改善社会质量提供更加丰富的物质基础。

二 住房与社保评估

目前我国城乡居民家庭绝大多数都拥有自有住房,自有住房率高达94.8%。分城乡来看,农村居民的住房自有率高于城镇居民。前者比后者高出3.8个百分点。分区域间看,华东地区的多套房自有率最高,为

23.1%，华北地区的多套房自有率最低，仅为 9.9%。这说明东部高城市化、高收入地区的居民，拥有更多的房产，其经济保障的潜在收益要明显高于其他地区。从住房所在地区类型看，CSS2017 调查数据显示两个有趣的发现：（1）大多数购置第二套住房（简称新房）的居民，会选择与第一套住房（简称旧房）相同的地区类型。（2）农村和乡镇的居民，呈现出在更高层级地区类型购置新房的趋势。

2017 年居民家庭人均建筑面积为 49.54 平方米。分城乡看，城市居民人均住房面积低于农村居民人均住房面积，平均低 3.71 平方米。分区域看，东北地区的农村人均住房面积 71.5224 平方米，明显高于其他地区，这与东北农村地广人稀的地理环境不无关系。从城乡属性看，城乡接合区的人均住房面积明显高于主城区、镇中心新区，比全国平均人均住房面积高 7.22 平方米。主要是因为近年来，随着改革开放的进一步深化，我国城市化日益加快，城乡接合部迅速崛起，成为城市发展过程中的新亮点。

住房性质，目前我国城镇居民自有住房的市场化程度快速提高，商品房越来越成为城镇地区居民自有住房的最主要来源。2017 年我国自有住房以自建住房为主。分城乡地区来看，农村地区自有住房性质主要以自建住房为主，城镇地区自有住房性质主要以商品房为主。

住房增值情况，近年来我国住房平均增值 4 倍左右。分城乡来看，城市居民住房增值情况是农村居民的 1 倍多。分区域来看，东北地区住房增值最为明显，平均为购房（或自建）价值的 7.8 倍；住房增值最低的地区是西北地区，平均为购房（或自建）价值的 1.7 倍。从自有住房性质看，除了自建房，增值幅度最大的是商品房，其次是购买原公房。主要是以原有再分配体制为基础而获得的原公房和以公共产品性质进入住房市场的自有产权保障性住房，在进入市场交易后具有了极高幅度的获利空间。

自有住房产权情况，自古以来房产就是家庭财产的重要组成部分，是家庭财富的象征。在我国居民家庭中男性更多的拥有住房产权，占 51.4%。现居住住房状况，城乡居民住房来源趋于多元，但仍以自建为主，租赁住房出现明显上升趋势。分城乡看，城市居民租房现象明显高于农村居民家庭。

购房意愿。分城乡看，城市居民在购房意愿上高于农村居民家庭。分区域看，东北、华东地区居民购房意愿较强，而西南地区居民购房意愿最弱。从自有住房数量看，目前无自有住房的居民家庭购房意愿最强，其次是拥有两套以上的居民家庭。因为住房是人们生存和生活的基本条件，在人们日常生活中占据极其重要的地位，所以没有自有住房的居民家庭更渴望购买住房。

购房原因。不同收入组间购房原因都是为自己（或子女）成家购置婚房。说明在我国为自己（或子女）成家购置婚房是不同收入家庭的普遍原因。且家庭收入越低的居民越注重改善现有居住条件。从自有住房数量看，随着家庭自有住房数量的增多，为改善现有居住条件购房这一目的随之下降，而其他目的如为了投资升值购房出现明显上升。因为当人们解决了基本的生活需求时，住房将更多的用于其他目的，以实现住房价值最大化。

城乡社会保障状况。总体情况：CSS2017 数据显示，目前我国各类社会保险中，医疗保险的享有率最高，在 18—69 周岁的人口中，享有率接近 80%。其次为养老保险，享有率接近 50%。再次为工伤险和失业险，分别为 12.7% 和 11.3%。生育险享有率最低，仅为 8.8%。还有 4.2% 的居民家庭享有城乡最低生活保障。具体从以下几个方面描述我国社会保障状况。

我国养老保险享有情况。（1）我国养老保险存在城乡制度"碎片化"，各类的养老保险在城乡居民间的差异也甚为明显。（2）养老保障类型也存在着一定的性别差异。主要表现在城镇职工基本养老保险和农村社会养老保险两个险种上。（3）不同收入水平和养老保险的享有之间也存在一定的关联。养老保障类型也存在着一定的性别差异。主要表现在城镇职工基本养老保险和农村社会养老保险两个险种上。（4）我国社会养老保险享有情况呈现出区域不平衡。如城镇职工基本养老保险享有率华北、华东、东北地区较高，分别为 48.5%、45.8% 和 42.9%，华中南地区为 37.6%，而西南、西北地区的享有率仅为 25% 左右。

我国医疗保险享有情况。（1）在各类医疗保险中，全国新型农村合作医疗保险享有率最高，为 62.0%，其中城镇为 45.9%，农村为 83.6%；全国城镇职工基本医疗保险享有率位居第二，为 23.4%，其中城镇为34.1%，农村为9.1%。(2) 收入方面，收入越高，城镇职工基本医疗保险、公费医疗、大病保险的享有率越高；而收入越低，新型农村合作医疗保险的享有率越高且享有率高于其他类型的医疗保险。(3) 我国医疗保险享有情况呈现出区域不平衡，其中华东、华北、东北地区城镇职工基本医疗保险、城镇居民基本医疗保险、公费医疗享有率高于其他地区。

其他社会保险及最低生活保障享有情况。(1) CSS2017数据显示，只有城乡最低生活保障农村的享有率高于城镇，失业、工伤、生育保险城镇的享有率明显高于农村。(2) 不同性别在社会保障享有率上存在差异。在失业、工伤、生育及城乡最低生活保障方面男性的享有率高于女性。(3) 家庭收入越高，失业、工伤、生育保险享有率就越高；城乡最低生活保障反而是收入越低享有率越高。(4) 区域方面，华东地区失业保险、工伤保险、生育保险的享有率是最低地区的2倍左右。

居民对我国总体社会保障状况的评价。主要表现在：(1) 不同年龄段的居民对我国总体社会保障状况的满意度都较高（5分以上）；而高年龄段（60岁以上）的居民表现得更为满意；(2) 农村居民对我国社会保障状况的满意度高于城镇居民。(3) 低收入者（5000元以下）对我国目前社会保障状况最为满意。(4) 区域方面，西部（西南、西北）地区、东部（华东、东北）地区对我国社会总体保障状况的满意度高于中部（华中南、华北）地区。

三 就业和教育评估

对于社会质量评价体系来说，在就业方面，非农工作的劳动合同签订率以及对非农工作的满意度评价这两个指标比较关键。劳动合同是劳动者与用人单位建立劳动关系的书面法律凭证。不仅意味着较为稳定的劳动关系，也是劳动者保障自身权益的重要依据，对劳动者的社会保障起着关键作用。而对非农工作的满意度评价则是一种主观感受的表达，可以明晰劳动者就业环境的质量及有待提升的领域。我国就业人口的劳动合同签订率不高。在年龄结构分布上，整体呈现出年龄越大，劳动合同签订率越低的态势。在所有制分布上，国有部门的劳动合同签订率高于非国有部门。在职业分布上，白领阶层的劳动合同签订率高于蓝领阶层。

由于区域经济的差异，东部地区就业人口工作的满意度普遍高于西部地区。整体而言，我国就业人口最不满意的是目前工作的晋升机会，其次是收入及福利，最满意的是工作中与同事的关系。在所有制分布上，国有部门的满意度高于非国有部门。在职业分布上，白领阶层的满意度高于蓝领阶层。

而在教育方面，对当地政府提供优质教育资源、保障教育公平的评价指标比较关键。教育与就业息息相关，能够影响就业的质量，是个体在就业市场竞争的重要筹码。而当地政府作为教育资源的供给者与分配者，在保障教育资源的可及性与公平性方面起到了重要作用。对地方政府的教育评价上，西部地区对地方政府的肯定评价普遍高于东部地区。农村对地方政府的肯定评价比城镇的高。

通过2017CSS的数据，我们可以看出：在我国经济发展以及政府的积极就业政策的背景下，毕业后未就业人口的比例在下降。整体的就业质量在不同单位/公司、不同职业、不同区域上存在差异，尤其应提高非国有部门、蓝领阶层以及西部地区的就业质量。在工作环境方面，应大力改善劳动者的工作的晋升机会。在劳动时间上，劳动者的工作时长均超过法定时间，这种以损害劳动者身体健康为代价的工作现状，不利于劳动者的就业积极性与效率的提升，不利于劳动力的可持续发展。

针对就业中出现的问题，我们建议：一是要切实保障员工的基本权益。鉴于当前劳动力过长的工作时间以及不高的劳动合同签订率，政府应该完善《劳动法》等相关法规，增强相关部门的监管与执行力度，规范单位或公司与劳动者之间的劳动合同签订，保障劳动者节假日休息时间、单日工作时间等合法权益不被侵犯。二是要建立良好的职业晋升与工资收入激励机制。单位或企业应着眼于未来的长期发展，把人力资源作为企业的核心竞争力，搭建起良好的企业内部晋升制度，对上升空间有可预见性能够让劳动者有向上的动力，也有助于提高劳动质量与效率，可以为单位/公司实现增收、创收。三是要政府、企业、高校三元主体的共同参与，健全低、中、高端劳动者全覆盖的培养模式，提升劳动者的就业能力。政府通过健全就业创业系统中对失业人群、城镇就业困难群体的帮扶与培训来实现低端劳动者的兜底。对中高端劳动者的培训则是以企业、高校为主体，政府充当激励、引导的角色。高校应该强化教育培训，注重劳动者的职业规划与技能培训，切实提高劳动者整体素质，提升其就业能力，使劳动者获得更大的劳动力价格议价权。企业应该建立内部各层次人才的培训机制，重视人力资源的投资，立足于企业自身长足的发展，增强劳动力就业质量。政府应继续健全培训成果机制，鼓励创建公共实训基地，鼓励企业、院校实训资源共同向社会开放，提高培训资源的使用率，提升各类就业群体的整体就业竞争力。政府需要具有前瞻性，鼓励重点行业、产业发展的同时，要注重培养行业、产业中所需人才的培养，弥补市场滞后性的缺陷。

综合收入和消费、居住和社保以及教育和就业三个方面来看，我国现有的社会保障体系还不完善，社会保障不论从制度上还是从实践上都需要有较大的提升。要提升社会治理水平，就必须把完善以改善民生为重点的社会保障体系作为切入点，切实回应社会公众要求提高基本福利待遇的诉求，进一步完善社会经济保障资源的分配格局，大力推进收入分配制度改革，最大限度地提高社会经济保障水平，让社会公众共享改革发展成果。

第二节　我国社会凝聚状况评估

一　社会信任评估

首先，我国人际信任存在差序格局。调查显示，在对亲人、朋友、邻居、陌生人这四类常见的人际交往人群进行信任评估时，公众对亲人的信任程度最高，其次是对朋友的信任，对邻居的信任排在第三，对陌生人的信任排在最末。人际信任的排序说明，公众对不同类型的人际群体持有不同程度的信任，人际信任内部也存在"差序格局"。亲人获得的信任度最高，陌生人最低。通过数据可以发现受访者信任亲人的比例达到96.8%，对陌生人的信任比例不足一成，仅8.4%。可以说，受访者对家人的信任度远高于对陌生人的信任度。

以上发现说明，人际信任中"对亲人的信任"最稳定、最有效，加强家庭建设也有利于推动社会发展；同时，随着陌生人在社交网络中的占比越来越高，提高对陌生人的信任是提高我国人际信任整体水平的关键点。

其次，我国公众对制度代表的信任存在显著不同。教师获得的信任度最高、网店店主的信任度最低。在对七类制度代表的信任评估中，公众对于教师的信任度最高，达到85.6%，随后是医生（80.1%）、警察（75%）、法官（74.6%）、党政干部（63.5%）、公司企业老板（56%）和网店店主（41.1%）。公众对法官、党政干部、警察、医生的信任度有所提升。与CSS2015的相关数据相比，法官获得的信任上升了13.7个百分点，党政干部获得的信任度上升了9.7个百分点，警察获得的信任上升了6.8个百分点。法官、党政干部、警察都属于政府部门，这三类制度代表的公众信任度上升，说明近两年我国的反腐倡廉工作取得一定成效，党员干部正不断努力为百姓干实事，做好事。但是仍有需要改进的地方，要努力提升在百姓心中的地位。

由此可见，为了提高我国制度代表的被信任度，应该全面加强监管力度。加强党员的廉政教育，保证干部为人民干实事做好事；保证人民教师的高素质、高水准，教书育人，树立正义之风；加强对企业的风气监督，整治企业的背信行为，培育良好商业氛围；加快建设社会信用终身体系，记录个人信用，为信任评估提供参考和制度依托。

最后，制度机构的公信力存在差异。民众对于中央政府信任度最高，对于区县政府和乡镇政府的信任度较低。作为政府机构，中央政府在党的领导下一直给百姓特别高的威望，老百姓信任也支持中央政府的工作。但是，区县政府和乡镇政府的表现就不尽如人意。数据显示，民众对于区县政府的信任度为73.3%，对于乡镇政府的信任度仅为67.2%。这跟近几年区县政府和乡镇政府不做实事且腐败严重有关，导致民众对其信任度越来越低。今后，应该加强对地方政府的监督力度和廉政建设，严肃纪律，净化风气，树立正确的为官思想，找准服务人民的定位，争取成为为老百姓干实事做好事的好官。慈善组织和新闻媒体的公信力下降，互联网的信任度较低。作为社会的慈善代表的慈善机构，在CSS2017年的数据中调研结果不甚令人满意，全国民众对其信任度仅有65%左右，对比银行等机构90%左右的信任度，差距较大。近些年，慈善机构被曝出各种诈捐的丑闻后，民众对其信任度急速下降。新闻媒体作为国家舆论导向，其真实性和实效性是最大特征，但是民众对其信任度仅达到

67%左右。互联网由于连接到世界范围的信息，民众对其信息的真实度和可靠性还在考察中，信任度也较低。

社会信任是社会具有内在凝聚力的基础，在一个高质量的社会中，每个人应对其他社会成员、社会制度代表、社会机构和社会组织具有一定的信任水平，只有这样才可能有良好的社会互动；换言之，只有建立在互信基础上的社会交往才有可能产生社会凝聚力。

二 社会价值体系评估

首先，社会价值观缺失。数据显示，超六成的受访者表示自己没有信仰。中国是目前世界上发展最快的经济体之一，且处在社会的转型时期，来自经济利益和外来文化的冲击导致国民初心出现迷失，缺乏一定信仰。我国应加强培育和践行社会主义核心价值观的力度，加快实现国民认同和建立信仰，形成一致的社会认同感。目前我国社会还没形成较高水平的对正向社会价值观的认同，尤其是在社会优先意识维度。就规范优先意识来看，有接近40%的公众倾向于"找关系"等方式来谋求私利，而不是维护现有社会规范的普遍约束力，缺乏较高的对正向社会价值观的认同，这也成为进一步提高我国社会凝聚力的一个阻力。下一步，我国应增强现有社会规范的普遍约束力，促进我国公众形成高水平的对正向社会价值观的认同。

其次，中青年群体社会道德与社会遵纪守法评价较为负面。我国中青年群体对社会道德水平和社会遵纪守法水平的评价偏负面倾向，10分制均值仅为6分左右。中青年群体是我国经济社会建设的中坚力量，提高我国中青年群体对社会的评价将大大提高我国的社会质量。这就需要努力提高社会道德建设和社会公众遵纪守法的监管力度，加强失信惩罚力度，从而大大提升我国的社会质量。

再次，中青年群体的社会融合度较低。数据显示，50后及之前人群的社会融合度最高，达67.69%；90后的社会融合度最低，仅为62.89%。而中青年群体是未来支持国家发展的中坚力量，提高中青年群体的社会融合度势在必行。下一步，应该多关注中青年群体的真实想法，并实施一定的优待政策，帮助中青年群体逐渐融入社会，给国家和社会的发展贡献更多力量。

最后，国家认同感普遍较高。CSS2017 数据显示我国民众对于国家的认同度较高，占到总体的 86.8%。分别来看：世代越早，对于国家的认同感越高，其中，50 后及之前群体对于国家的认同感最高，达 91.5%；高学历和高收入群体对于国家的认同感最高，其中大本及以上学历群体对于国家的认同度为 92.9%、收入在 5 万元以上的群体对于国家的认同度最高达 90.8%；相比乡村地区，城镇居民对于国家的认同度较高，达 89.4%。

总体来看，我国民众在社会道德遵守、利益取向方面均显现出向好趋势。公众对于社会的法律法规遵守度相对较高；个人利益与国家利益冲突时，普遍自觉服从国家利益。但是，最值得注意的是，我国民众普遍缺乏信仰，还未形成一致且强大的社会认同感。而一个民族、国家、社会缺乏一致的社会认同感则会严重影响其实体的正常运转和发展。所以，加强我国民众的信仰教育是当前的重中之重，要加强培育和践行社会主义核心价值观。

从社会凝聚层面来看，当前我国整体的社会凝聚水平较低，社会信任水平一般，社会价值体系有待健全，从而构成了社会转型中进一步提升社会质量的障碍。随着社会转型和经济结构的调整，我们更应该完善社会治理，提升社会价值观的内聚力和意识理论的整合功能，从提升社会公平公正水平出发，提升个体对社会的认同度。

第三节 我国社会包容性发展水平评估

一 社会宽容与社会歧视水平评估

从社会宽容程度来看，我国目前的社会宽容尚处于较低水平。在对待不同社会成员生活方式的选择上，表示排斥同性恋群体的受访者超过八成，占比为 83.6%。还有近五成的受访者表示排斥婚前同居者。而从对待社会上一些边缘群体的态度上来看，有近七成的受访者表示排斥艾滋病患者，占比为 68.2%。有 45.5% 的受访者表示排斥乞讨者，四成受访者对刑满释放者表示排斥。而从对待不同宗教信仰者的态度上来看，表示排斥不同宗教信仰者的受访者占比达到 35.1%。此外就数据分析结果而言，在社会宽容维度，受访者的社会宽容水平会随着年龄的提高而降低，也就是说当前社会年轻人的社会宽容水平要更高。受访者的社会宽容水平与受教育程度成正比，即学历越高的受访者其社会宽容水平相对更高。另外，相对于低收入群体，高收入者的社会宽容水平要更高。城镇居民的社会宽容水平要相对高于农村居民。从当前我国的社会歧视来看，主要的社会歧视为家庭背景及社会关系歧视（占比9.3%）、教育歧视（占比6.8%）、年龄歧视（占比5.7%）以及职业歧视（占比5.2%）。从城乡来看，相对于城镇居民，农村居民受到各类社会歧视的人数占比要更高。

二 社会公平感评估

从当前公众的社会公平感评价来看，公众的社会公平感评价相对偏低，有近三成的受访者认为当前社会整体上不太公平或非常不公平。具体到社会各领域来看，财富及收入分配以及城乡之间的权利待遇方面的公平感评价较低，认为财富及收入分配、城乡之间的权利待遇非常不公平的受访者占比分别为14%和15.6%。此外，年龄与受访者的社会公平感评价呈正比，即年龄越小，其社会公平感评价越低，认为社会不公平的人数占比越多。不同学历的受访者在社会公平感评价上存在一定差异。相对于未上学的受访者来说，接受过教育的受访者认为当前社会总体上是不公平的人数占比要更高。此外，高收入群体在高考制度、政治权利、司法与执法、公共医疗、财富及收入分配方面的社会不公平感人数占比要高于低收入群体。而低收入群体则在工作与就业机会、城乡之间的权利、待遇方面的不公平感人数占比更高。另外，除城乡之间的权利待遇及政治权利外，城镇居民在其他社会领域中认为社会不公平的人数占比均要高于农村居民。

整体而言，当前我国社会包容水平还需要进一步提升，社会宽容程度有待加强，各类社会歧视依旧在一定范围内存在，社会成员对于部分边缘社会群体的排斥感较强，不同社会群体之间存在一定隔阂和间隙。此外，社会成员对一些特定社会领域的社会公平感评价相对偏低。

就社会宽容来说，现代社会的每一个社会个体都应当享有属于自身的多元生活方式的权利，应当给予不同文化背景、不同风俗习惯或生活方式的社会成员或社会群体更多的包容和尊重。只有这样才能提高社会的整体凝聚力,推进现代多元社会的建立,促进各社会成员彼此之间和谐相处。就社会歧视来看,针对当前社会中发生率较高的几类社会歧视,如家庭背景及社会关系歧视、教育歧视、职业歧视以及户籍歧视等,应当通过相应的手段有效减少社会歧视的发生。如进一步优化社会资源分配机制,促进社会财富分配公正公平。推动全国教育资源的合理分配,切实保障教育平等。推动城乡二元户籍制度改革,取消具有制度性歧视的社会政策,剥离制度的社会群体统计管理功能与福利享有之间的联系,保障乡村居民与城镇居民享有平等的社会权利和福利待遇。而就社会公平感来说,社会成员在收入分配及城乡权利待遇方面的公平感评价较低。财富及收入是社会成员赖以生存的物质基础,如果社会财富分配存在不公平、不合理的情况,则会导致社会成员产生较强的相对剥夺感,进而对社会公平感评价产生影响。另外,正如上文所提到的,城乡居民之间权利待遇的不平等在当前社会中依旧存在,乡村居民的福利保障与城镇居民相比还存在一定差距,需要尽快推进城乡二元户籍制度改革以保障每一位社会成员能够享有平等的权利和福利保障。

当前我国社会正处于结构转型和体制转轨的关键时期,我们希望通过以上手段与途径,提升人们的社会宽容水平,同时减少社会歧视的发生,提升人们的社会公平感评价,最终促进整体社会包容水平的提高。结合国外社会发展经验与我国社会当前发展现状,我们认为单纯依靠经济这一单一指标作为衡量社会发展质量的批判标准是不全面的,社会发展质量需要通过多维指标来进行科学全面的衡量。社会包容作为社会质量理论的重要维度,是衡量现代社会发展水平的重要标志。在当前社会背景下,我们需要通过多种途径和手段提升社会包容水平,提升社会凝聚力,构建多元、包容、高质量的现代社会。

第四节 我国社会赋权状况评估

在一个高质量的社会中,提高经济和社会保障的水平并不是完善个体福祉的唯一路径,还包括个体在社会中能够充分实现其作为"社会人"的潜能。在社会质量评价体系中,社会赋权强调人的尊严,能够充分反映社会发展所追求的核心价值。一个高质量的社会中,其社会赋权的水平也会相应较高,在这里个体能够充分实现个体能动性,通过较高的自我意识与参与意识与社会进行良性互动,积极参与社会生活,有效地改造社会结构。

一 社会参与水平评估

关于社会参与,本书主要从社会组织参与状况、志愿助人服务参与状况、社会公益活动参与状况来表现。在社会团体参与方面,数据结果显示,超过六成的居民没有参与过任何团体,在各类团体的参与中,校友会最受欢迎,参与比例最高,为26%,与参与比例最低的职业团体相差22.8个百分点,可见我国社会团体的发展存在不平衡现象,还有很大的提升空间。在志愿助人服务方面,数据结果显示有75.8%的受访者都有过传统的助人行为,人们多会在自己所在的社区提供一些力所能及的助人服务。而在志愿服务方面,则只有27.9%的受访者参与过志愿服务,与传统的助人服务相比二者差距悬殊,由此可以反映出志愿服务发展尚不成熟,并未像传统助人服务那样成为大多数人的生活方式。从社会公益活动发起的性质来看,近两年有16.2%的受访者参与过自发的社会公益活动,而10.5%的受访者参与过自上而下的社会公益活动,由此可见,政府、单位和学校组织的公益活动数量和参与率有待加强。

二 政治参与水平评估

关于政治参与,本书主要从社区/村(居)政治参与状况、日常政治行为方面来表现。近两年有29%的受访者参与了村(居)选举,而仅有7.2%的受访者参与了所在村居、单位重大决策的讨论,由此可见,社区/村(居)政治参与还有待加强。在日常政治行为中,与他人或网友讨论政治问题所占的比例最高,为14.9%,人们在日常政治行为参与中多止步于交流层面,采取实际政治参与行为的仍在少数。

关于政治效能感,本书主要从基层自治组织效能感、个体效能感、政治冷漠和政府效能感四个方面表现。在基层自治组织效能感方面,数据结果显示,56.1%的受访者认为在村(居)委会的选举中,选民的投票对最后的选举结果没有影响,而51.4%的受访者认为村(居)委会根本不会在乎普通村(居)民的想法,由此可见基层自治组织效能感还有待加强。在个体效能感方面,数据结果显示,有50.8%的受访者认为自己有能力和知识对政治进行评论和参加政治活动,个体效能感还有一定的提升空间。在政治冷漠方面,数据结果显示,有50.8%的受访者对政治不感兴趣,不愿花时间和精力在这上面。在政府效能感方面,有51.7%的受访者认为参与政治活动没有用处,对政府部门不能产生什么根本性的影响,而39.8%的受访者认为自己的言论自由会受到政府部门的限制。

三 志愿服务水平评估

在志愿服务方面,参与率最高的两项志愿服务——老年关怀和环境保护呈现出一定的群体特征,如70后及之前的群体更倾向于参与老年关怀,而80后及之后的群体参与环境保护多一些;初中及以下学历群体更倾向于参与老年关怀服务,而高中及以上学历群体是环境保护的主力军;个人年收入5万元以上的收入群体参与环境保护更多,而5万元以下收入群体更喜欢老年关怀服务;城镇居民更爱参与环境保护服务,而乡村居民更爱参与老年关怀服务。从不同性质的志愿活动来看,不管是自上而下的公益活动还是自下而上的公益活动,均是代际越近参与水平越高,城镇居民的参与度较乡村居民更高。

通过CSS2017的数据,我们可以发现,当前中国公众的社会参与、政治参与以及政治效能感仍然偏低,还有很大的提升空间。尤其是调动较远代际、低受教育程度和收入水平以及农村居民的社会赋权水平尤为重要。不管是总体还是分群体特征来看,我国公民的社会参与水平较低。体制内、制度性的社会参与程度要低于自发组织的,侧面可以折射出我国居民自我参与社会水平的意识开始崛起,但制度内单位拥有大量的社会资源,其社会参与水平却不高,造成了一定资源的浪费。我国公民的政治参与水平较低,公众当前的主要政治参与渠道还是制度内、体制内的选举活动。从日常政治行为中可以发现,人们仍多局限于交流的层面,而未真正采取实际行动。

社会赋权在社会质量评价体系中占有的重要地位,要求我们重视提升社会活动、增强个体能动性,提升社会赋权水平。首先,政府应加快转变执政方式,积极培育社会组织的力量。政府应该加快"小政府、大社会"的执政转型，将政府权力下放到社会，政府尽到监管、协调的作用，将传统体制向社会开放，为公众社会参与提供良好的制度环境。近几年，社会组织在社会发展过程中所起到的作用逐渐显现，增加社会赋权水平，离不开社会组织的力量。政府应该加快推进对社会组织发展的利好政策建设，通过社会组织带动公众的社会参与，为公众的社会参与提供一个良好的平台。其次，政府应塑造良好的政治参与环境，加强廉政建设。公正、透明的政治参与环境会有效促进公众的政治参与，为此政府应该加强廉政建设，杜绝任何损害公众政治参与的行为。最后，培养公众的政治参与热情，提升公众的政治参与所具备的知识与能力。政府应该通过知识技能培训，提升公众的政治参与意识，让每一个个体能够切身体会到自己是社会的主人，激发公众的政治参与热情。

参考文献

包晓霞，2011，《基于社会团结的包容性社会——关于当前中国社会管理的若干理论与实践问题》，《甘肃行政学院学报》第 5 期。

包雅钧，2011，《当前中国社会治理评估的思考》，《科学决策》第 7 期。

陈春文，1999，《在夹缝中求生的现代化》，《科学·经济·社会》（探索与争鸣）第 1 期。

陈宏，2008，《转型期基层政府社会矛盾调处机制研究》，广西大学硕士学位论文。

丛玉飞，2015，《社会质量取向：社会治理研究的新议题》，《江海学刊》第 1 期。

崔岩、黄永亮，2018，《中国社会质量指标指数分析》，《国家行政学院学报》第 4 期。

丁鑫，2008，《政治参与与政治稳定：内涵及关系分析》，《黑龙江教育学院学报》第 12 期。

丁煜、王玲智，2018，《就业质量的概念内涵与政策启示》，《中国劳动关系学院学报》第 2 期。

董才生，2004，《信任本质与类型的社会学阐释》，《河北师范大学学报》第 1 期。

冯留建，2013，《社会主义核心价值观培育的路径探析》，《北京师范大学学报》（社会科学版）第 2 期。

付洪，2008，《关于当代大学生责任意识培养的一些思考》，《道德与文明》第 6 期。

付群英、曹威麟、朱宁，2010，《社会规范与私利需求对个体经济行为影响的实证研究》，《软科学》第 2 期。

富永健一，1993，《"现代化理论"今日之课题—关于非西方后发展社会发展理论的探讨》，上海：上海译文出版社。

高和荣、辛本禄，2013，《中国民生建设的社会质量向度》，《江海学刊》第 2 期。

高红、刘凯政，2011，《社会质量理论视域下中国包容性社会政策的建构》，《学习与实践》第 2 期。

韩克庆，2010，《社会质量理论：一个研究综述》，《东吴学术》第 1 期。

韩春清，2009，《试论中国社会的中产阶层及"橄榄型"社会结构的形成》，《知识经济》第 2 期。

何增科，2013，《从社会管理走向社会治理和社会善治》，《学习时报》01 月 28 日第 7 版。

胡杰成，2007，《社会排斥与农民工的城市融入问题》，《兰州学刊》第 7 期。

胡荣、沈珊，2015，《社会信任、政治参与和公众的政治效能感》，《东南学术》第 3 期。

华雯文，2013，《社会保障：规避群体性事件的有效机制——基于 J 省的个案分析》，吉林大学博士学位论文。

黄佳豪，2008，《西方社会排斥理论研究述略》，《理论与现代化》第 6 期。

黄建，2014，《民主政治视域下中国非政府组织发展研究》，中共中央党校博士学位论文。

黄荣贵，2010，《互联网与抗争行动：理论模型、中国经验及研究进展》，《社会》第 30（2）期。

黄夏先，2011，《推动经济质量与社会质量协同提高》，《湖南行政学院学报》第 6 期。

黄新锋，2013，《社会质量理论研究述评》，《厦门特区党校学报》第 2 期。

黄叶青、余慧、韩树蓉，2014，《政府应承担何种福利责任？——公民福利态度的影响因素分析》，《公共行政评论》第 6 期。

贾英健，2006，《认同的哲学意蕴与价值认同的本质》，《山东师范大学学报》（人文社会科学版）第 1 期。

蒋占峰、张栋，2011，《社会质量理论视阈下的农村和谐文化建设》，《理论探索》第5期。

江治强，2011，《以社会政策为着力点转变经济发展方式》，《中国社会科学报》9月20日第9版。

金爱慧、王巍，2011，《人际关系社会的腐败问题研究》，《淮南师范学院学报》第1期。

康昊，2010，《论中国当代社会公德的建立》，《大江周刊：论坛》第12期。

况志华、叶生，2008，《责任心理学》，上海：上海教育出版社。

李斌雄、张小秋，2007，《大学生对社会主义核心价值体系的认同研究》，《思想政治教育研究》第4期。

李培林，2011a，《创新社会管理是我国改革的新任务》，《人民日报》2月20日第7版。

——，2011b，《中国的新发展阶段和社会改革》，《杭州（我们）》第2期。

——，2015a，《新的发展理念体系指引中国实现百年梦想》，《社会蓝皮书：2016年中国社会形势分析与预测》，李培林、陈光金、张翼主编，北京：社会科学文献出版社。

——，2015b，《中产阶层成长和橄榄型社会》，《国际经济评论》第1期。

李培林、张翼，2014，《建成橄榄型分配格局问题研究》，《江苏社会科学》第5期。

李芹、于琳，2011，《青年志愿服务：影响因素及问题分析》，《青少年研究：山东省团校学报》第2期。

李晓辉，2010，《论当代中国社会公德建设的重要性与紧迫性》，《理论月刊》第9期。

李勇、徐延辉、兰林火，2014，《社会质量测量维度与城市社区创新——基于深圳市的实证分析》，《中国社会科学》第3期。

黎昕、赖扬恩、谭敏，2011，《国民幸福指数指标体系的构建》，《东南学术》第5期。

李占乐，2005，《现代城市社会福利事业的兴起、变迁与模式转换》，华中师范大学博士学位论文。

《联合国手册》,1972,北京:商务印书馆。
廖爱锋,2009,《论大学生责任意识的培养》,《全国商情经济理论研究》第4期。
梁波、王海英,2010,《市场、制度与网络:产业发展的三种解释范式》,《社会》第6期。
梁迎修,2012,《价值内核与制度载体——探索建设社会主义核心价值体系的法制路径》,《河北法学》第7期。
列维,2002,《现代化的模式和问题》,上海:上海三联书店。
林卡,2009,《社会质量与社会和谐理论》,彭华民主编《西方社会福利理论前沿:论国家、社会、体制与政策》,北京:中国社会出版社。
——,2010a,《社会质量理论:研究和谐社会的新视角》,《中国人民大学学报》第2期。
——,2010b,《为中国社会质量把脉》,《中国社会报》5月24日第3版。
——,2011a,《社会质量理论原型及其对于亚洲社会的适用性》,张海东主编《社会质量研究:理论、方法与经验》,北京:社会科学文献出版社。
——,2011b,《社会质量理论及其对于分析亚洲社会的适用性》,王卓祺主编《东亚国家和地区的福利制度:全球化、文化与政府角色》,北京:中国社会出版社。
——,2011c,《中国社会的发展战略和前景:从提升生活质量走向增进社会质量》,《探索与争鸣》第6期。
——,2013,《社会政策、社会质量和中国大陆社会发展导向》,《社会科学》第12期。
——,2015,《生活质量与社会质量:一项有关理论和方法论的比较研究》,《江苏行政学院学报》第2期。
林卡、高红,2010,《社会质量理论与和谐社会建设》,《社会科学》第3期。
林卡、柳晓青、茅慧,2010,《社会信任和社会质量:浙江社会质量调查的数据分析和评估》,《江苏行政学院学报》第4期。
林尚立,2013,《社会协商与社会建设:以区分社会管理与社会治理为分析视角》，《中国高校社会科学》第 7 期。

林伟健，2009，《国家凝聚力：从文化认同到政治认同》，《广东省社会主义学院学报》第 3 期。

凌新华，2006，《从社会化角度看当代大学生社会责任意识》，《湖北社会科学》第 5 期。

刘德霓，2002，《当代中国政治冷漠现象成因探析》，《山东社会科学》第 1 期。

刘家学、郑昌义，2001，《多阶段多指标决策的理想方案法》，《系统工程理论与实践》第 1 期。

刘素华，2005，《就业质量：概念、内容及其对就业数量的影响》，《人口与计划生育》第 7 期。

罗建文、赵嫦娥，2012，《论居民幸福指数的评价指标体系及测算》，《湖南科技大学学报》（社会科学版）第 1 期。

梅丽萍，2011，《城市化、社会排斥与社会政策的选择》，《兰州学刊》第 9 期。

梅新华，2011，《从中国传统文化视角思考反腐倡廉问题》，《浙江工商职业技术学院学报》第 2 期。

诺曼·尼、西德尼·伏巴，1996，《政治参与》，载［美］格林斯坦、波尔斯比《政治学手册精选》（下卷），储复耘译，北京：商务印书馆。

蒲岛郁夫，1989，《政治参与》，解莉莉译，北京：经济日报出版社。

齐美尔，2002，《货币哲学》，陈戎女等译，北京：华夏出版社。

塞缪尔·亨廷顿、琼·纳尔逊，1989，《难以抉择——发展中国家的政治参与》，西宁：宁夏出版社。

塞缪尔·亨廷顿、乔治·多明格斯，1996，《政治发展》，载［美］格林斯坦、波尔斯比《政治学手册精选》（下卷），储复耘译，北京：商务印书馆。

沈杰，2008，《北京青年的志愿行动参与意愿———一项对不同群体之间的比较分析》，《北京青年政治学院学报》第 3 期。

深圳社会科学院课题组，2011，《社会发展质量内涵与社会建设路径》，《深圳特区报》8 月 2 日第 8 版。

宋林飞，2011，《我国经济社会发展呈现新的阶段性特征》，《南京社会科学》第 1 期。

苏志武，2007，《论大学生社会责任意识教育》，《延边大学学报社会科学版》第 3 期。

孙欢、廖小平，2010，《政治参与主体的伦理维度——兼及环境伦理的视角》，《北京师范大学学报》（社会科学版）第 6 期。

谭晓辉、蓝云曦，2012，《论新形势下的多元共治社会管理模式》，《西南民族大学学报》（人文社科版）第 2 期。

田国强，2013，《"中等收入陷阱"与国家公共治理模式重构》，《人民论坛》第 8 期。

田国强、陈旭东，2015，《中国如何跨越"中等收入陷阱"——基于制度转型和国家治理的视角》，《学术月刊》第 5 期。

田毅鹏、吕方，2010，《社会原子化：理论谱系及其问题表达》，《天津社会科学》第 5 期。

王沪宁，1989，《中国：社会质量与新政治秩序》，《社会科学》第 6 期。

王宁，2010，《中国低成本发展模式的演进、困境与超越》，《学术研究》第 10 期。

王琴，2011，《大众共识是推动社会主义核心价值体系建设的基础》，《中州学刊》第 1 期。

王希俊，1992，《强化大学生社会责任意识教育的思考》，《高教研究》第 1 期。

王星，2015，《社会质量建设过程中的国家与社会——对欧洲社会质量理论的本土省思》，《江海学刊》第 1 期。

王玉樑，1993，《价值哲学新探》，西安：陕西人民教育出版社。

魏玮、刘邦凡，2013，《中国公众政治参与和政治态度之分析》，《中国社会科学研究论丛》第 1 期。

魏毅敏，2009，《中国社会管理模式初探》，《理论观察》第 3 期。

沃克，2007，《21 世纪的社会政策：最低标准，还是社会质量？》，《社会政策评论》（第一辑），北京：社会科学文献出版社。

——，2011，《社会质量研究比较的视角》，载张海东主编《社会质量研究：理论、方法与经验》，北京：社会科学文献出版社。

沃克、张海东，2010，《社会质量取向：连接亚洲与欧洲的桥梁》，《江海学刊》第 4 期。

吴敏英、刘顺鸿,2008,《社会主义核心价值体系凝聚力分析》,《科学社会主义》第 3 期。

吴育林、孔志学,2003,《社会主义市场经济道德价值共识的形成》,《广西社会科学》第 4 期。

吴忠民,1990,《论社会质量》,《社会学研究》第 4 期。

——,1995,《中国社会发展论》,长沙:湖南出版社。

武艳华、黄云凌、徐延辉,2013,《城市社会凝聚的测量:深圳社会质量调查数据与分析》,《广东社会科学》第 2 期。

夏延芳,2014,《社会质量理论对我国社会政策建设的启示》,《湖南社会科学》第 1 期。

萧江,2016,《社会质量理论值得借鉴》,《浙江日报》3 月 3 日第 7 版

向德平、王志丹,2012,《城市社区管理中的公众参与》,《学习与探索》第 2 期。

熊光清,2008,《欧洲的社会排斥理论与反社会排斥实践》,《国际论坛·国际政治》第 1 期。

徐志刚、张森、邓衡山、黄季焜,2011,《社会信任:组织产生、存续和发展的必要条件?——来自中国农民专业合作经济组织发展的经验》,《中国软科学》第 1 期。

徐延辉、陈磊,2014,《中国特色的社会质量指标体系研究》,《社会主义研究》第 2 期。

徐延辉、龚紫钰,2018,《社会质量:欧洲议题与中国走向》,《南京社会科学》第 7 期。

严双伍、石晨霞,2012,《欧盟社会政策发展中的特点、成就与问题》,《武汉大学学报》(哲学社会科学版)第 1 期。

杨光斌,1995,《政治冷漠论》,《中国人民大学学报》第 3 期。

杨建华,2011,《"十二五"浙江:推进社会转型,提升社会质量》,《观察与思考》第 2 期。

杨荣军,2010,《我国公民政治参与状况及影响因素实证分析》,《重庆科技学院学报》(社会科学版)第 23 期。

杨晓莉,1999,《社会质量:社会进步的评价尺度》,《扬州大学学报》

（人文社会科学版）第 5 期。

姚云云、张文喜，2013，《社会发展质量诉求与我国社会政策价值导向——基于社会质量理论的回应》，《北京工业大学学报》（社会科学版）第 1 期。

叶笑云，2015，《现代国家视角中社会包容的内涵探析》，《公共管理与政策评论》第 4 期。

易昌良，2015，《我国现代社会转型期的社会治理研究》，《经济研究参考》第 45 期。

游传耀，2008，《互联网是公民政治参与的重要途径》，《发展研究》第 9 期。

俞立平、潘云涛、武夷山，2011，《学术期刊非线性评价方法的检验与修正研究》，《现代图书情报技术》第 Z1 期。

余林、王丽萍，2013，《大学生对社会主义核心价值观的内隐认同研究》，《西南大学学报》（社会科学版）第 5 期。

余玉花，2015，《道德信仰与价值共识》，《理论探讨》第 3 期。

赵怀娟，2011，《"社会质量"的多维解读及政策启示》，《江淮论坛》第 1 期。

张海东，2009，《90 年代金融危机对韩国社会的影响》，《社会》第 1 期。

——，2010a，《从发展道路到社会质量：社会发展研究的范式转换》，《江海学刊》第 3 期。

——，2010b，《社会质量：社会发展研究的新视野》，《光明日报》2 月 16 日第 9 版。

——，2011a，《社会质量研究：理论、方法与经验》，北京：社会科学文献出版社。

——，2011b，《2010 年世博会与上海社会质量》，上海大学文科发展研究院主编《后世博与上海发展》，上海：上海大学出版社。

——，2011c，《社会质量视角中的风险应对》，《江海学刊》第 3 期。

——，2011d，《社会质量与社会公正——社会发展研究的重要议题》，《吉林大学社会科学学报》第 4 期。

——，2014，《中国社会质量问题及社会建设取向——以社会安全为核心》，《学习与探索》第 11 期。

——，2016，《社会质量衡量社会发展程度》，《中国社会科学报》3月23日。

——，2016，《中国社会质量研究的反思与研究进路》，《社会科学辑刊》第3期。

张海东、石海波、毕婧千，2012，《社会质量研究及其新进展》，《社会学研究》第3期。

张浚，2014，《福利困境、"去民主化"和欧洲一体化：欧洲政治转型的路径》，《欧洲研究》第1期。

张军，2011，《我国就业歧视的社会危害性剖析》，《消费导刊》第5期。

张康之，2003，《论新型社会治理模式中的社会自治》，《南京社会科学》第9期。

章忠民、张亚铃，2012，《国家凝聚力的构成及其矛盾张力探源》，《马克思主义研究》第1期。

章勇，2013，《新型社会管理模式的形成及内涵》，《重庆大学学报》（社会科学版）第1期。

郑秉文，2011，《"中等收入陷阱"与中国发展道路——基于国际经验教训的视角》，《中国人口科学》第1期。

郑杭生，2010，《让"包容"牵手"和谐"——包容性增长里的中国智慧》，《光明日报》3月3日第3版。

郑造桓，2011，《社会质量与社会发展》，杭州：浙江大学出版社。

周晓虹，2010，《"中国社会转型与社会建设"笔谈——社会建设应从扩大中等收入者群体入手》，《湖南师范大学社会科学学报》第5期。

周小毛、何绍辉、杨畅，2011，《中国特色社会质量理论与评价指标体系初探》，《湖南师范大学社会科学学报》第6期。

周中之，2013，《道德治理与法律治理的反思》，《光明日报》7月9日第10版。

周中之，2014，《道德治理与法律治理关系新论》，《上海师范大学学报》（哲学社会科学版）第2期。

张连德，2011，《农民工社会信任危机及其思考》，《南京人口管理干部学院学报》第27期。

邹宇春，2016a，《以制度建设提升社会信任度》，《中国社会科学网》第

6期。

——，2016b，《当前中国社会信任度调查》，《北京日报》6月13日第14版。

汪新建、柴民权，2014，《从社会结构到主体建构：农民工社会认同研究的路径转向与融合期待》，《山东社会科学》第6期。

崔岩，2017，《中国社会质量研究：理论、测量和政策》，北京：社会科学文献出版社。

戴维·波普诺，2001，《社会学》，李强译，北京：中国人民大学出版社。

蒋永福，2010，《现代公共图书馆制度研究》，北京：知识产权出版社。

叶笑云，2015，《现代国家视角中社会包容的内涵探析》，《公共管理与政策评论》第1期。

王学川，2011，《社会包容：构建和谐社会的价值取向》，《长白学刊》第2期。

徐延辉、罗艳萍，2014，《城市社会包容及其影响因素研究》，《社会科学辑刊》第2期。

Aberg, Martin and Sandberg, Mikael 2003, *Social Capital and Democratisation: Roots of Trust in Post-Communist Poland and Ukraine.* Aldershot: Ashgate Publishing Limited.

Abrahamson, P., "Combating Poverty and Social Exclusion in Europe", W. Beck, L. van der Maesen and A. Walker (eds.) 1997, *The Social Quality of Europe* (Kluwer Law International, The Hague, Netherlands).

Alasdair Blair 2013, "Democratising the Learning Process: The Use of Twitter in the Teaching of Politics and International Relations" *Politics* 33.

Amaney, Jamal 2007, "When Is Social Trust a Desirable Outcome? Examining Levels of Trust in the Arab World" *In Comparative Political Studies* 40 (11).

Amato, P. R. . 1990, "A Personality and Social Network Involvement as Predictors of Helping Behavior in Everyday Life" *Social Psychology Quarterly* 53 (1).

Amsterdam Declaration on Social Quality, 1997, Amsterdam: The European Foundation on Social Quality. from European Foundation on Social Quality web site: http://www.socialquality.org/site/index.html.

Baars, J. et al. , "Conclusion: Towards Social Quality in Europe" *The Social Quality Of Europe*, eds Beck et al. , The Hague: Kluwer Law International.

Beck, W. , van der Maesen, L. , Thomése, F. , & Walker, 1997a, *Social Quality: A Vision for Europe.* The Hague: Kluwer International.

Beck, W. , van der Maesen, L. , & Walker, . 1997b, "Social Quality: From Issue to Concept" . In W. Beck, L. van der Maesen, & A. Walker (Eds.) 1997b, *The Social Quality of Europe.* The Hague: Kluwer Law International.

Beck, W. A. , L. J. G. van der Maesen, F. Thomése, and A. C. Walker 2001, *Social Quality: A Vision for Europe.* The Hague, London, Boston: Kluwer Law International.

Berger-Schmitt, Regina 2002, "Considering Social Cohesion in Quality of Life Assessments: Concept and Measurement" *Social Indicators Research* 58 (1/3), Assessing National Quality of Life and Living Condition.

Berghman, J. 1995, "Social Exclusion in Europe: Policy Context and Analytical Framework" *Beyond The Threshold: The Measurement and Analysis of Social Exclusion*, ed G. Room, Bristol: Policy Press.

Berman, Y. , & Phillips, D. 2000, "Indicators of Social Quality and Social Exclusion at National and Community Level" *Social Indicators Research* 50 (3).

Berman, Y. , & Phillips, D. 2004, "Indicators for social cohesion" . from European Foundation on Social Quality web site: http: //www. socialquality. org/site/ima/Indicators-June – 2004. pdf.

Bourdieu, P. 1986, "The Forms of Capital" *Handbook of Theory and Research for the Sociology of Education*, ed J. G. Richardson, New York: Greenwood Press.

Castillo, M. , & Carter, M. R. 2002, "The Economic Impacts of Altruism, Trust and Reciprocity: An Experimental Approach to Social Capital" http: //www. csae. ox. ac. uk/conferences/2002 – UPaGiSSA/papers/Castillo csae 2002. pdf.

Clinard, M. B. 1974, *Sociology of Deviant Behaviour*, New York: Holt, Rinehart & Winston.

Coleman, J. S. 1990, *Foundations of Social Theory*, Cambridge: Harvard.

Commission of the European Communities, 2000, Communication from the Commission to the Council, the European Parliament, the Economic and Social Committee and the Committee of the Regions. 2000. Social Policy Agenda (28/6/). Brussels (COM\ [2000\] 379 fin.).

Cousins, C. 1998, "Social Exclusion in Europe: Paradigms of Social Disadvantage in Germany, Spain, Sweden, and the United Kingdom", *Policy And Politics* 26 (2).

Dahrendorf, R. 1995, "Report on Wealth Creation and Social Cohesion in A Free Society", London Press.

Davies, H. 1999, "Falling Public Trust in Health Services: Implications for Accountability" *Journal of Health Services Research & Policy* 4 (4).

Duffy, K. 1995, "Social Exclusion and Human Dignity in Europe (Council of Europe, Strasbourg)". EFSQ. Introduction to the theory of Social Quality, http://www.socialquality.org/site/index.html.

Elaine W. J. Ng, Benjamin H. Detenber 2005, "The Impact of Synchronicity and Civility in Online Political Discussions on Perceptions and Intentions to Participate" *Journal of Computer-Mediated Communication* 10.

Erben, R., Franxkowiak, P & Wenzel, E. 1999, "Building Social Capital in the 21st Century" *Health Promotion Journal of Australia* 9.

Fairweather, A., Roncevic, B., Rydbjerg, M., Valentova, M., and Zajc M. 2000, *Conceptualisation of Social Quality in the Case of Marginal Groups-Disabled*. MESPA: University of Ljubljana.

"Reconceptualisation of Social Quality", 2001, *The European Journal of Social Quality* 3 (1/2), Citizenship and Welfare Protection.

Falkner, Gerda 2006, "Forms of Governance in European Union Social Policy: Continuity and/or Change?" *International Social Security Review* 52 (2).

Flynn, P. 1997, "Modernising and Improving Social Protection in Europe" *Paper Presented to the Commission Proposals to the Special Jobs Summit*, European Commission, Brussels.

Friedmann, J. 1998, *Empowerment-The Politics of Alternative Development*. Oxford: Blackwell.

Friso, M. 2005, "From a European Social Model to a Globalised Social Model: Issues and Challenges" *European Trade Union Institute* (ETUI), Report 90, Hans Bckler Foundation, Brussels.

Fukuyama, F. 1995, *Trust: The Social Virtues and the Creation of Prosperity*. London: Penguin Books.

Geyer, R. R. 2000, *Exploring European Social Policy*. The United Kingdom: Polity Press.

Hardin, R. 2006. *Trust*. Cambridge: Polity Press, p. 151.

Herrmann, P. 2006, "Empowerment: The Core of Social Quality, The European Journal of Social Quality", 5 (1/2), Indicators of Social Quality: Applications in Fourteen European Countries.

Higgins, J. W. 1999, "Citizenship and Empowerment: a Remedy for Citizen Participation in Health Reform" *Community Development Journal*.

Hirschmann, A. O. 1994, "Wieviel Gemeinsinn Braucht Die Liberale Gesellschaft" *Leviathan, Zeitschrift Fuer Sozialwissenschaft* 22 (2).

International Labor Organization 1984, *An Introduction to Social Security*. Geneva: International Labour Organisation.

Jenson, J., "Mapping Social Cohesion: The State of Canadian Research", Canadian Policy Research Networks, CPRN Study No. FI03 1998, (Ottawa, ftp://ftp.cprn.org/family/msc2_e.pdf).

Kangas, O. E. 1997, "A Self Interest and the Common Good: The Impact of Norms, Selfishness and Context in Social Policy Opinions" *Journal of Socio-Economics* 26.

Kuokkanen, L. 2000, "Power and Empowerment in Nursing: Three Theoretical Approaches" *Journal Of Advanced Nursing* 31 (1).

Landecker, W. S. 1951, "Types of Integration and their Measurement" *American Journal Of Sociology*56.

Laurent J. G. van der Maesen, Analyzing Societal Circumstances, Sustainability and Sustainable Urban Development: New Theoretical and Methodological Challenges for Social Quality Indicators, Working Paper Series nr. 12, International Journal of Social Quality, 3 (1), 2013 Berghahn, Journals, www. journals. berghahnbooks. com/ijsq Lerner, Daniel (1958) The Passing of Traditional Society: Modernizing the Middle East. New York: Free Press, 1958.

Levy, M. 1967, "Social Patterns and Problems of Modernization" *Englewood Cliffs*. New Jersey: Prentice Hall.

Maesen v. d. , L. J. G. , A. Walker, and M. Keizer. 2005a, "European Network Indicators of Social Quality: The Final Report". Amsterdam, *European Foundation on Social Quality*.

Maesen v. d. , L. J. G. , andA. Walker. 2005b. "Indicators of Social Quality: Outcomes of the European Scientific Network" *European Journal of Social Quality* 5 (1/2).

Marshall, T. H. 1965, *Citizenship and Social Class*. Cambridge: Cambridge University Press.

Maslow, A. H. 1968, *Towards the Psychology of Being*. New York: Van Nostrand Reinhold.

Maxwell, J. 1996, "Social Dimensions of Economic Growth" *Eric John Hanson Memorial Lecture Series* VIII, University of Alberta.

McCracken, M. 1998, "Social Cohesion and Macroeconomic Performance", Paper Presented at the Conference 'The State of Living Standards and the Quality of Life', Centre for the Study of Living Standards (CSLS), October 30 – 31, Ottawa, Ontario/Canada.

Menachem M. , & Yitzhak B 2008, Empowerment, The Core of Social Quality" *Social Indicators Research* 86 (3).

Midgley J. 1999. "Has Social Security Become Irrelevant?" *International Social Security Review*, 52 (2).

Mouzelis, N. 1995, "Strategies of Integration and Socio-Cultural Differentiation" Copenhagen: *CIO Studies* 11.

Nordhaus, William D. , and James Tobin. 1973. , "Is Growth Obsolete?" *In The Measurement of Economic and Social Performance*, ed. Milton Moss, New York: Columbia University Press.

Paldam, M. & G. T. Svendsen. 1998, "An Essay on Social Capital. Reflections on a Concept Linking Social Sciences" *Working Paper* 8. Aarhus: Institute for Economy.

Penner, P. S. 1995, *Altruistic Behavior: An Inquiry into Motivation*. Amsterdam, Atlanta, GA.

Phillips, D. 2000, "Indicators of Social Quality and Social Exclusion at National and Community Level" *Social Indicators Research* 50.

Piliavin, J. A. and H-W Charng. 1990, "A Altruism: A Review of Recent Theory and Research" *Annual Review of Sociology* 16.

Portes, A. 1998, "Social Capital: its Origins and Applications in Modern Sociology" *Annual Review Of Sociology* 34.

Putnam, R. D. 1993, "The Prosperous Community: Social Capital and Public Life" *The American Prospect* 13.

Putnam, R. D. 1995, "Bowling Alone: American's Declining Social Capital" *Journal of Democracy* 6 (1).

Room, G. 1995, "Poverty in Europe: Competing Paradigms of Analysis" *Policy and Politics* 23 (2).

Room, G. 1997, "Social Quality in Europe: Perspectives on Social Exclusion" *The Social Quality of Europe*, eds Beck et al. , The Hague: Kluwer Law International.

Savigny, Heather 2002, "Public Opinion, Political Communication and the Internet" *Politics* 22 (1).

Saraceno, C. 1997, "The Importance of the Concept of Social Exclusion", in W. Beck, L. van der Maesen and A. Walker (eds.), *The Social Quality of Europe* (Kluwer Law International, The Hague, Netherlands).

Sellers, Robert M. , J. Nicole Shelton 2003, "The Role of Racial Identity in Perceived Racial Discrimination" *Journal of Personality and Social Psychology* 84 (5).

Sergiu, B, Involvement and Trust in Voluntary Associations, Social Trust, Social Capital and Happiness in Eastern European Countries: A Longitudinal Comparative Study (Presentation Slides) (June 14, 2009) . Available at SSRN: http: //ssrn. com/abstract = 2719304 or http: //dx. doi. org/

10. 2139/ssrn. 2719304.

Silver, H. 1995, "Reconceptualizing Social Disadvantage: Three Paradigms of Social Exclusion" *Social Exclusion: Rhetoric, Reality, Responses*, eds by Rodgers, G. et al. , Geneva: International Institute Of Labour Studies.

Somerville, P. 1998, "Empowerment Through Residence" *Housing Studies* 13.

Spicker, P. 1993, *Poverty and Social Security-Concepts and Principles*, London: Routledge.

Stancliffe, R. J. 1999, "Proxy Respondents and The Reliability of the Quality of Life Questionnaire Empowerment Factor" *Journal of Intellectual Disability Research* 43 (3).

Sutherland, E. H. 1962, "Is White Collar Crime Crime?" *White Collar Crime*, eds Wolfgang, Savitz & Johnston, New York: Holt, Rinehart & Winston.

Svendsen, G. T. &G. Svendsen 1962, "Measuring Social Capital: the Danish Cooperative Dairy Movement" *Sociologia Ruralis* 40 (1).

Svetlik, I. 1998, "Some Conceptual and Operational Considerations on the Social Quality of Europe" *MESPA Reader: Social Quality Indicators in the Case of Marginal Groups-the Disabled*. MESPA: Ljubljana.

Trbanc, M. 1996, "Social Exclusion: the Concept and Data Indicating Exclusion in Slovenia" *Druzboslovne Razprave* 2.

UK Government Press Release 1999, *Government Action to Improve the Lives of Disabled People is on the Right Track*, Department Of Social Security, Ref. 99/190, 27th. July 1999. http://www.dss.gov.uk UN Universal Declaration of Human Rights 1948. New York: UN.

Van Ginneken, W. 1999, "Social Security for the Informal Sector-a New Challenge for the Developing Countries" *International Social Security Review*.

Walker, A. 2008, "The Social Quality Approach Bridging Asia and Europ" *European Foundation on Social Quality (EFSQ)* 2011, *Annual Report* 2009/2010: *European Foundation on Social Quality*.

Walker, A. 2008, the Social Quality Approach-Bridging Asia and Europe. 南京大学：第3届社会质量国际会议，2008年10月24日，转引自黄新锋，2013，《社会质量理论研究述评》，《厦门特区党校学报》第2期。

Walker, A. 2009, "The Social Quality Approach: Bridging Asia and Europe" *Development And Society* 38 (2).

Ward, Paul, Samantha Meyer 2009, "Trust, Social Quality and Wellbeing: A Sociological Exegesis" *Development And Society* 38 (2).

Webb, Deborah J., et al. 2000, "Development and Validation of Scales to Measure Attitudes Influencing Monetary Donations to Charitable Organizations" *Journal of the Academy of Marketing Science* 28.

Welsh, T., and M. Pringle 2001, "Social Capital. Trusts Need to Recreate Trust" *British Medical Journal* 323 (7306).

Wolfe, A. 1998, *Whose Keeper Social Science and Moral Obligation.* California: University Of California Press.

Woolley, F. 1998, "Social Cohesion and Voluntary Activity: Making Connections", Paper Presented at the Conference "The State of Living Standards and the Quality of Life", Centre for the Study of Living Standards (CSLS), October 30 – 31, Ottawa, Ontario/Canada.

World Health Organisation 1980, *International Classification of Impairments, Disabilities, and Handicaps: a Manual of Classification Relating to the Consequences of Diseases.* World Health Organisation: Geneva.

Wydick, B. 1999, "Can Social Cohesion Be Harnessed to Repair Market Failures? Evidence from Group Lending in Guatemala" *The Economic Journal* 109.

Xin K K, Pearce J L. Guanxi. 1996, "Connections as Substitutes for Formal Institutional Support" *Academy of Management Journal* 39 (6).

Yee, Jaeyeol, Dukjin Chang 2009, "Social Quality as a Measure for Social Progress", presented at The 3rd OECD World Forum on "Statistics, Knowledge and Policy": Charting Progress, Building Visions, Improving Life, Busan, Korea.

Zheng, Yongnian and Guoguang Wu 2005, "Information Technology, Public Space, and Collective Action in China" *Comparative Political Studies* 38 (5).

Cialdini, R. B., Kallgren, C. A., & Reno, R. R. 1991, "A focus theory of normative conduct: A theoretical refinement and reevaluation of the role of norms in human behavior" *Advances in Experimental Social Psychology* 24.

Cialdini, R. B., Martin, S. J., & Goldstein, N. J. 2015, "Small Behavioral Science Informed Changes Can Produce Large Policy Relevant Effect" *Behavioral Science & Policy* 1 (1).

Atkinson, A., B. Cantillon, E. Marlier&B. Nolan 2002, *Social Indicators: The EU and Social Inclusion*. New York: Oxford University Press.

Commission European 2004, "Joint Report on Social Inclusion" *Social Affairs and Equal Opportunities*. Bruxelles: Directorate General for Employment.

European Commission 2010a, "European 2020. A Strategy for Smart, Sustainable and Inclusive Growth", *Communication COM*. Bruxelles.

European Commission 2010b, "Joint Report on Social Protection and Social Inclusion" *Social Affairs and Equal Opportunities*. Bruxelles: Directorate General for Employment.

Eurostat, 2011, *Sustainable Development Indicators: Social Inclusion*. Bruxelles: Eurostat.

Freiler, C. 2001, "What Needs to Change? Social Inclusion as a Focus of Wellbeing for Children, Families and Communities: A Draft Paper Concept", Toronto: Laidlaw Foundation.

Francesca Giambona & Erasmo Vassallo 2014, "Composite Indicator of Social Inclusion for European Countries" Social Indicators Research 116 (1).

Hugh Collins 2003, "Discrimination, Equality and Social Inclusion" *The Modern Law Review* 66 (1).

Lou Wilson 2006, "Developing a Model for the Measurement of Social Inclusion and Social Capital in Regional Australia" *Social Indicators Research* 75 (3).

Noll, H. H. 2011, "The European System of Social Indicators: Framework, Architecture and Data, Measuring Societal Wellbeing in Europe" *Research Symposium*. London: City University.